Kohlhammer

Der Autor

Dr. med. Henning Rosenkötter ist Kinder- und Jugendarzt, Neuropädiater und Familientherapeut. Er war Ärztlicher Direktor des Sozialpädiatrischen Zentrums im Klinikum Ludwigsburg, hatte Lehraufträge für den Studiengang Frühkindliche und Elementarbildung an der Pädagogischen Hochschule in Heidelberg und der Evangelischen Hochschule in Freiburg.

Henning Rosenkötter

Motorik und Wahrnehmung im Kindesalter

Eine neuropädagogische Einführung

2., überarbeitete Auflage

Verlag W. Kohlhammer

Dieses Werk einschließlich aller seiner Teile ist urheberrechtlich geschützt. Jede Verwendung außerhalb der engen Grenzen des Urheberrechts ist ohne Zustimmung des Verlags unzulässig und strafbar. Das gilt insbesondere für Vervielfältigungen, Übersetzungen, Mikroverfilmungen und für die Einspeicherung und Verarbeitung in elektronischen Systemen.

Die Wiedergabe von Warenbezeichnungen, Handelsnamen und sonstigen Kennzeichen in diesem Buch berechtigt nicht zu der Annahme, dass diese von jedermann frei benutzt werden dürfen. Vielmehr kann es sich auch dann um eingetragene Warenzeichen oder sonstige geschützte Kennzeichen handeln, wenn sie nicht eigens als solche gekennzeichnet sind.

Es konnten nicht alle Rechtsinhaber von Abbildungen ermittelt werden. Sollte dem Verlag gegenüber der Nachweis der Rechtsinhaberschaft geführt werden, wird das branchenübliche Honorar nachträglich gezahlt.

Dieses Werk enthält Hinweise/Links zu externen Websites Dritter, auf deren Inhalt der Verlag keinen Einfluss hat und die der Haftung der jeweiligen Seitenanbieter oder -betreiber unterliegen. Zum Zeitpunkt der Verlinkung wurden die externen Websites auf mögliche Rechtsverstöße überprüft und dabei keine Rechtsverletzung festgestellt. Ohne konkrete Hinweise auf eine solche Rechtsverletzung ist eine permanente inhaltliche Kontrolle der verlinkten Seiten nicht zumutbar. Sollten jedoch Rechtsverletzungen bekannt werden, werden die betroffenen externen Links soweit möglich unverzüglich entfernt.

2., überarbeitete Auflage 2021

Alle Rechte vorbehalten
© W. Kohlhammer GmbH, Stuttgart
Gesamtherstellung: W. Kohlhammer GmbH, Stuttgart

Print:
ISBN 978-3-17-036236-9

E-Book-Formate:
pdf: ISBN 978-3-17-036237-6
epub: ISBN 978-3-17-036238-3
mobi: ISBN 978-3-17-036239-0

Vorwort der Herausgeberin und der Herausgeber

Die Lehrbuchreihe »*Entwicklung und Bildung in der Frühen Kindheit*« will Studierenden und Fachkräften das notwendige Grundlagenwissen vermitteln, wie die Bildungsarbeit im Krippen- und Elementarbereich gestaltet werden kann. Die Lehrbücher schlagen eine Brücke zwischen dem aktuellen Stand der einschlägigen wissenschaftlichen Forschungen zu diesem Bereich und ihrer Anwendung in der pädagogischen Arbeit mit Kindern.

Die einzelnen Bände legen zum einen ihren Fokus auf einen ausgewählten Bildungsbereich, wie Kinder ihre sozio-emotionalen, sprachlichen, kognitiven, mathematischen oder motorischen Kompetenzen entwickeln. Hierbei ist der Leitgedanke darzustellen, wie die einzelnen Entwicklungsniveaus der Kinder und Bildungsimpulse der pädagogischen Einrichtungen ineinandergreifen und welche Bedeutung dabei den pädagogischen Fachkräften zukommt. Die Reihe enthält zum anderen Bände, die zentrale bereichsübergreifende Probleme der Bildungsarbeit behandeln, deren angemessene Bewältigung maßgeblich zum Gelingen beiträgt. Dazu zählen Fragen, wie pädagogische Fachkräfte ihre professionelle Responsivität den Kindern gegenüber entwickeln, wie sie Gruppen von Kindern stressfrei managen oder mit Multikulturalität, Integration und Inklusion umgehen können. Die einzelnen Bände bündeln fachübergreifend aktuelle Erkenntnisse aus den Bildungswissenschaften wie der Entwicklungspsychologie, Diagnostik sowie Früh- und Sonderpädagogik und bereiten für den Einsatz in der Aus- und Weiterbildung, aber ebenso für die pädagogische Arbeit vor Ort vor. Die Lehrbuchreihe richtet sich sowohl an Studierende, die sich in ihrem Studium mit der Entwicklung und institutionellen Erziehung von Kindern befassen, als auch an die pädagogischen Fachkräfte des Früh- und Elementarbereichs.

Im vorliegenden Band präsentiert der bekannte Kinderarzt und ehemalige Chefarzt des Sozialpädiatrischen Zentrums im Klinikum Ludwigsburg, Dr. Henning Rosenkötter, zentrales Grundlagenwissen für die Entwicklungsbereiche von Motorik und Wahrnehmung und deren Störungen und Diagnostik unter einer neuropädagogischen Perspektive. Dieses Wissen ist auch für die interdisziplinäre Zusammenarbeit mit Fachkräften aus Medizin und Therapie sinnvoll. Denn an Kitas wird heute der Anspruch gestellt, auch Kinder mit Beeinträchtigungen in den genannten Bereichen zu erkennen, ein abgestimmtes pädagogisches Angebot zu machen und auch fachkundige externe Unterstützung durch Experten zu vermitteln. Der Bogen des Buches ist weit gespannt. Er reicht von der Körper-, Hand- und Grafomotorik und ihren Störungsformen über die visuelle, auditive und taktil-kinästhetische Wahrnehmung und ihren Störungsformen bis hin zu den damit verknüpften Funktionen von Aufmerksamkeit, Gedächtnis und Emotionen.

In der vorliegenden zweiten Auflage hat der Autor neue Erkenntnisse zu den einzelnen Bereichen integriert und die einzelnen Kapitel überarbeitet, um die komplexe Materie der Leserschaft verständlich zu machen. Dabei erleichtern zahlreiche Abbildungen den Nachvollzug der Inhalte.

Münster, Freiburg und Heidelberg im März 2021
Manfred Holodynski, Dorothee Gutknecht und Hermann Schöler

Inhalt

Vorwort der Herausgeberin und der Herausgeber 5

Einleitung 13

1 Vom Gehirn und vom Neuron 15
Zusammenfassung in Form eines Glossars 21
Weiterführende Literatur.. 22

2 Motorik 23
2.1 Das pyramidale System 24
2.2 Das extrapyramidale System und das Kleinhirn 25
2.3 Das spinale System 26
2.4 Zusammenfassung: Das motorische System 28
Weiterführende Literatur.. 28

3 Die Entwicklung der Körpermotorik 29
3.1 Motorische Entwicklung im 1. Lebensjahr 29
3.2 Motorische Entwicklung vom 2. bis 6. Lebensjahr 33
3.3 Diagnostik mit standardisierten und normierten Tests 35
3.4 Zusammenfassung 37
Weiterführende Literatur.. 37

4 Störungen der Körpermotorik 38
4.1 Medizinische Diagnostik....................................... 39
    4.1.1 Kinderärztliche Untersuchung in den ersten Lebensjahren.. 39
    4.1.2 Die ärztliche Untersuchung von Vorschulkindern 42
    4.1.3 Merkmale einer motorischen Störung 43
4.2 Einteilung der motorischen Störungen 44
4.3 Umschriebene Entwicklungsstörung motorischer Funktionen (UEMF) 45
4.4 Schwere Störungen der motorischen Entwicklung 47
4.5 Behandlung körpermotorischer Störungen 49
4.6 Zusammenfassung 53
Weiterführende Literatur.. 53

5	**Die Entwicklung der Handmotorik**		**54**
	5.1	Einführung	54
	5.2	Untersuchung der Handbewegungen und ihrer Störungen	56
	5.3	Maßnahmen bei Störungen der Handmotorik	59
		Weiterführende Literatur	60
6	**Visuomotorik und Grafomotorik**		**61**
	6.1	Einführung	61
	6.2	Sitz- und Stifthaltung	62
	6.3	Entwicklung der Grafomotorik	63
	6.4	Diagnostik	66
	6.5	Förderung und Therapie	69
	6.6	Zusammenfassung	72
		Weiterführende Literatur	72
7	**Lateralisation und Händigkeit**		**74**
	7.1	Evolution und Händigkeit	75
	7.2	Geschlecht und Lateralisation	76
	7.3	Genetik und Lateralisation	77
	7.4	Die Entwicklung der Händigkeit	78
	7.5	Diagnostik	80
		7.5.1 Händigkeit	80
		7.5.2 Füßigkeit, Ohrigkeit, Äugigkeit	81
		7.5.3 Lateralisation und Sprache, Lesen, Schreiben	81
	7.6	Förderung und Therapie	82
	7.7	Zusammenfassung	83
		Weiterführende Literatur	84
8	**Wahrnehmung, Kognition, Intelligenz und Lernen**		**85**
	8.1	Wahrnehmung	85
	8.2	Lernen	88
		Habituation, Sensitivierung und assoziatives Lernen	88
		8.2.1 Lernen und Reifung	90
		8.2.2 Die zeitliche Informationsverarbeitung und das Erleben von Zeit	92
		8.2.3 Die Geschwindigkeit der Informationsverarbeitung	94
	8.3	Kognition	95
	8.4	Intelligenz	95
	8.5	Untersuchungsverfahren	97
		8.5.1 Entwicklungstests	98
		8.5.2 Intelligenztests	100
		8.5.3 Sprachfreie Intelligenztests	101
	8.6	Zusammenfassung	102
		Weiterführende Literatur	103

9	**Sehen und visuelle Wahrnehmung**	**104**
9.1	Einführung	104
9.2	Funktionen der visuellen Wahrnehmung	106
9.3	Das Sehen	107
9.4	Störung der visuellen Wahrnehmung	111
9.5	Diagnostik	112
9.6	Förderung und Therapie	114
9.7	Visuelle Wahrnehmung und Schwierigkeiten beim Lesen und Schreiben	116
9.8	Rechenschwäche (Dyskalkulie)	118
9.9	Zusammenfassung	121
	Weiterführende Literatur	122

10	**Hören, auditive Wahrnehmung und Sprache**	**123**
10.1	Das Hören	123
	10.1.1 Zur Physiologie des Hörens	123
	10.1.2 Töne und Lautstärke	128
	10.1.3 Höruntersuchung	129
	10.1.4 Hörstörungen	130
10.2	Auditive Wahrnehmung	131
	10.2.1 Funktionen der auditiven Wahrnehmung	131
	10.2.2 Störungen der auditiven Wahrnehmung	133
	10.2.3 Ursachen für eine auditive Wahrnehmungsstörung	133
	10.2.4 Symptome einer auditiven Wahrnehmungsstörung	134
	10.2.5 Förderung und Therapie	135
10.3	Auditive Wahrnehmung und Sprache	138
	10.3.1 Die Entwicklung der Prosodie	138
	10.3.2 Lauterkennung	140
	10.3.3 Die normale Sprachentwicklung	142
	10.3.4 Die verzögerte und die gestörte Sprachentwicklung	145
	10.3.5 Frühe Sprachförderung	146
10.4	Prävention	149
	10.4.1 Die phonologische Bewusstheit: Eine Vorläuferfähigkeit	149
	10.4.2 Prävention von Lese-Rechtschreibschwierigkeiten	150
10.5	Lese-Rechtschreibstörung	152
10.6	Zusammenfassung	155
	Weiterführende Literatur	156
10.7	Lärm und Geräuschempfindlichkeit	157
	10.7.1 Lärm	157
	10.7.2 Lärmschädigung und Innenohr	157
	10.7.3 Lärm in der Umwelt	158
	10.7.4 Lärm in der Kita	158
	10.7.5 Was kann man gegen Lärmbelästigungen tun?	159
	10.7.6 Geräuschüberempfindlichkeit (Hyperakusis)	159

		10.7.7 Zusammenfassung	161
		Weiterführende Literatur..	161
11		**Taktil-kinästhetische Wahrnehmung**	**162**
	11.1	Wahrnehmungssysteme	162
	11.2	Rezeptoren..	163
	11.3	Funktionen der taktil-kinästhetischen Wahrnehmung	168
	11.4	Taktil-kinästhetische Wahrnehmungsstörungen..............	168
	11.5	Zusammenfassung	171
		Weiterführende Literatur..	172
12		**Gleichgewicht**	**173**
	12.1	Funktionen der vestibulären Wahrnehmung	174
	12.2	Förderung und Therapie	175
13		**Gedächtnis**	**177**
	13.1	Langzeitgedächtnis	177
	13.2	Arbeitsgedächtnis	180
	13.3	Diagnostik von Gedächtnisleistungen	183
	13.4	Symptomatik von Gedächtnisproblemen	184
	13.5	Förderung und Therapie	185
	13.6	Zusammenfassung	186
		Weiterführende Literatur..	187
14		**Aufmerksamkeit**	**188**
	14.1	Symptomatik und Diagnostik der Aufmerksamkeitsstörung	189
	14.2	Differentialdiagnose und Komorbidität......................	193
	14.3	Ursachen der Aufmerksamkeitsstörung	194
	14.4	Aufmerksamkeit und Medien	196
	14.5	Therapie von Aufmerksamkeitsstörungen	197
	14.6	Therapie mit Medikamenten	199
	14.7	Zusammenfassung	200
		Weiterführende Literatur..	200
15		**Das »Ich«, Emotionen und ihre neuronale Verankerung im Gehirn**	**201**
	15.1	Emotionen...	202
	15.2	Mandelkerne und Angst	202
	15.3	Limbisches System und Emotionen	205
	15.4	Spiegelneurone und Empathie...............................	205
	15.5	Neurotransmitter und emotionale Informationsverarbeitung...................................	206
	15.6	Angst und Trauma...	209
	15.7	Stresserleben und Epigenetik	210

15.8	Emotion und Lernen	210
15.9	Zusammenfassung	212
	Weiterführende Literatur	213

Literatur **214**

Einleitung

Bislang weiß kein Mensch genau, was Neuropädagogik ist. Diejenigen, die darüber sprechen und schreiben, halten es meist für eine moderne Form der Pädagogik, welche die Erkenntnisse der Neurowissenschaften integriert. Warum könnte es nicht auch eine Form der Nervenheilkunde sein, die an Ergebnissen der Pädagogik interessiert ist? Immerhin soll der Begriff in den 1970er Jahren von dem Ehepaar Gobiet für eine Frühförderung in der Rehabilitation von Schädel-Hirn-Verletzten »erfunden« worden sein. In den 1990er Jahren wurde er von dem Neuropsychologen und Neurochirurgen A. Klinger und dem Neurochirurgen und Rehabilitationsmediziner A. Zieger zu einem Konzept der Frührehabilitation erweitert.

Die Entwicklungsbiologin A. K. Braun stellt in Magdeburg Überlegungen zu einer interdisziplinären Forschungsrichtung »Neuro-Pädagogik« an. Begründet die Einrichtung eines »Transferzentrums für Neurowissenschaften und Lernen« in Ulm die gelegentlich besserwisserische Einmischung der Medizin in die Pädagogik? Wird hier nicht suggeriert, die Medizin könne endlich den Schlüssel zur Bildungsdebatte liefern: Was Pädagogen dringend bräuchten, um den PISA-Schock zu überwinden? Wenn nun die Erklärung für Aufmerksamkeitsstörungen, Gedächtnislücken, Aggressivität im Kindergarten oder gleich das ganze Körper-Seele-Problem mit der Durchblutung des Nucleus accumbens, der Zelldichte des Hippocampus und der Funktion der Spiegelneurone erklärt werden könnten, wäre die Pädagogik unter dem Dach der Neurowissenschaften gut aufgehoben. Da wundern kritische Überlegungen nicht, auch nicht die Fragen »Wie viel Neuro braucht die Schule wirklich?« oder »Wo ist denn da die gleiche Augenhöhe?«

In dem Wort »Neuropädagogik« – wie auch in anderen zusammengesetzten Wissenschaftsgebieten wie z. B. Neurophysiologie, Entwicklungsneurobiologie, Neurogenetik, Neuropsychologie – steckt auch der Wunsch, Fachrichtungen, die bislang wenig miteinander anfangen konnten, zu beider Nutzen interdisziplinär und fachübergreifend kooperieren zu sehen. Nach vielen Jahren, in denen immer stärker spezialisierte Fachdisziplinen in traditioneller Weise Wissen vertieft und vervielfältigt haben, scheint für viele der Zeitpunkt gekommen zu sein, den Kopf über den Tellerrand erhebend nach anderen zu suchen, die gleichfalls in der eigenen Suppe sieden. Sie bereichert Methoden- und Interpretationsvielfalt. Das Wissen aus der Pädagogik bereichert somit nicht nur den Neurowissenschaftler und das Wissen aus der Neurologie bereichert nicht nur den Pädagogen, sondern das breitere und multiplizierte Wissen beider Fachbereiche dient dem zu fördernden Kind, dient dem kranken Patienten und dient der Gesellschaft.

Als Mediziner versuche ich, den Teil der Neurowissenschaften zu erklären, von dem ich mir vorstellen kann, dass er für Pädagogen, namentlich Frühpädagogen, hilfreich sein könnte: zur Erklärung, zum Verstehen, beim Suchen nach alternativen Lehrmethoden, auf der Suche nach Auswegen und zur Ermutigung für eine interdisziplinäre Zusammenarbeit. Wie viel davon und wie es für Sie nutzbringend sein wird, bleibt Ihnen überlassen. Durch den theoretischen Berg von Griesbrei muss man sich auch in anderen Disziplinen futtern, um bei den herzhaften Gerichten anzukommen. Ganz wird man die Theorie jedoch nicht vermeiden können, wenn man die Erklärung für Konzepte und Therapien sucht. Hoffentlich werden Sie viel für sich mitnehmen und hoffentlich werden dann Ihre Erkenntnisse oder Widersprüche irgendwie zu mir zurückkehren, damit ich am Ende auch mehr von Pädagogik weiß. Schließlich hoffe ich gar, dass dieses Buch auch einigen medizinischen Therapeuten (Physiotherapie, Ergotherapie, Logopädie) und Therapeuten angrenzender Berufe hilfreich sein kann.

Henning Rosenkötter

Anmerkung: Der besseren Lesbarkeit halber spreche ich von Pädagoginnen, pädagogischen Fachkräften und Erzieherinnen. Männliche Kollegen sind natürlich ebenfalls gemeint. Wenn ich von Pädagogen, Ärzten und Psychologen spreche, meine ich auch Pädagoginnen, Ärztinnen und Psychologinnen.

1   Vom Gehirn und vom Neuron

Das menschliche Gehirn besteht aus etwa 100 Milliarden Nervenzellen (*Neurone*), die durch etwa 100 Billionen Kontaktstellen (*Synapsen*) miteinander in Verbindung stehen. Unter dem Begriff *Zentralnervensystem* (ZNS) werden das Gehirn und das Rückenmark zusammengefasst. Als peripheres Nervensystem werden alle Anteile außerhalb des ZNS bezeichnet: vor allem die motorischen Nerven, die das Rückenmark verlassen, und die sensiblen Nerven, die vom Gewebe zum Rückenmark kommen, und auch das vegetative Nervensystem. Der *Kortex*, die Rinde des Großhirns, ist 2–5 mm dick und so stark gefaltet, dass seine Oberfläche 1800 Quadratzentimeter einnimmt. Diese dichte Zellschicht wird die graue Substanz genannt, während die zu- und wegführenden Nervenfasern die weiße Substanz bilden. Die Nervenfasern verbinden die Hirnzentren miteinander, oder sie verlassen das Gehirn in dichten Bündeln zum Rückenmark hin, von wo sie ihre Signale als motorische Nerven zu den Muskeln (*efferente* Nerven) leiten, oder dem Gehirn als sensible Nerven Informationen aus der Peripherie (*afferente* Nerven) bringen.

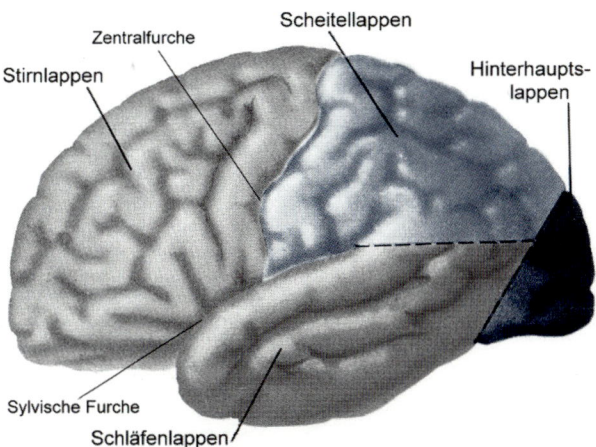

Abb. 1.1: Die Lappen des Großhirns und zwei wichtige Hirnfurchen

Den größten Raum im ZNS nimmt das Großhirn ein. Es besteht aus einer linken und einer rechten Großhirnhemisphäre. Beide sind durch ein breites Faserbündel, den Balken (*Corpus callosum*), miteinander verbunden. Sie werden in jeweils vier Lappen unterteilt (▶ Abb. 1.1): Stirnlappen (*Frontallappen*), Scheitellappen (*Parietallappen*), Schläfenlappen (*Temporallappen*) und Hinterhauptslappen (*Okzipitallappen*). Das Stirnhirn und der Scheitellappen sind durch eine tiefe Furche, die Zentralfurche (*Sulcus zentralis*) voneinander getrennt. Jeder Lappen hat seine eigenen Windungen und Furchen. So liegt die vordere Zentralwindung (*Gyrus präzentralis*) vor, die hintere Zentralwindung (*Gyrus postzentralis*) hinter der Zentralfurche. Die *Sylvische Furche* trennt den Stirnlappen vom Schläfenlappen.

Zwischen den Großhirnhemisphären und um den dritten Hirninnenraum (*Ventrikel*) herum liegt das Zwischenhirn. Es besteht aus dem *Thalamus*, dem darunter liegenden *Hypothalamus* und der kleinen, hormonbildenden *Hypophyse*. Der Thalamus ist eine außerordentlich wichtige Sammel- und Umschaltstelle. Außer der Riechbahn werden dort alle ankommenden Informationen (sensorisch, optisch, akustisch) von der einen Nervenbahn auf mehrere andere verteilt. Solche Umschaltzentren werden im Gehirn auch häufig Kern (*Nucleus*) genannt. Für das Sehen und das Hören gibt es im Thalamus Umschaltstationen, die dem Thalamus wie kleine Vorwölbungen aufgesetzt sind, die so genannten *Kniehöcker*. Aber auch alle ausgehenden Signale wie z. B. die motorischen Befehle werden im Thalamus umgeschaltet. Der Thalamus ist daher das unter der Rinde liegende Tor zum Kortex des Großhirns. Im Hypothalamus werden wichtige unbewusste Regulationen gesteuert: der Wasserhaushalt, die Temperaturregulation, die Nahrungsaufnahme.

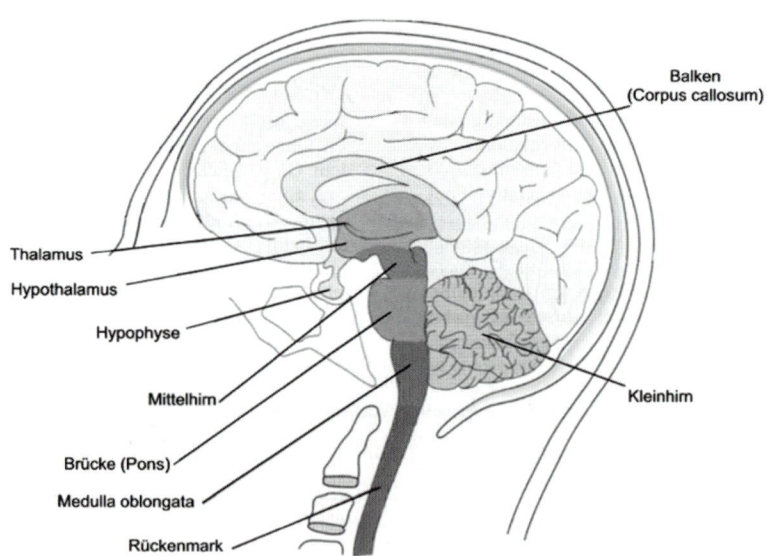

Abb. 1.2: Zwischenhirn, Mittelhirn, Hirnstamm, Kleinhirn

Das Mittelhirn ist ein kleiner Gehirnteil, der das Zwischenhirn und die Brücke (*Pons*) miteinander verbindet. Brücke und das darauf sitzende Kleinhirn (*Zerebellum*) bilden zusammen eine funktionelle Einheit (▶ Abb. 1.2). Das Kleinhirn übernimmt Aufgaben in der Feinsteuerung der Motorik und in der Seh- und Hörwahrnehmung. Seine Fältelung und seine Zellstruktur sind besonders fein differenziert und dicht. Die Oberfläche des Kleinhirns erreicht eine erstaunliche Größe: Sie entspricht 75 % der Oberfläche des Großhirns.

Unterhalb des Zwischenhirns liegt der *Hirnstamm*. Dazu gehören das Mittelhirn, die Brücke und das verlängertes Rückenmark (*Medulla oblongata*). (Der Begriff *Stammhirn* bezeichnet den Hirnstamm und zusätzlich noch das Zwischenhirn.). Im Hirnstamm verlaufen nicht nur auf- und absteigende Bahnen, sondern er ist auch der Sitz zahlreicher Hirnnervenkerne. Als Hirnnerven werden diejenigen Nerven bezeichnet, die nicht aus dem Rückenmark entspringen, sondern direkt aus dem Gehirn kommen. Sie verlassen den knöchernen Schutz des Gehirns an verschiedenen Stellen des Schädels und versorgen überwiegend die Organe des Kopfes. Die Hirnnervenkerne III, IV und VI steuern die Bewegungen der Augäpfel, der Hirnnervenkern VII (*Fazialisnerv*) ist für die Steuerung der Mimik wichtig und der VIII. Hirnnerv sammelt die Informationen vom Innenohr und vom Gleichgewichtsorgan. Nur der X. Nerv, der sogenannte Vagusnerv, zieht eine längere Bahn: Er ist ein Hauptnerv des vegetativen Nervensystems und steuert die Tätigkeit vieler innerer Organe.

Abbildung 1.3 zeigt die Mitte des Gehirns in einer mittleren Schnittebene, gewonnen mit einer Untersuchung, die Kernspintomographie oder Magnetresonanztomographie (*MRT*) genannt wird. Das MRT ist ein bildgebendes Verfahren, das eine Darstellung der Struktur des Gewebes erlaubt. Das Bild zeigt auch die Gürtelwindung (*Gyrus cinguli*) oberhalb des Balkens, die zum limbischen System gehört (▶ Abb. 1.3).

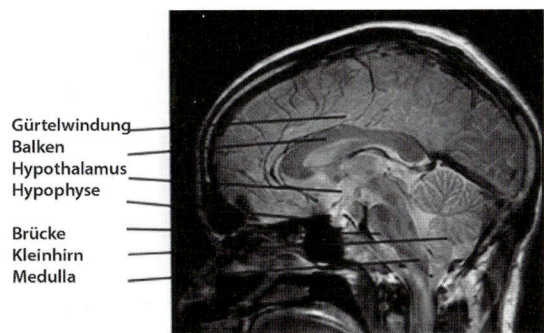

Abb. 1.3: Mittelschnitt durch das Gehirn in der Magnetresonanztomographie (MRT)

Ein anderes wichtiges Kernsystem befindet sich im Hirnstamm: die *Formatio retikularis*. Der Name (»netzartige Bildung«) rührt aus der diffus und maschenartig miteinander verbundenen Struktur, die wie ein Netz von vielen Kerngebieten wirkt und Anschluss an den Thalamus und an das Rückenmark hat. Die *Formatio retikularis* ist für zahlreiche unbewusste Funktionen verantwortlich: Kreislauf und Atemzentrum, Brechzentrum, Schmerz, Emotionen, Harnblasensteuerung, Anteile der Bewegungssteuerung und über den *Nucleus accumbens* und den *Nucleus ruber* Anteile der Aufmerksamkeitssteuerung.

Nach diesem Blick auf das Gehirn von außen wenden wir uns nun der *Feinstruktur des ZNS* zu. Beginnen wir mit der Funktion der Nervenzellen, den *Neuronen* (▶ Abb. 1.4). Sie erfassen und verarbeiten alle Informationen, die das Gehirn erhält, und sie können gleichzeitig senden und empfangen. Das eingehende Signal kommt entweder über ankommende (afferente) Nervenfasern anderer Neurone oder durch eigene Fasern, die *Dendriten*. Die Verbindungsstellen (*Synapsen*) mit anderen Nervenzellen kontaktieren mit ihnen direkt am Zellkörper oder über Synapsen, die auf den Dendriten liegen. Bei manchen Nervenzellen gibt es eine besonders starke und lange auslaufende Faser: das *Axon*. Eine Erregung im Neuron wandert besonders schnell über das Axon, weil es über Abschnitte verfügt, die Markscheiden genannt werden. Diese Markscheiden-Abschnitte haben Verengungen und Einschnürungen, die *Schnürringe*.

Markscheiden bestehen aus *Myelin*-Lamellen, die von speziellen Zellen gebildet werden und sich wie Spiralen um die Axone winden. Myelin heißt Mark und ist eine gewundene Membran. Solche markumwickelten Axone können die Erregung schneller leiten als marklose Fasern. Die hohe Übertragungsgeschwindigkeit der markhaltigen (myelinisierten) Fasern kommt dadurch zustande, dass das Myelin wie eine Isolationsschicht wirkt. Dadurch wird die Veränderung der elektrischen Ladung nicht kontinuierlich fortgeleitet, sondern sie springt von einem nicht markumlagerten Schnürring zum nächsten. Myelin bildet sich in der ganzen Kindheit und Jugend und ist der Grund dafür, dass die Erregungsübertragung mit zunehmendem Alter immer schneller wird und das Volumen des Gehirns noch ständig zunimmt, obwohl ab der Geburt keine neuen Neurone mehr gebildet werden.

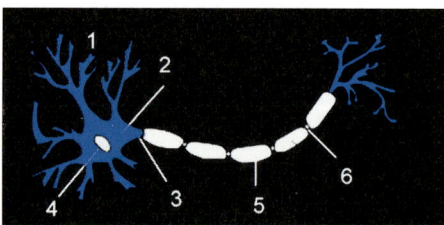

Abb. 1.4: Ein Neuron (1: Dendriten (blau), 2: Zellkörper, 3: Axon, 4: Zellkern, 5: Myelinscheide (weiß), 6: Schnürring)

Die Fortleitung von Signalen im Neuron beruht auf chemischen und elektrischen Vorgängen. Zwischen dem Inneren der Nervenzelle und der Umgebung besteht ein elektrisches Spannungsgefälle, ein *elektrisches Potenzial*. Diese Spannung kann an der Zellmembran fein abgestuft werden, je nach der Stärke der Erregung des Neurons. Diese wiederum wird von der Stärke der eingehenden Signale bestimmt. Überschreitet das Potenzial an den ausgehenden (efferenten) Fasern eine bestimmte Schwelle, wird plötzlich ein Aktionspotenzial ausgelöst. Die Auslösung folgt dem Alles-oder-Nichts-Prinzip, d. h. entweder ist die Erregung überschwellig und das

Potenzial wird ausgelöst oder es wird nicht ausgelöst. Es gibt nur Null (Ruhe) oder Eins (Erregung). Das *Aktionspotenzial* breitet sich mit großer Geschwindigkeit in den auslaufenden Fasern aus.

Den elektrischen Ruhezustand eines Neurons nennt man *Ruhepotenzial*. Damit ist gemeint, dass die Zellmembran eine Spannung aufrechterhält, indem ständig durch eine chemische Reaktion Natrium aus der Zelle herausgepumpt und Kalium hineingelassen wird. Diese Natrium-Kalium-Pumpe führt an der Zellmembran zu einem Spannungsungleichgewicht, eben dem Ruhepotenzial. In der Membranwand gibt es Kanäle für *Ionen*, durch die bei einer bestimmten Spannung zwischen dem Inneren der Zelle und dem Zellaußenraum schlagartig innerhalb einer Millisekunde Natriumionen in das Zellinnere einströmen. Das Ruhepotenzial, eine im Zellinneren negative Ladung, kehrt sich nun plötzlich in eine positive Ladung um. Diesen Potenzialumschwung nennt man ein *Aktionspotenzial*. Es kann über das Axon an andere Zellen fortgeleitet werden. Das Aktionspotenzial besteht aus einem Entladungsanteil (*Depolarisation*) und einer kurzen Phase, in der der Natriumeinstrom nach einer Millisekunde abgestoppt und Kalium ausgeschleust wird (*Repolarisation*), um den ursprünglichen Ruhezustand wiederherzustellen. Nach Ablauf des Aktionspotenzials ist das Neuron für 1–2 Millisekunden nicht wieder erregbar (*Refraktärzeit*). Von außen kommende Reize können zwar aufgenommen werden, aber sie führen nicht zu einem neuen Aktionspotenzial.

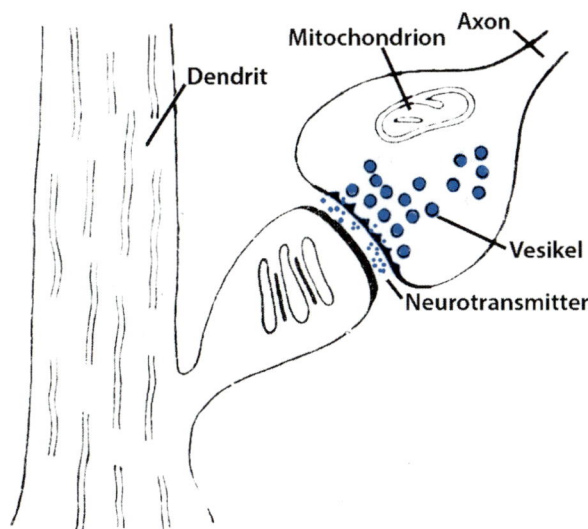

Abb. 1.5: Struktur einer Synapse zwischen Axon und Dendrit

Wenn die Erregung mit einem Aktionspotenzial über ein Axon läuft, wird sie über viele knospenartige Ausläufer (Synapsen) an benachbarte Zellkörper und deren Dendriten weitergegeben. In diesen Synapsenknöpfchen gibt es Bläschen, die prall mit Botenstoffen (*Neurotransmittern*) gefüllt sind. Ihnen gegenüber liegt an der

Synapse des benachbarten Zellkörpers oder Dendriten eine Empfangsmembran. Kommt nun das Aktionspotenzial an die Synapse, werden die Neurotransmitter innerhalb von einer Millisekunde aus den Bläschen entlassen und durch die Synapsenmembran in den Zwischenraum zwischen Synapse und Empfangsmembran (*postsynaptische* Membran) geschickt (▶ Abb. 1.5). Den Synapsenspalt überschreiten sie und gelangen an der Empfangsmembran auf spezielle Rezeptoren, die spezifisch immer nur einen bestimmten Botenstoff binden. Die Bindung der Botenstoffe an die Rezeptoren löst in der Nachbarzelle wieder einen Spannungsunterschied aus. Je nach Art des Neurotransmitters und je nach Art des Rezeptors wirkt dieses Potenzial an der Nachbarzelle erregend oder hemmend.

Das einzelne Neuron kann also nach dem Alles-oder-Nichts-Prinzip erregt werden und eine Erregung aussenden oder nicht. Wie kann es dann eine Abstufung der Erregung geben? Es gibt zwei Antworten: Zum einen wirkt sich die Stärke des Reizes auf die Anzahl der Aktionspotenziale pro Zeiteinheit aus. Die andere Antwort ergibt sich, wenn man eine Gruppe von Neuronen betrachtet: Manchmal überwiegen die hemmenden, manchmal die erregenden Impulse. Die Modulation einer Information geschieht durch die Summe von erregenden und hemmenden Einflüssen. Die Feinjustierung ist also in der Zusammenarbeit von funktionell kooperierenden Neuronen möglich.

Eine Sonderform einer synaptischen Verbindung ist die Verbindung zwischen einem Axon und einer Muskelzelle: Die Stelle, an der eine Synapse auf eine Muskelfaser trifft, nennt man die *motorische Endplatte*. Das ankommende Axon bildet einen synaptischen Endkolben, der viele kleine Energie liefernde Zellorganellen (*Mitochondrien*) und Bläschen (*Vesikel*) enthält (▶ Abb. 1.6).

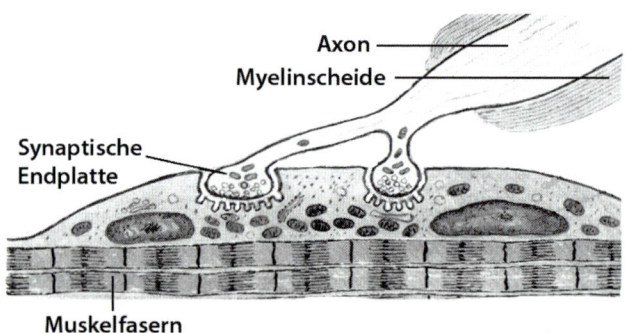

Abb. 1.6: Motorische Endplatte: eine Synapse an der Muskelfaser

Die Vesikel sind vollgestopft mit dem Neurotransmitter *Acetylcholin*. Kommen Aktionspotenziale über das zuleitende Axon an, so öffnen sich Kalziumionenkanäle. Die acyetylcholinhaltigen Bläschen entleeren sich an der Zellmembran in den synaptischen Spalt. Das freigesetzte Acetylcholin bindet sich an die Rezeptoren der Muskelfaser-Endplatte. Dies ist das Signal zur Kontraktion der darunter liegenden Muskelfaser. Die Größe einer motorischen Einheit entscheidet, wie viele Skelettmuskelfasern sich gleichzeitig zusammenziehen.

Zusammenfassung in Form eines Glossars

1. Makroskopie

Aufbau des Zentralnervensystems

Großhirn und Zwischenhirn: Das Großhirn wird beidseits in vier Lappen eingeteilt: Stirn-, Scheitel-, Schläfen- und Hinterhauptslappen. Die Hirnwindungen (Gyri) haben eine symmetrische Architektur. Von den trennenden Rinnen (Sulci) sind zur Orientierung besonders die Zentralfurche und die Sylvische Furche wichtig. Das darunterliegende Zwischenhirn besteht aus dem Thalamus, dem Hypothalamus und der Hypophyse.

Brücke und Kleinhirn: Die Brücke (Pons) und das Kleinhirn (Zerebellum) bilden eine funktionelle Einheit. Das Kleinhirn ist in sehr feine Falten gegliedert und hat annähernd so viele Neuronen wie das Großhirn. Die Großhirnschenkel und der dicke Beginn des Rückenmarks (Medulla oblongata) bilden den Hirnstamm. Dort verlaufen auf- und absteigende Bahnen und entspringen die Hirnnerven. Dies sind Nerven, die direkt aus dem Gehirn kommen.

Kern: Als Kern (Nukleus) bezeichnet man dichte Ansammlungen von Neuronen, die als Umschaltstelle und Verbindung zwischen verschiedenen Hirnzentren dienen. Das netzartige Kerngebiet der Formatio retikularis hat vielfältige unbewusste Funktionen: Steuerung von Kreislauf und Atmung, Schmerz, Emotionen, Harnblasensteuerung, Anteile der Bewegungssteuerung und der Aufmerksamkeitssteuerung.

2. Mikroskopie

Aufbau des Neurons

1. Nervenzellkörper
2. Ausläufer:
   Dendrit: kurz und verzweigt; zuführende Fortsätze nehmen die ankommende Erregung auf und leiten sie zum Nervenzellkörper. Axon: wegführender Fortsatz, leitet die Erregung vom Nervenzellkörper fort; entspringt im Zellleib und zieht als Fortsatz zu anderen Nervenzellen oder zu einem Muskel

Synapse: Umschaltstelle für die Erregungsübertragung von einer Nervenzelle auf eine zweite oder von einer Nervenzelle auf ein Erfolgsorgan. Die Erregungsübertragung erfolgt durch chemische Überträgerstoffe (Transmitter)
  Markscheidenzellen: Zellen, die Mark (Myelin) bilden
  Schnürring: Einschnürung zwischen zwei Markscheidenzellen
  Leitungsrichtung von Nervenfasern:

1. afferent: von der Peripherie zum Gehirn und Rückenmark, z. B. sensible Nervenfasern, die Reize von einem Sinnesorgan an das ZNS vermitteln
2. efferent: vom ZNS zum peripheren Nervensystem

Alles-oder-nichts-Gesetz: Als Antwort auf einen Reiz kommt entweder ein vollständiges oder gar kein Aktionspotenzial. Ausschlaggebend ist, ob der Reiz über dem Schwellenwert liegt. Nach einer Reizung bleibt der Nerv für eine bestimmte Zeit unerregbar (refraktär). Die Stärke des Reizes wirkt sich auf die Anzahl der Aktionspotenziale pro Zeiteinheit aus. Neuronengruppen können die Stärke einer Reizantwort über die Zahl der erregenden oder hemmenden Synapsen modulieren.

Der periphere Nerv: In einem peripheren Nerv laufen mehrere Nervenfasern, die von Markscheiden umhüllt sind. Er enthält afferente und efferente Nervenfasern, teilt sich mehrfach auf oder vereinigt sich mit anderen Nerven. Die über die Schnürringe springende Erregung pflanzt sich schneller fort als bei marklosen Axonen, an denen die Erregung kontinuierlich entlangläuft.

Weiterführende Literatur

Carter, R. (2019). *Das Gehirn*. München: Dorling Kindersley.
Faller, A. & Schünke, G. (2016). *Der Körper des Menschen.* Stuttgart: Thieme.
Huch, R. & Jürgens, K. (2019). *Mensch, Körper, Krankheit.* München: Urban & Fischer.

2 Motorik

> **Definition**
>
> Motorik bedeutet sowohl *Bewegung* als auch *Haltung*. Haltung und Bewegung werden vom zentralen und vom peripheren Nervensystem gesteuert und kontrolliert, teils bewusst und teils unbewusst.

Zu Beginn sollen einige Begriffe erläutert werden. Die vom Zentralnervensystem (ZNS) kontrollierte, bewusste Bewegung ist die *Willkürmotorik*. Als *Körpermotorik* bezeichnet man die Koordination der Haltung und Bewegung von Rumpf und Extremitäten. Unter *Handmotorik* versteht man die Handgeschicklichkeit und die Koordination der Fingerbewegungen. *Statomotorik* meint die Regulierung von Gleichgewicht, Aufrichtung und Gang.

Motorik ist eingebettet in ein System, das sich gegenseitig beeinflusst und kontrolliert. Dazu gehören das motorische, das sensible und das vegetative System. Diese drei Systeme haben unterschiedliche Aufgaben.

- *Motorisches System*
  Steuerung der Willkürbewegungen und der reflektorischen, unbewussten Anpassung der Muskelaktivitäten an die äußeren Bedingungen.
- *Sensorisches System*
  Erfassung und Verarbeitung (*taktil-kinästhetische Wahrnehmung*) von Signalen der Sinnesorgane in der Muskulatur, den Sehnen und den Gelenken an die Gehirnzentren, evtl. mit Bewusstwerdung.
- *Vegetatives (autonomes) System*
  Koordination und Anpassung der Tätigkeit der inneren Organe (Atmung, Herz und Kreislauf, Verdauung, Blase). Es arbeitet »autonom«, also ohne bewusste Kontrolle.

Die *Sensorik* ist das System des Fühlens und der Körperwahrnehmung. Betrachten wir beide Systeme, Motorik und Sensorik, als eine Einheit, in der das eine System ständig Informationen des anderen Systems verarbeitet und rückmeldet, so sprechen wir von *Sensomotorik* (auch ▶ Kap. 11). Die Steuerung der Motorik ist jedoch nicht allein Aufgabe des taktil-kinästhetischen Systems, sondern es sind auch Teilbereiche der visuellen Verarbeitung, der Hörverarbeitung und des Gleichgewichtssystems beteiligt. Denken wir hingegen vor allem an ein Zusammenwirken von Motorik mit der psychischen und kognitiven Entwicklung, so sprechen wir von *Psychomotorik*.

Der unbewusste Antrieb zu einem Bewegungsablauf geht von subkortikalen, also unter der Hirnrinde gelegenen *Motivationsarealen* im Stirnhirn und im limbischen System aus. Das limbische System hat eine besondere Bedeutung bei der Verarbeitung von Emotionen und bei Gedächtnisleistungen. Emotionen sind ja oft ein wichtiger Antrieb für Bewegungsleistungen (ausführlich dazu ▶ Kap. 15). Automatisierte Bewegungen wie Hüpfen und Fahrradfahren werden anfangs bewusst erlernt, später unbewusst gesteuert.

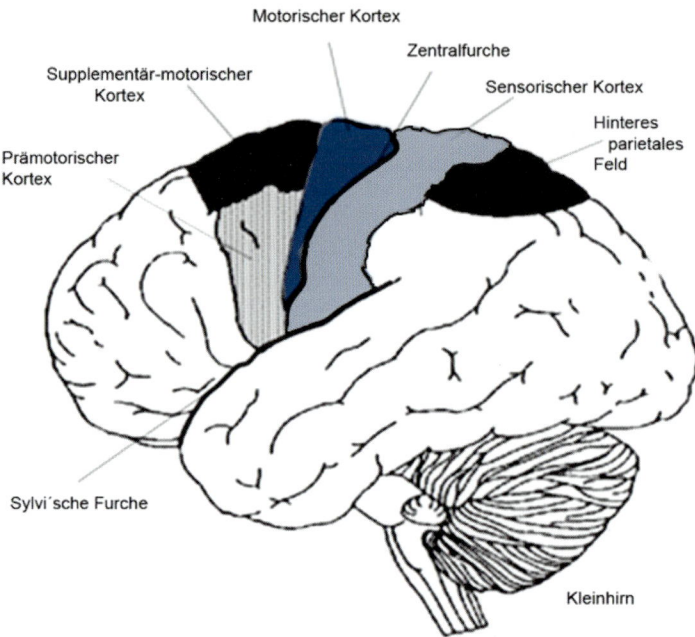

Abb. 2.1: Großhirnareale der motorischen Steuerung

Bewusste Bewegungsmuster wie z. B. das Ausweichen vor einem Hindernis werden im *supplementär-motorischen Kortex* und im prämotorischen Kortex geplant (▶ Abb. 2.1). Das detaillierte *Bewegungsprogramm* entsteht in einem Zusammenwirken von supplementär-motorischem Kortex, Basalganglien (das sind große Kerngebiete unterhalb der Hirnrinde) und Kleinhirn.

2.1 Das pyramidale System

Die *Aktivierung* der Bewegung ist Aufgabe der Pyramidenzellen des motorischen Kortex, einer Hirnwindung, die vor der großen Zentralfurche liegt (*Gyrus präzentralis*).

Die Pyramidenzellen sind große Neurone mit einem fast dreieckigen Zellkörper. Die Steuersignale der Pyramidenzellen werden nun über die *Pyramidenbahn* in das Rückenmark weitergeleitet (▶ Abb. 2.2). Die Pyramidenbahn wird von den absteigenden Axonen der Pyramidenzellen gebildet. Ihren Namen hat sie wohl aber nicht durch diese charakteristisch geformten Zellen, die es auch in anderen Bereichen des Großhirns gibt, sondern von der länglichen Vorwölbung, die die Bahn im verlängerten Rückenmark verursacht (*pyramis* = Kegel). Die meisten Axone kreuzen im verlängerten Mark (*Medulla oblongata*) auf die Gegenseite. Die anderen steigen ungekreuzt ab. Die Fasern, die aus der motorischen Rinde der linken Hemisphäre stammen, kommen im rechten Anteil des Rückenmarks an und umgekehrt. Im Rückenmark erreichen sie diejenigen Segmente, für deren Steuerung sie zuständig sind, z. B. liegen die Segmente für die motorische Steuerung der Arme im Rückenmark der Halswirbelsäule und die Segmente für die Steuerung der Beine im Rückenmark der Lendenwirbelsäule und des Kreuzbeins. Die Axone der Pyramidenbahn enden an den Neuronen des peripheren Nervs. Dort werden sie auf die peripheren Nerven umgeschaltet. Diese Neuronen, die die Verbindung zu den Muskelfasern herstellen, heißen *Motoneurone* und sind über den peripheren Nerv, der das Rückenmark und die schützende Wirbelsäule verlässt, mit den entsprechenden Muskelfasern verbunden. Der periphere Nerv zieht in den Gliedmaßen oder am Rumpf entlang zu den beteiligten Muskeln.

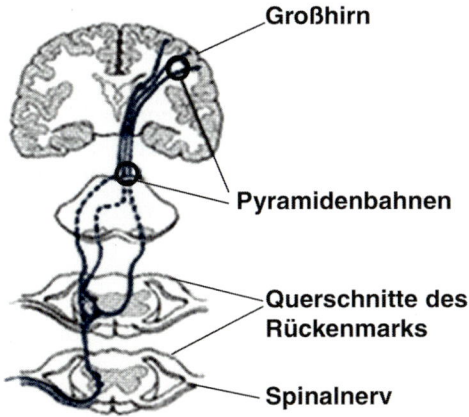

Abb. 2.2: Die Pyramidenbahn: Das im Rückenmark absteigende Faserbündel aus dem motorischen Kortex erreicht die verschiedenen Rückenmarksebenen.

2.2 Das extrapyramidale System und das Kleinhirn

Neben dem sehr direkt, aber auch etwas grob steuernden pyramidalen System ist das *extrapyramidal-motorische* System parallel geschaltet. Es regelt die Haltungs- und Bewegungseinstellungen sowie die Muskelspannung (*Tonus*) und unterstützt die Verschaltung zum Kleinhirn. Es bezieht seine Signale vornehmlich aus dem prämotorischen und supplementären Kortex und gibt sie über Synapsen an die Basalganglien weiter. Die Basalganglien (auch *Stammganglien* genannt) sind große Kerngebiete unterhalb der Hirnrinde (subkortikal), die über eine Rückmeldeschleife über den Thalamus zur Großhirnrinde eine motorische Regulation leisten. Darüber hinaus sind sie in die Handlungsplanung, das vorausschauende Handeln, die motorische Spontaneität und Selektion sowie die Bildung von Handlungsabfolgen einbezogen.

In einer zweiten Schleife zur Feinregulation und Verknüpfung werden Signale der Pyramidenzellen in einem Nebenschluss zum Kleinhirn geleitet. Das Kleinhirn ist u. a. für die Steuerung der Bewegungen zuständig, also für Koordination, Feinabstimmung, unbewusste Planung und das Erlernen von Bewegungsabläufen. Darüber hinaus ist das Kleinhirn parallel zum Großhirn an der Verarbeitung optischer und akustischer Signale beteiligt.

2.3 Das spinale System

Das *Rückenmark* (*Medulla spinalis*) ist derjenige Teil des ZNS, der im Wirbelkanal der Wirbelsäule verläuft. Das *spinale System* umfasst also einerseits absteigende Bahnen der Motorik und andererseits aufsteigende Bahnen der Sensorik zur Weiterleitung der gefühlten Informationen. Auf jedem Segment des Rückenmarks verlassen periphere motorische Nerven rechts und links über die vordere Nervenwurzel den schützenden Nervenkanal. Die hintere Nervenwurzel wird auch als sensibles Neuron bezeichnet. Sie leitet Impulse aus dem Körper zur grauen Substanz des Rückenmarks.

Reflexe sind programmierte Bewegungsabläufe. Auf einen spezifischen äußeren Reiz folgt eine schnelle, typische und reproduzierbare Reaktion. Da das Gehirn an der Reflexbildung nicht oder nur gering beteiligt ist, laufen Reflexe unbewusst ab. Diese Reaktionen sind daher sehr schnell und schützen uns in kurzer Zeit. Die kürzeste Verschaltung zwischen einem Motoneuron und einem sensiblen Neuron ist der Muskeleigenreflex. Wird z. B. die Kniesehne durch einen Schlag mit einem Gummihammer gedehnt, sendet das sensible Neuron das Dehnungssignal über einen sensiblen Nerv an das Rückenmark. Dort wird es direkt auf ein Motoneuron umgeschaltet und gelangt über den motorischen Nerv zum zugehörigen Muskel. Beim Kniesehnenreflex zieht sich der streckende Oberschenkelmuskel zusammen und bewirkt eine Streckbewegung im Kniegelenk. Solche Reflexreaktionen haben den Vorteil, sehr schnell und automatisiert abzulaufen. Rhythmische Bewegungsmuster wie Laufen oder Hüpfen vereinen in sich Merkmale von Willkürbewegung und von unwillkürlichen, durch Reflexe beeinflusste Bewegungen. Der Beginn kann willkürlich, also kortikal und subkortikal ausgelöst und am Ende bewusst kontrolliert werden. Einmal ausgelöst, sind solche wiederkehrenden und erlernten Muster aber fast automatisch auf reflexhafte Weise ohne großen Aufwand zu bewältigen.

Wenn man einmal das Laufen, das Schwimmen, das Autofahren oder das Ballwerfen erlernt hat, können deren unbewusste Bewegungsanteile rasch und zuverlässig abgerufen werden. Wenn ein erlernter Bewegungsablauf modifiziert und an neue Bedingungen angepasst werden soll, muss er bewusst gesteuert und geübt werden, um dieses neue Muster wieder zu automatisieren. Das spinale System hilft auch dabei, das Wechselspiel zwischen Anspannung (Kontraktion) und Entspannung von gegensinnig arbeitenden Muskeln zu steuern. So können das Beugen und Strecken des Unterarms oder des Unterschenkels nur im Wechselspiel zwischen gegensinnig arbeitenden Beuge- und Streckmuskeln wirksam werden.

Neben dem Eigenreflex gibt es noch andere Arten von Reflexen. So schützt uns der angeborene Lidschlussreflex vor einer Augenverletzung. Darüber hinaus gibt es erlernte (konditionierte) Reaktionen, wie die bedingte Sekretproduktion, die allein auf den durch Training zum bedingten (konditionierten) gewordenen Glockenton beim Pawlowschen Hund ausgelöst werden kann. Solche Arten von erlernten Reaktionen erfordern ein Zusammenspiel verschiedener Hirn- und Rückenmarkszentren.

Beim Säugling gibt es zwei Arten von Reflexen, die wir kennen sollten: die Neugeborenen-Reflexe, die leider manchmal noch Primitiv-Reflexe genannt werden, und die reflexähnlichen Säuglings-Reaktionen.

Als *Neugeborenen-Reflexe* werden angeborene Reflexbewegungen bezeichnet, an denen mehrere Muskelgruppen beteiligt sind und die nach vier bis acht Wochen spontan abklingen. Dazu gehören u. a. der Saugreflex, der Suchreflex, der Schreitreflex, der Fußgreif- und der Handgreifreflex. Nur eine schwache Form des Fußgreifreflexes kann manchmal noch über einige Monate ausgelöst werden. Die Neugeborenen-Reflexe statten den kleinen Säugling mit nützlichen Bewegungsschablonen aus, die überlebenswichtig sind: Der Suchreflex wird bei Berührung der Wange ausgelöst und führt zu einer Bewegung des Köpfchens zur Seite und zu einer Öffnung des Mundes. Er erleichtert das Auffinden der mütterlichen Brustwarze. Der Saugreflex tritt sofort ein, wenn die Lippen berührt werden. Der Saugreflex wird schon im Mutterleib genutzt: Das ungeborene Kind lutscht manchmal stark an seinem Daumen. Bekommt der Säugling Milch, wird gleichzeitig der Schluckreflex ausgelöst. Auch der Schluckreflex wird schon vor der Geburt im Ultraschallbild beobachtet: Das Kind schluckt Fruchtwasser.

Die *Säuglingsreaktionen* sind Haltungs- und Stellreaktionen. Ihre komplexen Muster erfüllen eigentlich nicht mehr die Charakteristika von Reflexen, da der Ausprägungsgrad je nach Alter und Reifung des Kindes unterschiedlich sein kann und auch vom Wachheitsgrad und von emotionalen Faktoren abhängt. Zu den Säuglingsreaktionen zählen die »Landau-Reaktion« (Kind wird auf der Hand aus der Bauchlage hochgehoben), die Unterstützungsreaktion (Kind wird senkrecht unter den Armen gehalten und auf eine Unterlage gestellt) und die Traktionsreaktion (Kind wird aus der Rückenlage langsam an den Händen hochgezogen).

2.4 Zusammenfassung: Das motorische System

1. *Pyramidales System:* direkte Verbindung der Pyramidenzellen der motorischen Rinde mit Neuronen im Rückenmark
2. *Extrapyramidales System:* supplementär-motorischer Kortex, motorischer Kortex, Basalganglien
3. *Kleinhirn:* Verbindung zum assoziativen und zum motorischen Kortex und zur Muskulatur
4. *Spinales System:* Rückkopplungsschleife zwischen Muskeln und Rückenmark

Reflexe sind unbewusst ablaufende, vorprogrammierte Bewegungsmuster. Der Muskeleigenreflex verschaltet auf dem kürzesten Weg über das Rückenmark einen Dehnungsreiz mit einem motorischen spinalen Neuron. Reflexe und komplexe reflexartige Reaktionen ergänzen die Willkürmotorik mit automatisierten Bewegungsmustern. Die angeborenen Neugeborenen-Reflexe klingen in den ersten Lebenswochen und -monaten spontan ab. Säuglingsreaktionen und konditionierte Reflexe sind komplexe Bewegungsabläufe, die von Vigilanz, Emotion und bewussten und erlernten Mustern modifiziert werden.

Weiterführende Literatur

Brühlmann-Jecklin, E. (2016). *Arbeitsbuch Anatomie und Physiologie.* München: Urban & Fischer/Elsevier.

Putz, R. & Pabst, R. (2007). *Sobotta – Der komplette Atlas der Anatomie des Menschen in einem Band.* München: Urban & Fischer/Elsevier.

Vaupel, P. & Schaible, H.-G. (2015). *Anatomie, Physiologie, Pathophysiologie des Menschen.* Stuttgart: Wissenschaftliche Verlagsgesellschaft.

3 Die Entwicklung der Körpermotorik

3.1 Motorische Entwicklung im 1. Lebensjahr

Die motorische Entwicklung von Kindern weist eine hohe *Variabilität* auf, nicht nur inter-, sondern auch intraindividuell. In erster Linie hängt dies wohl von unterschiedlichen, genetisch bedingten Veranlagungen und unterschiedlicher Reifung der Kinder ab. Bei vielen Kindern verläuft die motorische Entwicklung diskontinuierlich: Sie ist oft von scheinbaren Pausen, von Schüben oder Sprüngen gekennzeichnet. Die Reifung der Nervenbahnen verläuft von zentral nach peripher. Das erklärt, warum rumpf- und kopfnahe Muskelgruppen frühzeitiger zu komplexen Bewegungsmustern in der Lage sind als periphere. Dieses Reifungsphänomen wird uns später bei der Entwicklung der Handmotorik noch einmal begegnen. Zudem spielen Umgebungsbedingungen, fördernde wie hemmende, eine große Rolle. So ist das »Auslassen« oder »Verspätet-Kommen« von motorischen Entwicklungsschritten möglicherweise eine Entwicklungsbesonderheit oder ein Anzeichen für eine Entwicklungsstörung. Eine Klärung kann durch eine detaillierte Verlaufsbeobachtung und eine fachärztliche Untersuchung herbeigeführt werden. Aus diesen Gründen sind die nachfolgenden Altersangaben nicht als eine starre Grenze zu betrachten. Vielmehr sollen die Zeitangaben eine Orientierung geben.

Die Entwicklung der Motorik läuft also keineswegs für alle Kinder nach einem einzigen »Fahrplan« ab. Etwa 10–15 % aller Kinder lassen gewisse Stadien der Entwicklung aus, holen sie später nach, oder diese Stadien erfolgen nicht in gleicher Reihenfolge. Es gibt durchaus Kinder, die zum Stehen und Gehen kommen, ohne vorher gerobbt oder gekrabbelt zu haben. Einige ziehen es vor, auf dem Hosenboden vorwärts zu rutschen (*shuffling*), andere bewegen sich durch Rollen oder Kreisrutschen vorwärts. Möglicherweise zeigen sich hier verschiedene Ausprägungen einer genetischen Veranlagung. Diese Kinder sollten kinderärztlich gut untersucht werden, aber keineswegs brauchen sie immer eine physiotherapeutische Behandlung oder stellen eine Risikogruppe für spätere Störungen der Lernfähigkeit dar.

Hinzu kommt, dass manche Kinder ängstlich oder vorsichtig sind, wenn sie das Hinstellen oder Laufen lernen. Sie setzen sich lieber langsam auf den Po, als einen Sturz zu riskieren. Andere sind besonders mutig und stürzen sich geradewegs in gefährliche Situationen. Schließlich gibt es auch jene Kinder, die sich lieber für Spiele oder Bilderbücher interessieren, als ihre motorischen Fähigkeiten zu üben. Unterschiede also, die es auch bei Erwachsenen gibt und die nicht unbedingt Anlass zu Sorge sein müssen. Die individuellen Unterschiede in der motorischen Entwicklung werden durch die interindividuelle Variabilität deutlich: So erlernen Kinder das Hinsetzen mit 9–14 Monaten, das Entlanggehen an Möbeln mit 8–14 Monaten und das freie Gehen mit 10–18 Monaten.

Den folgenden Altersangaben liegt das Konzept der *Grenzsteine und Meilensteine* (Michaelis und Niemann, 2010; Nennstiel-Ratzel, Lüders, Arenz, Wildner & Michaelis, 2013) zugrunde. Beim Konzept der »Grenzsteine« wird davon ausgegangen, dass die Entwicklung aller Kinder regelhaft und determiniert verläuft und Zeitpunkte definiert werden können, an denen 90–95 % aller Kinder einen bestimmten Entwicklungsschritt sicher erreicht haben. Bei Nicht-Erreichen eines »Grenzstein«-Entwicklungsschrittes besteht der Verdacht auf eine Entwicklungsstörung, und weitergehende Untersuchungen müssen veranlasst werden. Das Konzept der »Meilensteine« definiert hingegen eine normale Entwicklung. Es hat den Vorteil, dass sich darin die Variabilität der Entwicklung abbildet. Meilensteine sind aber nicht geeignet, um Bewegungsstörungen zu definieren. Die folgenden Zeitangaben für eine »normale« motorische Entwicklung sind also als »Meilensteine« zu verstehen.

Vor der Geburt: Mit Ultraschalluntersuchungen des menschlichen Fötus kann man Kindsbewegungen ab der *8. Schwangerschaftswoche* (SSW) erkennen. Die Bewegungsmuster werden in den folgenden Wochen immer differenzierter. Ab der *10. SSW* kann man darstellen, wie das Kind einen Arm oder ein Bein bewegt oder den Kopf dreht. Hand zum Gesicht bringen, Atembewegungen, sich strecken, Mund öffnen, Kopf vorbeugen und Gähnen kann ab der *11. SSW* gesehen werden.

Von dort aus ist es bereits ein langer Weg bis zum Neugeborenen, das neben symmetrischen Bewegungen bereits differenzierte Bewegungsmuster einzelner Extremitäten zeigt. Das *Neugeborene* strampelt oft symmetrisch, teils aber auch wechselseitig (alternierend). Die Haltung wird von Neugeborenen-Reflexen mitbestimmt. Abbildung 3.1 zeigt die typische *Fechterhaltung* des *asymmetrisch-tonischen Nackenreflex* (*ATNR*): In Rückenlage werden die gesichtsseitigen Extremitäten bei passiver Drehung des Kopfes gestreckt. Dieser Reflex klingt spontan bis zum 6. Lebensmonat ab.

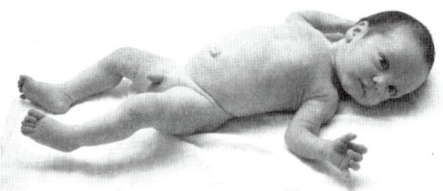

Abb. 3.1: Haltung des Neugeborenen in Rückenlage

Im *dritten Monat* wird der Kopf im gehaltenen Sitzen schon eine halbe Minute lang aufrecht gehalten. In der Bauchlage stützt sich der Säugling auf beiden Unterarmen ab, hebt den Kopf über 45° und hält ihn eine Minute lang hoch (Unterarmstütz; ▶ Abb. 3.2). Die meisten Neugeborenen-Reflexe sind zu dieser Zeit schon abgeklungen.

Im *vierten Monat* wird in Bauchlage der sichere Stütz auf den Handwurzeln erreicht (Handwurzelstütz; ▶ Abb. 3.3). Beim Hochziehen aus der Rückenlage wird der Kopf etwas angehoben, und die Beine werden gebeugt.

3.1 Motorische Entwicklung im 1. Lebensjahr

Abb. 3.2: Haltung des Säuglings in Bauchlage: Unterarmstütz

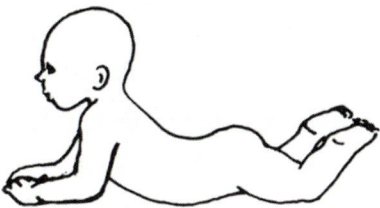

Abb. 3.3: Haltung des Säuglings in Bauchlage: Handwurzelstütz

Im *sechsten Monat* streckt das Kind die Beine, wenn es zum Stand hochgehoben wird, und übernimmt für wenige Sekunden das Körpergewicht. In Sitzhaltung ist die Kopfkontrolle schon so stabil, dass der Kopf auch bei einer Neigung des Rumpfes gehalten werden kann. In Bauchlage kann der Rumpf auch auf gestreckten Armen und offenen Händen abgestützt werden.

Am Ende des *siebten Monats* können fast alle Kinder von der Bauchlage in eine Seitenlage wechseln und über einige Sekunden einen Arm frei von der Unterlage halten (▶ Abb. 3.4). So wird das Greifen auch aus der Bauchlage heraus möglich. Diese Rotation, eine korkenzieherartige Drehung des Rumpfes, wird erst im Schultergürtel möglich, dann im Rumpf und zuletzt im Beckengürtel. Sie ist die Vorbedingung für das Drehen aus Bauchlage in Rückenlage und zurück. In Rückenlage erreicht das Kind mühelos seine Füße und spielt mit ihnen. Wenn man es am Rumpf hochhält, federt und tanzt es auf der Unterlage. Manche Kinder beginnen mit einer Art seitlichem Rollen sich fortzubewegen, andere rutschen in Bauchlage mit Kriechbewegungen nach rückwärts.

Abb. 3.4: Haltung des Säuglings beim Wechsel von Bauch- in Seitenlage

Im *achten Monat* können sich die Kinder aus dem gehaltenen Sitzen zur Seite hin abstützen. Mühelos beherrschen sie jetzt Rotationsbewegungen des Rumpfes.

Manche kommen schon zu einem Robben oder aus einem gehaltenen Krabbeln in die sichere Sitzposition zurück. Beim gehaltenen Stehen übernehmen sie nun das ganze Gewicht (▶ Abb. 3.5). Der Kopf ist sicher im Raum eingestellt, auch wenn man das Kind in Seitlage bringt oder schräg hochhebt.

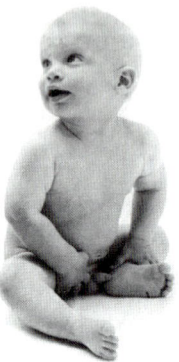

Abb. 3.5: Haltung des Säuglings beim Sitzen

Im *neunten Monat* nimmt das Kind Bauch- und Rückenlage nur noch kurz ein. Es dreht sich jetzt aus der Bauch- in die Seitlage und dann flüssig zum Sitzen, manchmal aber auch aus der Bauchlage erst in den Vierfüßerstand und dann über Seitverlagerung zum Sitzen (▶ Abb. 3.6). Im Sitzen kann es sich gut nach vorne und zur Seite abstützen. Im Stehen übernimmt es jetzt das Gewicht des Körpers über eine Minute lang, wenn es nur noch an den Händen gehalten wird. Es wippt auf und nieder. Alle Kinder können sich jetzt durch Robben fortbewegen. Viele kommen bereits aus dem Vierfüßerstand zum Krabbeln. Manche Säuglinge ergänzen den Vierfüßerstand oder ersetzen ihn durch den Bärengang. Dabei stützen sie sich auf den Händen und Füßen ab und recken den Po hoch.

Abb. 3.6: Übergang in den Vierfüßerstand

Im *10. und 11. Monat* können sich alle Kinder durch Krabbeln fortbewegen. Sie sitzen stabil mit gestreckten Beinen (Langsitz). Der Rücken ist dabei aufrecht und gerade. Abstützen oder Abrollen zur Seite gelingen flüssig. Sie ziehen sich an Möbeln oder an den Erwachsenen zum Stand hoch, aus dem Knien, aus dem Sitzen oder aus dem Vierfüßerstand über das Hinknien auf einem Knie. Sie machen im Stand Schrittbewegungen auf der Stelle oder einzelne Schritte zur Seite, z. B. an einem niedrigen Tisch oder Hocker entlang. An beiden Händen gehalten machen sie einzelne Schritte nach vorne.

Am Ende des *12. Monats* gehen fast alle Kinder einige Schritte an Möbeln entlang. Viele machen auch schon Schritte, nur an einer Hand gehalten. Das Sitzen gelingt in gutem Gleichgewicht und mit Abstützen nach allen Seiten. Die Beine sind dabei etwas abgespreizt.

3.2 Motorische Entwicklung vom 2. bis 6. Lebensjahr

Motorische Entwicklung im 2. Lebensjahr

Auch nach dem ersten Lebensjahr beruht die Diagnostik in erster Linie auf Beobachtung, mit einem Auge auf den zeitlichen Ablauf (»Wann?«) und mit dem anderen Auge auf die Qualität der Bewegungsabläufe ausgerichtet (»Wie?«). Wesentliche Teile der folgenden Beobachtungen sind dem »Beobachtungsbogen Kita 1–6« (Rosenkötter, 2016) entnommen.

Im Alter von *14 Monaten* (10–18 Monate) kann ein Kind eine Stufe oder Erhöhung hinauf und herunter klettern. Es schiebt einen Puppenwagen oder einen Stuhl vor sich her, es kann um ein niedriges Tischchen gehen und sich dabei mit einer Hand halten, es kann sicher und frei laufen, es bückt sich mit guter Balance.

Mit *15 Monaten* kann es einige Schritte rückwärtsgehen, und es kann ein Spielzeug hinter sich herschleppen. Mit *18 Monaten* lernt es zu rennen, Treppen mit Festhalten hinauf zu klettern und einen Ball mit einem Fuß zu kicken.

Mit *24 Monaten* (18–36 Monate) kann das Kind von einer Stufe herunter hüpfen. Es hilft beim An- und Ausziehen mit. Es kann einzelne Schritte auf Zehenspitzen gehen. Viele Kinder können in diesem Alter drei Sekunden auf einem Bein stehen, wenn sie sich dabei mit einer Hand festhalten. Es gelingt ihnen sogar, mit beiden Beinen auf der Stelle zu hüpfen ohne hinzufallen. Das Kind wirft mit beiden Händen oder einer Hand einen Ball in einen Korb oder einen Eimer.

Mit *30 Monaten* steigt das Kind zwei Treppenstufen aufwärts und hält sich dabei nur noch mit einer Hand am Geländer oder an einer Person fest. Es kann schnell und mit Armschwung gehen und beidbeinig vorwärts hüpfen. Es kann mit einem Dreirad vorwärtsfahren, indem es die Pedale alternierend tritt. Einen leichten Ball (ca. 20 cm Durchmesser) kann es über Kopf werfen oder mit beiden Armen fangen.

Fragen zur motorischen Entwicklung im 3. Lebensjahr

- Kann das Kind auf einer Bank balancieren?
- Kann es beidbeinig von der Bank oder von der untersten Treppenstufe hüpfen, ohne sich abzustützen oder hinzufallen?

- Kann es 2–3 Sekunden auf einem Bein freihändig stehen?
- Kann es beidbeinig über einen Strich, ein auf dem Boden liegendes Seil oder einen Stab springen?
- Kann es einen Ball mit den Armen/Händen fangen?
- Kann es den Ball in einen Korb werfen? (Ball 10–15 cm Durchmesser, z. B. in einen Papierkorb oder Eimer).

Fragen zur motorischen Entwicklung im 4. Lebensjahr

- Bewegt sich das Kind leicht um Hindernisse herum, und vermeidet es mühelos Zusammenstöße mit anderen Kindern?
- Kann es Bewegungen nachahmen oder auf Aufforderung ausführen?
- Kann es Dreirad fahren?
- Kann das Kind die Treppe drei Stufen im Erwachsenenschritt hinuntergehen, ohne sich festzuhalten?
- Kann es 5 Sekunden auf einem Bein stehen?
- Kann es beidbeinig über ein flaches Hindernis von mind. 20 cm Breite hüpfen?
- Kann das Kind auf einem 20 cm breiten Streifen (z. B. Stoff, Teppich oder Papier) rückwärts balancieren?

Fragen zur motorischen Entwicklung im 5.–6. Lebensjahr

- Steigt das Kind Treppenstufen auf und abwärts im Wechselschritt?
- Kann es einen Ball werfen und fangen? (Abstand mind. ein Meter)
- Kann das Kind fünf- bis siebenmal auf einem Bein auf der Stelle hüpfen?
- Kann es 8 Sekunden lang auf einem Bein frei stehen? (Die meisten Kinder können den Einbeinstand auch mit geschlossenen Augen durchführen. Dies erfordert eine gute Funktion des Gleichgewichtssinns. Muss das Kind dabei starke Ausgleichsbewegungen der Arme machen, mit den Armen rudern?)
- Balanciert das Kind mind. zehn Schritte rückwärts auf einem Strich? (Hierfür einen 10 cm breiten und 2 m langen Streifen aus Papier oder Teppichstoff verwenden. Dabei beobachten: Macht es starke Ausgleichsbewegungen mit den Armen? Sucht es Halt? Zeigt es Mitbewegungen der Arme oder des Mundes? Übertritt es häufig die markierte Linie?)
- Kann das Kind einen Ball je dreimal mit der linken und der rechten Hand prellen?
- Kann es beidbeinig symmetrisch und mit guter Schnellkraft auf einem Trampolin hüpfen?
- Kann das Kind beidbeinig seitwärts über einen Strich oder ein Seil hüpfen? (Das Kind sollte viermal mit beiden Beinen seitlich über ein Seil / einen Strich / eine Linie hüpfen)
- Kann es Überkreuz-Bewegungen ausführen? (Die Bezugsperson sitzt dem Kind gegenüber und bittet es, Bewegungen nachzuahmen. Dabei überkreuzen die Arme die Mittellinie des Körpers: Die rechte Hand wird auf das linke Knie gelegt, der linke Zeigefinger berührt die rechte Nasenseite, die linke Hand fasst an das rechte Ohr, die linke Hand wird auf den Kopf gelegt und die rechte fasst an das linke Ohr)

Beginn der Nutzung von (Fort-)Bewegungsmitteln

Nach Largo (2019) erlernt ein Kind den Gebrauch von (Fort-)Bewegungsmitteln in folgenden Altersstufen:

- Dreirad: 2;6–3;9 Jahre
- Schaukel: 2;9–4;0 Jahre
- Roller: 3;9–5;0 Jahre
- Fahrrad: 4;0–7;0 Jahre

3.3 Diagnostik mit standardisierten und normierten Tests

Die folgenden beiden Tests können von darin gut ausgebildeten pädagogischen und therapeutischen Fachkräften genutzt werden.

Motoriktest für 4–6 Jahre (MOT 4–6)

Mit dem *MOT 4–6* (Zimmer, 2015) sollen allgemeine motorische Grundfähigkeiten von Kindern im Alter von vier bis sechs Jahren untersucht werden. Dazu zählen gesamtkörperliche Gewandtheit, feinmotorische Geschicklichkeit, Gleichgewicht, Reaktion, Bewegungsgenauigkeit, Sprungkraft und Schnelligkeit.

Im folgenden Kasten sind die einzelnen Aufgaben aufgelistet.

Aufgaben des MOT 4–6

- Reifen überspringen: beidbeinig rein und raus
- Balancieren vorwärts: Balken 2 m Länge und 10 cm Breite
- Punktieren: möglichst schnell Punkte zeichnen, 10 Sek.
- Zehengriff: Tuch mit Zehen greifen und übergeben
- Seil seitlich überspringen: von beiden Seiten, 10 Sek.
- Stab auffangen: nach Loslassen, 4 Felder, Gymnastikstab
- Tennisbälle in Karton: 3 Bälle, 2 Kartons, 4 m Abstand
- Balancieren rückwärts: Balken 2 m Länge und 10 cm Breite
- Zielwurf auf Scheibe: Tennisball, 3 m Abstand, 30 cm Ziel
- Streichhölzer einsammeln: 40 Stück einzeln in Schachtel
- Durch Reifen winden: ohne mit Händen den Boden zu berühren
- Einbeiniger Sprung: in Reifen springen und 5 Sek. stehenbleiben
- Tennisring auffangen: aus 4 m geworfen Hampelmannsprung: 10 Sek.
- Sprung über Seil: beidbeinig

- Rollen um Längsachse: ohne Arme und Beine anzuwinkeln
- Aufstehen und Halten eines Balles: aus Schneidersitz, Ball über Kopf
- Drehsprung in einen Reifen: aus Stand beidbeinig mit ½-Drehung

Körperkoordinations Test (KTK)

Der *KTK* (Kiphard & Schilling, 2017) beurteilt koordinative Grundqualitäten von Kindern im Alter von 5 bis 14 Jahren.

Aufgaben des KTK

- Rückwärts Balancieren: Balken 3 m, Anzahl der Schritte, bis ein Fuß den Boden berührt
- Monopedales Überhüpfen: sukzessive aufgeschichtete Schaumstoffplatten, übersprungene Höhe
- Seitliches Hin- und Herspringen: 2 × 15 Sek. auf 100 × 60 cm Holzbrett über Mittelsteg, Anzahl der Sprünge
- Seitliches Umsetzen: seitliches Bewegen auf Holzbrettchen, ohne Füße auf Boden, Anzahl Umsetzungen in 2 × 20 Sek.

Folgende Testverfahren sind aufwändig und erfordern spezielle medizinisch-psychologische Kenntnisse. Sie sollen hier zur Information aufgeführt werden.

Zürcher Neuromotorik

Die *Zürcher Neuromotorik* (Largo, Fischer, Caflisch & Jenni, 2007) ist ein Inventar motorischer Basisleistungen für 5- bis 18-Jährige und erfasst die Bewegungsqualität in spezifischen motorischen Aufgaben und das Auftreten assoziierter Mitbewegungen, z. B. repetitive und alternierende Fuß-, Hand- und Fingerbewegungen, Springen nach vorne und zur Seite, Zehen-, Spitzen- und Hackengang. Zentrale Leistungskriterien sind die Geschwindigkeit von Bewegungen (Largo et al., 2001a) sowie die Reifungsprozesse der assoziierten Mitbewegungen und der Geschwindigkeit bei repetitiven Finger-, Hand- und Fußbewegungen, sequentiellen Fingerbewegungen und im Steckbrett-Test (Largo et al., 2001b).

Movement Assessment Battery for Children (Movement-ABC-2)

Mit der *MABC-2* (Petermann, Bös & Kastner, 2015) sollen bei 3- bis 17-Jährigen (dabei eine Altersgruppe von 3;0–6;11 Jahre) fein- und grobmotorische Fähigkeiten mit drei Untertests beurteilt werden: Handgeschicklichkeit (HG), Ballfertigkeit (BF) und statische und dynamische Balance (BL).

Umfangreiche Entwicklungstests enthalten in der Regel Untertests mit motorischen Skalen, auf die wir im Kapitel 8 noch näher eingehen werden, z. B. der *Ent-*

wicklungstest für Kinder von sechs Monaten bis sechs Jahre – Revision (ET 6-6-R; Petermann & Macha, 2015), die *Bayley Scales of Infant and Toddler Development III (Bayley-III*; Bayley, 2015) für 1–42 Monate und die *Münchener Funktionelle Entwicklungsdiagnostik (MFED*; Hellbrügge, Lajosi, Menara, Schamberger & Rautenstrauch, 1994) für 1–36 Monate alte Kinder.

3.4 Zusammenfassung

Die grobmotorische Entwicklung ist inter- und intraindividuell sehr variabel. Sie hängt von genetischen und sozialen Faktoren sowie von Reifungsprozessen des ZNS ab. Die Beurteilung des motorischen Entwicklungsstandes orientiert sich an Erfahrungs- und Normwerten unter Berücksichtigung der Variabilität. Sie verlangt ein gut geschultes Auge und eine genaue Kenntnis der altersabhängigen Entwicklungsschritte. Motorik-Tests bzw. Motorik-Aufgaben aus entwicklungsdiagnostischen Inventaren können dabei sehr hilfreich sein.

Weiterführende Literatur

Flehmig, I. (2007). *Normale Entwicklung des Säuglings und ihre Abweichungen: Früherkennung und Frühbehandlung.* Stuttgart: Thieme.
Hellbrügge, T. & Walderdorff, H. v. (2010). *Die ersten 365 Tage im Leben eines Kindes.* München: Knaur.
Largo, R. H. (2019). *Babyjahre: Entwicklung und Erziehung in den ersten vier Jahren.* München: Piper.
Michaelis, R. & Niemann, G. W. (2016). *Entwicklungsneurologie und Neuropädiatrie: Grundlagen, diagnostische Strategien, Entwicklungstherapien und Entwicklungsförderungen.* Stuttgart: Thieme.
Netter, F. H. (2015). *Atlas der Anatomie.* München: Urban & Fischer/Elsevier.
Touwen, B. C. L. (1982). *Die Untersuchung von Kindern mit geringen neurologischen Funktionsstörungen.* Stuttgart: Thieme.

4 Störungen der Körpermotorik

In diesem Kapitel werden wir uns mit Auffälligkeiten der motorischen Entwicklung und unterschiedlichen Störungsbildern befassen. Auf neurologische Krankheitsbilder oder genetische Erkrankungen können wir hier nicht eingehen. Das Spektrum der Bewegungsstörungen reicht von weitgehend isolierten motorischen Störungen bis hin zu motorischen Behinderungen. Motorische Störungen sind manchmal mit anderen Entwicklungsauffälligkeiten verbunden. Eine umfassende medizinische Abklärung ist erforderlich:

- bei Verdacht auf schwerwiegende oder gar zunehmende Symptome,
- bei einer allgemeinen Entwicklungsverzögerung,
- bei einer geistigen Behinderung.

Die Häufigkeit von motorischen Störungen bei Kindern wird mit 4–6 % angegeben (Karch, 2002; s. auch v. Suchodoletz, 2005). Jungen sind zwei bis dreimal häufiger betroffen als Mädchen. Obwohl viele Beobachtungen dahin deuten, dass die Zahl der Kinder mit motorischen Störungen in den vergangenen Jahren zugenommen hat, lässt sich wissenschaftlich dafür bislang kein Beleg finden. Dabei muss allerdings berücksichtigt werden, dass in den Studien häufig unterschiedliche Kriterien für die Diagnose einer motorischen Störung angewandt wurden. Die Häufigkeit einer motorischen Behinderung durch eine Zerebralparese (s. u.) liegt bei 2–3 pro tausend Kindern. Kinder mit einer allgemeinen Entwicklungsretardierung oder einer geistigen Behinderung haben sehr häufig (mind. in 70 % der Fälle; Polatajko, 1999) auch eine Störung oder Verzögerung der motorischen Funktionen. Auch Kinder mit Sprachentwicklungsstörungen haben gehäuft Auffälligkeiten in der motorischen Entwicklung, allerdings mehr in der Hand- und Visuomotorik als in der Körpermotorik (Danielsson, Daseking & Petermann, 2010). Ein direkter Zusammenhang zwischen motorischer und sprachlicher Entwicklung konnte jedoch nicht belegt werden.

Frühe Symptome einer motorischen Störung im Säuglingsalter sind:

- das verspätete Erreichen wichtiger Entwicklungsstufen (motorische Retardierung),
- die unbeholfene und schwerfällige Art der Bewegungsmuster,
- Bewegungsarmut,
- geringe Variabilität der Bewegungen,
- überschießende Bewegungen,
- das Ausbleiben komplexer Bewegungsmuster,
- Haltungsauffälligkeiten, konstante Haltungs- oder Bewegungsasymmetrien,

- konstante Störungen der Muskelanspannung (Tonus) und
- Übererregbarkeit und Schreckhaftigkeit (Hyperexzitabilität).

Bei ausgeprägten motorischen Störungen ist meist eine Frühdiagnose in den ersten Lebensmonaten möglich, bei leichteren Auffälligkeiten im 2.–4. Lebensjahr, bei neurologischen Erkrankungen im Verlauf der Erkrankung. Die schwerste Form einer motorischen Störung ist die *Körperbehinderung*. Damit wird eine Schädigung oder Erkrankung des Stütz- und Bewegungsapparates bezeichnet, die einen Mensch mit einer solchen Behinderung »in Wechselwirkung mit einstellungs- und umweltbedingten Barrieren an der gleichberechtigten Teilhabe an der Gesellschaft mit hoher Wahrscheinlichkeit länger als sechs Monate hindern können« (§ 2.1 SGB IX).

4.1 Medizinische Diagnostik

4.1.1 Kinderärztliche Untersuchung in den ersten Lebensjahren

Wir wollen jetzt einmal aufzeigen, welche medizinischen Untersuchungen ein Kinderarzt (Fachbezeichnung: Kinder- und Jugendmedizin), ein Entwicklungsneurologe (Fachbezeichnung: Sozialpädiatrie) oder ein Kinderneurologe (Fachbezeichnung: Neuropädiatrie) durchführt. Beispielhaft werden die Untersuchungen der ersten Lebensjahre dargestellt.

Eine normale Schwangerschaft dauert 38–42 Schwangerschaftswochen. Bei der ersten Vorsorgeuntersuchung sofort nach der Geburt (U1) bestimmen Geburtshelfer den Apgar Wert.

Dieser Wert wurde nach Virginia Apgar (1953) benannt und dient einer Beschreibung des Zustands des Neugeborenen. Es werden fünf Zustandsmerkmale bewertet: die Herzfrequenz, der Atemantrieb, die Reflexe, der Muskeltonus (Muskelspannung) und die Hautfarbe. Für die Beurteilung der Funktionstüchtigkeit dieser Merkmale können jeweils 0 oder 1 oder 2 Punkte, max. also 10 Punkte vergeben werden, jeweils immer 1, 5 und 10 Minuten nach der Geburt (z. B. 8/8/10, d. h. nach 1 und 5 Minuten wurden 8 Punkte, nach 10 Minuten die volle Punktzahl vergeben).

Kinderärzte untersuchen die Kinder danach mindestens in den vorgegebenen Zeitabständen der folgenden Vorsorgeuntersuchungen (U).

Zeitpunkte der Kinderuntersuchungen

U1	bei Geburt
U2	3.-10. Lebenstag
U3	4.-5. Woche
U4	3.-4. Monat

4 Störungen der Körpermotorik

U5	6.-7. Monat
U6	10.-12. Monat
U7	21.-24. Monat
U7a	34.-36. Monat
U8	46.-48. Monat
U9	60.-64. Monat

Neben der ärztlichen Untersuchung werden dabei auch Körperlänge, Körpergewicht und Kopfumfang gemessen und mit Normwerten, hier mit sog. Perzentilen (beispielhaft die Perzentile für den Kopfumfang ▶ Abb. 4.1), verglichen. Diese Normen bieten gleichzeitig die Möglichkeit, den individuellen Entwicklungsverlauf zu beobachten. Die gesamte Kinderuntersuchung (KU) dient selbstverständlich nicht allein der Beurteilung der motorischen Entwicklung, sondern der Einschätzung des gesamten Entwicklungsstands.

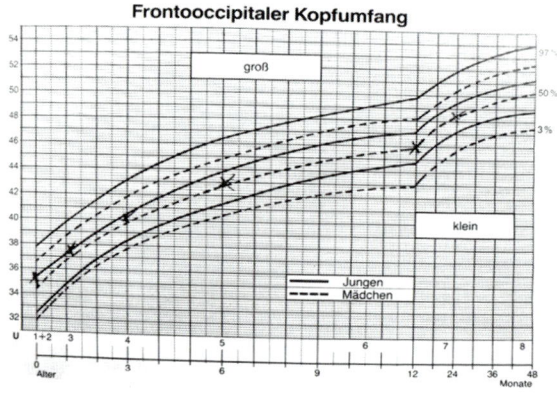

Abb. 4.1: Perzentile für die Entwicklung des Kopfumfangs im KU-Heft

Falls es in der Vorsorgeuntersuchung Hinweise für eine neurologische Erkrankung, eine Entwicklungsstörung oder eine drohende Behinderung gibt, führt der Kinderarzt eine neurologische Untersuchung durch, oder er veranlasst sie beim Sozialpädiater oder Neuropädiater. Beispielhaft sind die Grundzüge einer kinderneurologischen Untersuchung im 1. und 2. Lebensjahr im folgenden Kasten aufgelistet.

Neurologische Untersuchung im 1. und 2. Lebensjahr

- Verhaltenszustand, Wachheit, Erregbarkeit
- Hören
- Sehen
- Mimik und Schlucken

- Spontane Haltung in Rückenlage, in Bauchlage, im Sitzen
- Spontane Bewegung
- Muskelspannung (Tonus)
  - Normal, zu schlaff und zu geringer Widerstand (hypoton), zu stark angespannt und zu hoher Widerstand gegen passive Bewegung (hyperton)
- Muskeleigenreflexe, z. B. Kniesehnen- (Patellar-)Reflex
- Fremdreflexe
  - Reizung der Haut (z. B. der Bauchhaut) löst eine Muskelkontraktion aus
  - Babinski-Reflex (wenn es bei Bestreichen der seitlichen Fußsohle zu einer Spreizung der Zehen und einer Aufrichtung der Großzehe kommt, wäre das ein Hinweis für eine Schädigung der Pyramidenbahn)
- Neugeborenen-Reflexe
  - z. B. Hand- und Fußgreifreflex, Such- und Saugreflex, Schreitreflex (klingen innerhalb der ersten Lebensmonate ab; ein Fortbestehen dieser Reflexe spricht für eine Hirnschädigung oder eine Erkrankung)
- Motorische Reaktionen
  - Hochziehen zur Sitzposition
  - Schwebende Bauchlage (Landau-Reaktion)
  - Übernahme von Gewicht im gehaltenen Stehen
  - Übernahme von Rumpfstabilität und Abstützreaktion beim Seitkippen aus dem Sitzen
- Körpermotorik
  - Stabilität der Rückenlage
  - Aufrichtung aus Bauchlage
  - Sitzen
  - Kriechen (Robben), Krabbeln, Po-Rutschen
  - Hochziehen zum Stand
  - Gehaltenes und freies Gehen
- Handmotorik
  - Hand-Hand- und Hand-Augen-Kontakt
  - Daumen-Zeigefinger-Opposition mit gestreckten Fingern
  - Pinzettengriff
  - Faustgriff oder erster 3-Finger-Griff beim Malen

Zu den speziellen Untersuchungstechniken im ersten Lebensjahr zählen auch die »Lagereaktionen« und die Beurteilung der »General Movements«. Begründet von Prechtl (2001) und fortgeführt von Hadders-Algra (2004; s. auch Groen, De Blancourt, Postema & Hadders-Algra, 2005) besteht die Diagnostik der »General Movements« in einer akribischen Beobachtung komplexer Bewegungsmuster der Neugeborenen und Säuglinge. Die Qualität der Bewegungsmuster entspricht dem jeweiligen Reifungsstand. Abnorme Spontanbewegungen werden nach den Kriterien Flüssigkeit, Variabilität und Komplexität unterschieden. Konstante Asymmetrien, verkrampfte oder irreguläre Muster sowie fehlende Anteile einer normalen Entwicklung deuten mit hoher Wahrscheinlichkeit auf eine spätere Bewegungsstörung hin. Die Treffsicherheit der Untersuchung und die prognostische Aussagekraft sind bei gut geschulten Diagnostikern sehr hoch (Cioni, Prechtl & Ferrari, 1997; Hadders-Algra & Groothuis, 1999).

4.1.2 Die ärztliche Untersuchung von Vorschulkindern

Die neurologische Untersuchung von Vorschul- und Schulkindern ähnelt schon mehr der Untersuchung eines Erwachsenen. Neben der Beurteilung des Verhaltens, der Aufmerksamkeit und der Wachheit sind folgende Bereiche besonders wichtig:

- Hören, Sehen, Augenbewegungen
- Mimik und Zungenbewegung
- Spontane Haltung und spontane Bewegung, Wirbelsäule, Fußform, Zehenstellung
- Gelenkbeweglichkeit
- Muskelspannung (Tonus), Muskelkraft, Muskelmasse und -form
- Muskeleigenreflexe und Fremdreflexe, Babinski-Reflex
- Körpermotorik, koordinative Fähigkeiten, z. B. ein- und beidbeiniges Hüpfen, von einem kleinen Hocker springen, vor- und rückwärts balancieren mit offenen und geschlossenen Augen usw.
- Handmotorik (Hände und Finger)
- Körperlänge, Körpergewicht, Kopfumfang.

Die Diagnostik der Bewegungsmuster wird *Motoskopie* genannt. Ein ausführliches Untersuchungsschema hat Touwen bereits 1982 vorgelegt. Ein wichtiges Merkmal dieses Untersuchungsschemas ist die Beobachtung *assoziierter Bewegungsmuster*: Das sind unwillkürliche Mitbewegungen, z. B. der Zunge, des Mundes oder der anderen Körperseite, die bei Kindern bis zu sechs Jahren in gewissem Maße normal sind. Auch Erwachsene kennen das: Bei einer sehr diffizilen handmotorischen Aufgabe oder beim Zehengang verzieht sich manchmal der Mund, die Zunge wird ein bisschen vorgestreckt oder die gegenseitige Hand spiegelt die Bewegung der ausführenden Hand. Solche assoziierten Bewegungen lassen sich bei einer leicht durchzuführenden Aufgabe sehen: Das Kind steht mit ausgestreckten Armen und gespreizten Fingern. Es soll dann den Mund öffnen und die Augen schließen. Kinder bis zu acht Jahren haben unter dieser Bedingung häufig assoziierte Bewegungen und Haltungsasymmetrien. Stark ausgeprägte assoziierte Bewegungen können ein Hinweis für eine neurologische Erkrankung sein.

Wenn die neurologische Untersuchung keine ausreichende Klarheit der Befunde schafft, sollte der Kinder- und Jugendarzt weitergehende Untersuchungen durchführen oder veranlassen.

Weitergehende Untersuchungen

- Blut, Urin zur Prüfung, ob eine Infektion oder eine Stoffwechselstörung vorliegt

- Ultraschalluntersuchung des Gehirns (ist bei Säuglingen möglich, bei denen die Fontanelle noch nicht geschlossen ist)
- Kernspintomographie (MRT) bei Verdacht auf raumfordernden Prozess, Fehlbildung, Erweiterung der Hirninnenräume (*Hydrozephalus*), perinatale Hirnschädigung
- Genetische Untersuchungen zur Prüfung von Fehlbildungskrankheiten (Syndrome)
- Elektrophysiologische Untersuchungen mittels Hirnstromuntersuchung (EEG), Nervenleitgeschwindigkeit (NLG), Elektromyogramm (EMG) bei Verdacht auf Epilepsie, Muskelerkrankung, Erkrankung des peripheren Nervensystems.

In der Sportwissenschaft werden die motorischen Leistungen ähnlich wie in der Medizin unterteilt: Bei der Körpermotorik werden die Lokomotionsbewegungen, großmotorische Teilkörperbewegungen und die Haltung unterschieden und entsprechend untersucht. Unterschiede zur oben dargestellten ärztlichen Diagnostik bestehen darin, dass neben den Fähigkeiten der Koordination, der Haltung und der Muskelanspannung auch die Ausdauer, die Belastbarkeit und die Schnelligkeit eine wesentliche Rolle spielen. Oberger und Mitarbeiter (Oberger, Opper, Karger, Worth, Geuder & Bös, 2010) differenzieren zehn Leistungsbereiche: aerobe und anaerobe Ausdauer, Kraftausdauer, Maximalkraft, Schnellkraft, Aktionsschnelligkeit, Reaktionsschnelligkeit, Koordination unter Zeitdruck, Koordination bei Präzisionsaufgaben und Beweglichkeit. In der ärztlichen Praxis scheitert eine Ausdauerdiagnostik meist an den Kosten und der Zeit. In einem pädagogischen Kontext sind aber Faktoren wie Ausdauer, Schnellkraft und Reaktionsgeschwindigkeit leichter zu beobachten und können sehr wertvolle Hinweise für die motorische Leistungsfähigkeit eines Kindes geben.

4.1.3 Merkmale einer motorischen Störung

Bei einer neurologischen Untersuchung können sich verschiedene motorische Auffälligkeiten präsentieren. Diese Symptome sind (An-)Zeichen, also noch kein Ausdruck einer Störung. Auf eine neurologische Auffälligkeit können folgende Symptome deuten:

- Zustand herabgesetzter Muskelspannung (*Hypotonus*)
- Zustand erhöhter Muskelspannung (*Hypertonus*)
- gesteigerte Reflexerregbarkeit (*Hyperreflexie*)
- Überstreckung des Rumpfes (*Opisthotonus*)
- allgemeine Übererregbarkeit (*Hyperexzitabilität*)
- Seitendifferenzen im Tonus, in der Haltung, in der Bewegung oder in den Reflexen (Asymmetrie)
- verspätetes Abklingen der Neugeborenen-Reflexe (Persistenz von Neugeborenen-Reflexen)
- angeborene oder erworbene, knöcherne oder muskulär bedingte Extremitätenfehlstellungen.

4.2 Einteilung der motorischen Störungen

Die motorischen Störungen werden in willkürliche und unwillkürliche Formen unterschieden. Störungen der willkürlichen Motorik sind:

- *Schlaffe Parese* (Lähmung): geringe Muskelanspannung (*Hypotonus*) und geringe Kraft
- *Spastische Parese:* starke Muskelanspannung, die aber nicht selektiv genug und schlecht dosiert ist
- *Ataxie:* zeitlich-räumliche Störung der Koordination, Bewegungsunsicherheit mit falscher Anspannung und überschießend-ausfahrenden Bewegungen (z. B. in der Handmotorik) oder mit unflüssigen und wackeligen Mustern (*Gangataxie*).

Unwillkürliche, nicht an eine Intention gebundene Muskelkontraktionen werden als *Dyskinesie* oder *dyskinetische Bewegungsstörung* bezeichnet. Zu den Dyskinesien zählen u. a. *Tics:* unwillkürliche, schnelle und stereotype Bewegungen, manchmal mit Lautäußerung.

Hypotone Haltungsstörung

Kinder mit schlechter Muskelanspannung, schlaffem Tonus und hypotoner Bewegungs- und Haltungsstörung machen uns oft Sorgen. Sie werden zwar oft ermahnt, sich besser zu halten, aber sie können ihre Körperspannung nicht dauerhaft hochhalten. Ursächlich ist oft eine Veranlagung. Erst viel später, in der Pubertät, kann sich der Tonus unter dem Einfluss der Hormone verbessern. Eine Therapie ist dann sinnvoll, wenn andere Entwicklungsschwierigkeiten parallel bestehen: Eine hypotone Mundmuskulatur und Mimik erschweren z. B. die Behandlung einer Sprech- oder Sprachstörung. Oder: Bei gleichzeitiger Beeinträchtigung der Handmotorik ist eine therapeutische Verbesserung des Tonus notwendig, um in einer guten Körperhaltung üben zu können. Hypotone Neugeborene und Säuglinge erfordern eine detaillierte neurologische Untersuchung und Abwägung. Eine Muskelschwäche ist zwar nur ein wenig spezifisches Krankheitszeichen, aber sie kann auf eine Reihe von krankhaften Störungsbildern hinweisen: Muskelerkrankungen, Erkrankungen des Rückenmarks, genetische Erkrankungen und Stoffwechselerkrankungen (Enders, 2010).

Hypertone Haltungsstörung

Auch eine erhöhte Muskelanspannung kann zu gewissen Haltungs- und Bewegungsauffälligkeiten führen. Nehmen wir als Beispiel den Zehenspitzengang: Es gibt Kinder, die immer auf der Fußspitze stehen oder gehen. Physiotherapeutisch sind sie häufig nur schwierig zu behandeln, sie benötigen dann eine orthopädische Therapie.

4.3 Umschriebene Entwicklungsstörung motorischer Funktionen (UEMF)

Die häufigste motorische Störung ist die Umschriebene Entwicklungsstörung motorischer Funktionen (UEMF). Mindestens 5–6 % aller Kinder sind betroffen. Manche Autoren gehen sogar von 15 %-20-% aus. Dabei spielen Definition, Diagnostik und Abgrenzung eine besondere Rolle. Jungen sind viel häufiger (2 : 1 bis 7 : 1) betroffen als Mädchen (Zahlen aus der AWMF-Leitlinie bei UEMF; Blank, 2011). Ob gesellschaftliche Faktoren, Ernährung und Bewegungsarmut zu einer Zunahme motorischer Störungen führen, ist noch nicht gesichert, vieles spricht aber dafür.

Der Oberbegriff »Umschriebene Entwicklungsstörung (UES)« bedeutet, dass das Kind ansonsten unauffällig ist. Eine UES ist also eine isolierte und umschriebene Funktionsstörung in der kindlichen Entwicklung, bedingt durch eine gestörte Informationsverarbeitung im Zentralnervensystem. Der Begriff Entwicklung legt nahe, dass die Störung nur vorübergehend ist bzw. durch Übung und/oder durch Reifung des ZNS im Laufe der Zeit weitgehend abklingt. Damit ist aber nicht ausgeschlossen, dass eine solche Schwäche oder Störung vollständig oder abgeschwächt bis ins Erwachsenenalter persistiert.

Definition

Nach der Internationalen Klassifikation von Krankheiten (International Classification of Diseases, ICD-10: F82) weist eine UES folgende Merkmale auf:

- Schwerwiegende Beeinträchtigung der Entwicklung, erheblich unter dem altersentsprechenden Niveau,
- Beeinträchtigung der Aktivitäten des täglichen Lebens oder der schulischen Leistungen,
- Ausschluss einer geistigen Störung, einer neurologischen Erkrankung, schwerwiegender psychosozialen Auffälligkeiten, einer Seh- oder Hörbehinderung.

Der heute noch häufig gebrauchte ältere Begriff »Teilleistungsstörung« (Frostig & Müller, 1981; Lempp, 1978) besagt, dass komplexe Funktionen des Gehirns betroffen sind, die der Anpassungsleistung des Zentralnervensystems dienen. Damit wird impliziert, dass es mehrere Ebenen von kognitiven Funktionen und Lernvorgängen gibt, die in der Informationsaufnahme, -verarbeitung und -ausgabe parallel arbeiten und sich mit Hilfe von Rückmeldesystemen gegenseitig beeinflussen.

Erscheinungsbild

Kinder mit einer UEMF wirken unbeholfen, tapsig, tollpatschig, ungeschickt: Sie stoßen oft unbedacht an, lassen Gegenstände fallen, rempeln andere Kinder an, kommen nur ungeschickt an Hindernissen vorbei, haben unzureichend gesteuerte Gleichgewichtsreaktionen, stolpern über geringe Hindernisse, zeigen Ungeschicklichkeiten beim Anziehen, beim Werfen und beim Fangen, wirken in den Bewegungen plump, können Kraft, Richtung und Ausmaß einer Bewegung nur schlecht »berechnen«, planen, vorhersehen.

Synonym für eine UEMF werden auch folgende Begriffe verwendet:

- Ungeschicktes Kind
- Entwicklungsdyspraxie
- Motorische Teilleistungsstörung
- Sensorische Integrationsstörung
- Developmental Coordination Disorder

Diese Kinder sind häufig Spott, Kritik, Ermahnung, Verbesserungen, Hänseleien und Ausgrenzungen ausgesetzt. Daher wundert es kaum, dass psychische Sekundärsymptome häufig sind, zumindest sind Vermeidung von Bewegung und Unlust sowie psychosomatische Reaktionen (Bauch- oder Kopfschmerzen, sekundäres Einnässen, Schlafstörungen) zu beobachten.

Begleitende Entwicklungsstörungen (Komorbiditäten) sind bei motorischen Störungen häufig. So können mit einer körpermotorischen Störung eine Störung der handmotorischen Koordination, eine Sprachentwicklungsstörung, eine Verhaltensstörung, eine Aufmerksamkeitsstörung oder eine emotionale Störung einhergehen.

Ursachen

Als Ursachen für eine Umschriebene Entwicklungsstörung motorischer Funktionen (UEMF) werden familiäre Veranlagung, psychosoziale Faktoren und Beeinträchtigungen vor, während und direkt nach Geburt (prä- und perinatale Risikofaktoren) genannt, von denen im folgenden Kasten die wichtigsten aufgelistet sind. Eine Veranlagung ist häufig anzunehmen. Kann man taktvoll nachfragen, wird man sehr häufig hören, dass auch andere Familienmitglieder als Kind (oder sogar noch als Erwachsener) motorisch ungeschickt oder spätentwickelt waren.

Risikofaktoren gelten nicht nur als prädisponierend oder auslösend für leichte motorische Beeinträchtigungen, sondern auch für schwere motorische Störungen und Störungen der geistigen Entwicklung.

Einige Risikofaktoren für eine Umschriebene Entwicklungsstörung motorischer Funktionen (UEMF)

1. Mütterliche Risikofaktoren
    - *EPH-Gestose* (Stoffwechselkrankheit in der Schwangerschaft mit Ödemen, vermehrter Eiweißausscheidung der Nieren und Bluthochdruck, auch: *HELPP-Syndrom, Eklampsie*)
    - Schwere Erkrankung, Schock, Trauma, Narkose während der Schwangerschaft
    - Epilepsie
    - Bestimmte Infektionen (HIV, Röteln, Windpocken, *Zytomegalie-Virus*)
    - Medikamente, Nikotin, Alkohol, andere Drogen

- Diabetes in der Schwangerschaft
- Ungünstige sozioökonomische Situation (Arbeitslosigkeit, Armut, unzureichende Wohnung oder Ernährung)
- Schwierige psychosoziale Situation (psychische Erkrankung, Gewalterfahrung, alleinstehend und/oder minderjährige Mutter)

2. Kindliche Risikofaktoren
   - Frühgeburt vor der 36. SSW
   - Geburtsgewicht < 1500 g
   - Mehrlingsgeburt
   - Sauerstoffmangel, mangelhafte Durchblutung, Schock (vor der Geburt)
   - Asphyxie (Apgar nach 5 Min. < 7)
   - Schwere Infektionen nach der Geburt
   - Atemnotsyndrom durch Lungenunreife, Langzeit-Beatmung
   - Neugeborenen-Krampfanfälle
   - Genetische Erkrankung
   - Stoffwechselerkrankung

4.4 Schwere Störungen der motorischen Entwicklung

Sehr viel seltener als die Umschriebene Entwicklungsstörung motorischer Funktionen sind andere Bewegungsstörungen. Davon ist die wichtigste die Zerebralparese (wörtlich: Hirnlähmung; Infantile Zerebralparese; G80 nach ICD-10; DIMDI, 2020). Ursachen sind Hirnblutungen und Verlust von Hirngewebe durch Sauerstoffmangel, Blutdruckschwankungen, Infektionen, Hirnblutungen und Unfälle vor der Geburt (pränatal), im Laufe der Geburt (perinatal) oder nach der Geburt (postnatal), also die gleichen Risikofaktoren, die oben aufgeführt sind. Eine Infantile Zerebralparese (ICP) verursacht unterschiedliche Bewegungsstörungen, die durch eine Veränderung der Muskelspannung (Tonus), einen Verlust an Muskelkraft und eine Koordinationsstörung der Muskulatur charakterisiert sind. Die infantile Zerebralparese kommt bei etwa bei 0,3 %, also bei drei von 1000 aller Lebendgeborenen vor. Besonders Frühgeborene sind von dieser Krankheit betroffen. So leiden sehr kleine »Frühchen« etwa 100-300-mal häufiger an einer ICP als am errechneten Termin geborene Babys. Die Zerebralparese wirkt sich primär als eine körperliche Behinderung aus. Sie beeinträchtigt die willkürlichen Bewegungen und deren Koordination. Betroffene Kinder werden meist Spastiker genannt.

Infantile Zerebralparese (ICP)

Die ICP ist eine hirnorganische Bewegungsstörung. Sie führt zu einer Störung von Bewegung, Haltung und Motorik, ist bleibend, aber nicht unveränderlich

> und entsteht durch eine nicht fortschreitende Störung oder eine Verletzung des sich entwickelnden oder unreifen Gehirns.

Unterformen der ICP sind die spastische Zerebralparese (in 75 % der Fälle), seltener die *athetotische* ICP und die *ataktische* ICP.

Formen der Zerebralparese

- *Spastik*
  - Störung der Haltung und der Bewegungsabläufe
  - Erhöhte Muskelanspannung (Hypertonus): in den Armen hoher Beugetonus, in den Beinen hoher Strecktonus, im Rumpf Überstreckung oder niedriger Tonus
  - Gesteigerte Muskeleigenreflexe (MER), die jede Spontanbewegung derart verstärken, dass die Bewegungssteuerung gestört wird
  - Babinski-Reflex als Zeichen einer Schädigung der Pyramidenbahn vorhanden
  - Verspätetes Abklingen der Neugeborenen-Reflexe: Kinder mit Spastik können einen Gegenstand oft nur schwer loslassen, weil der Greifreflex persistiert. Der Schluck- und der Würgereflex bleiben so stark bestehen, dass sie die Nahrungsaufnahme und die Mundmotorik behindern.

Die abnormen Bewegungsabläufe sind gekennzeichnet durch

- Verzögerte Umsetzung bei Bewegungsbeginn
- Schlechte zeitliche und räumliche Koordination
- Verringerte Kraft
- Abnorme Körperhaltung
- Verlangsamte Bewegungsgeschwindigkeit
- Vermehrte Aktivierung der gegensätzlichen Muskelgruppen.

- *Athetose:* unwillkürliche langsame, ausfahrend schlängelnde Bewegungen von Händen oder Füßen, oft mit Gelenküberdehnung
- *Ataxie:* überschießende oder ruckartig verwackelte Bewegungen, die das Ziel nicht flüssig erreichen, abnorme Kraft und Genauigkeit.

Die ICP tritt äußerlich in unterschiedlicher Verteilung, je nach Lokalisation der Hirnschädigung auf als

- *Tetraparese:* Lähmung aller vier Extremitäten
- *Diparese:* Lähmung der oberen oder (meist) unteren Extremitäten
- *Hemiparese:* Halbseiten-Lähmung der rechten oder der linken Körperseite
- *Monoparese:* Lähmung überwiegend nur einer Extremität.

Der Schweregrad einer ICP und der Erwerb motorischer Funktionen wird mittels des »Gross Motor Functions Classification System« (kurz GMFCS: System zur Klassifizierung der grobmotorischen Fähigkeiten) beschrieben (Palisano et al., 2008).

Die ICP ist oft häufig begleitet von

- Epilepsie (30–50 %)
- Psychischen Störungen, Verhaltensstörungen
- Augensymptomen (Schielen), Störungen der zentralen Sehverarbeitung
- Hör-, Sprech- und Sprachstörungen
- Minderwuchs und Muskelschwund der betroffenen Körperteile
- Entwicklungsverzögerung, geistiger Behinderung.

4.5 Behandlung körpermotorischer Störungen

Störungen der Körpermotorik werden mit verschiedenen Methoden behandelt. Bei Kindern mit schweren Bewegungsstörungen wie der Zerebralparese ist das Ziel der Behandlung, die abnormen Bewegungsabläufe und die Haltungskontrolle zu verbessern, um möglichst flüssige und zielgerichtete Bewegungen zu erreichen. Bei Kindern mit einer Umschriebenen Entwicklungsstörung motorischer Funktionen (UEMF) liegt das Hauptgewicht auf einer Bewegungsförderung im Alltag und auf Maßnahmen zur Verbesserung von Körperhaltung und von Bewegung. Eine UEMF sollte nur dann physiotherapeutisch behandelt werden, wenn die Alltagsfunktionen des Kindes beeinträchtigt sind und wenn beim Kind Leidensdruck besteht bzw. Beeinträchtigungen durch Begleit- oder Sekundärstörungen vorliegen.

Therapieformen und Fördermöglichkeiten

Grundsätzlich soll bei der Planung von Fördermaßnahmen oder Therapien bedacht werden, dass in einer Übersichtsarbeit (z. B. Schlack, 1994) keine Überlegenheit eines bestimmten Ansatzes gefunden wurde. So bleibt die Pflicht, jede Maßnahme individuell zu gestalten. Sicher ist es hilfreich, neben den breiten Überschneidungszonen pädagogischen und medizinischen Handelns auch die Unterschiede zu berücksichtigen und für das Kind zu nutzen.

Jeder Intervention geht eine Diagnose voraus. Bei einer medizinischen Behandlung werden u. a. ihre Dauer und Häufigkeit festgelegt, da die Leistungen vom Arzt per Rezept verordnet, meist an eine Therapeutin/einen Therapeuten delegiert und von der Krankenkasse finanziert werden. Die Regel ist die Einzelbehandlung, meist einmal wöchentlich mit einer festgelegten Dauer. Das Behandlungsprinzip ist in erster Linie funktionell und auf das Symptom gerichtet. Bei einer Therapie riskiert man daher, sich einseitig auf das aktuelle Defizit zu beschränken. Der Therapieerfolg sollte kontrolliert werden. In schweren Fällen steht zur interdisziplinären Diagnostik und Therapie ein Sozialpädiatrisches Zentrum (SPZ) zur Verfügung. Oft wird von den Eltern erwartet, dass sie als Co-Therapeuten die Behandlung zu Hause unterstützen und fortsetzen.

Vor dem Beginn pädagogischer Fördermaßnahmen in Kitas oder Schulen steht eine Diagnostik, in der Regel in Form einer Beobachtung. Die Förderung wird meist

4 Störungen der Körpermotorik

von den dort tätigen pädagogischen Fachkräften geplant und durchgeführt. Die Dauer der Maßnahme ist variabel, folgt seltener einer festgelegten Behandlungsform, wird vom Sozial- oder Schulsystem oder privat finanziert. Die Regel ist die Förderung in der Kleingruppe. Die Häufigkeit und Dauer der Förderung hängen von der Kapazität der Fachkraft oder der Institution ab. Die Eltern werden informiert, fungieren aber nicht als Co-Therapeuten. Bei der Förderung wird versucht, mehrere Aspekte des Problems zu berücksichtigen. Einer Fördermaßnahme droht dadurch methodische Beliebigkeit. Für schwere Fälle gibt es interdisziplinäre Frühförderstellen oder interdisziplinär arbeitende Sonderschulen für Körper- und Mehrfachbehinderte.

Zur *pädagogischen Förderung* motorischer Auffälligkeiten oder Störungen stehen zahlreiche Konzepte zur Verfügung, die sich teilweise überlappen und daher nicht immer gut voneinander abgrenzbar sind. Die folgende Liste enthält eine Reihe von Ansätzen, die u. a. motorische Bildung und Förderung zum Ziel haben:

- Pädagogische Bewegungsförderung
- Kindersport
- Kindersportschule
- Psychomotorik
- Motopädie, Motopädagogik
- Montessori-Pädagogik
- Heilpädagogik.

Ohne eine Rangfolge der Wertigkeit der genannten Ansätze zu riskieren, wollen wir einige wichtige Übungsbereiche der Bewegungsförderung aufzählen: Balancieren und andere Gleichgewichtsübungen, Rechts-Links-Wechsel, Tempowechsel, Richtungswechsel einschließlich vorwärts-rückwärts-Wechsel, Übungssequenzen i. S. eines Zirkeltraining, Ausdauer, Klettern, einbeiniges Hüpfen, Ball fangen und werfen, Einbeziehen von Musik und besonders Rhythmik. Von einem kleinen Hocker hüpfen, ein- oder beidbeiniges Hüpfen, Treppensteigen, Ball fangen und Ball werfen und vor allem das Trampolinspringen sind nicht nur fördernde, sondern besonders auch diagnostisch sehr relevante Übungen. Sammlungen praktischer Übungsbeispiele gibt es in großer Zahl (s. z. B. Friedl & Kauß, 2011; Grüger & Wöstheinrich, 2010). Eine Fördermaßnahme muss den zur Verfügung stehenden Gegebenheiten angepasst werden: Gibt es einen Bewegungsraum? Wie groß sind die Außenflächen? Wie gut ist die Einrichtung materiell ausgestattet? Gibt es eine Kooperation mit Vereinen oder mit Eltern? Welche Ausbildung hat die pädagogische Fachkraft? Usf.

Bei Kindern und Jugendlichen mit Bewegungsstörungen und bei einem Leidensdruck des Kindes sind *medizinische Therapiemaßnahmen* angezeigt. Die Therapie wird von Fachkräften mit Ausbildung in Physiotherapie, Ergotherapie oder Motopädie durchgeführt. Das Ziel ist die Verbesserung der motorischen Geschicklichkeit, der Körperwahrnehmung, der statischen und der dynamischen Balance, der Körperhaltung und der Bewältigung von Alltagsanforderungen. Wie auch bei einer Förderung in pädagogischen Einrichtungen ist auch immer ein Ziel medizinischer Maßnahmen, psychische Sekundärstörungen zu verhindern, abzubauen oder zumindest zu mindern.

Im folgenden Kasten sind verschiedene Therapieformen gelistet, mit denen die Breite des heutigen Spektrums verdeutlicht wird, deren Einzelformen jeweils eigene

Indikationen haben und Teil eines individuell abgestimmten komplexen Therapieplans sein können. Mit der Aufzählung ist keine Reihung nach Wichtigkeit verbunden.

> **Therapieformen und Hilfsmittel bei motorischen Störungen**
>
> 1. Therapeutische Maßnahmen
>   - *Physiotherapie* (Krankengymnastik): Verbessert die Eigenaktivität in Alltagshandlungen, verbessert oder bahnt Üben und Lernen von Bewegungen und Bewegungsabläufe, auch mittels spezieller Hilfen und Hilfsmitteln
>   - *Bobath-Therapie* (s. u.)
>   - *Vojta-Therapie* (s. u.)
>   - *Osteopathie*, Manualtherapie, Kraniosakraltherapie: komplementäre Therapieformen, die in Bewegungssteuerung und Propriozeption eingreifen. Die Manipulationstechniken, die die Therapeuten mit ihren Händen anwenden, sind sanft und nicht schmerzhaft. Sie mildern die Sekundärsymptome wie Gelenkfunktionsstörungen, muskuläre Hypertonie und Schmerzen in Folge von Muskelkontrakturen, muskuläre Bewegungseinschränkung (Riedel, 2007)
>   - *Psychomotorik*, Motopädie (Einzel- und Gruppentherapie), therapeutisches Schwimmen
>   - *Psychologische Behandlung:* Kinder und Jugendliche mit ICP leiden oft an mangelndem Selbstvertrauen, an Ängsten, an Aufmerksamkeitsstörungen und an aggressivem und oppositionellem Verhalten (Kunde-Trommer, 2007)
>   - *Laufbandtraining:* An die Behinderung angepasste Therapie verbessert die Kondition und übt Bewegungsabläufe ein, ggf. unter Verminderung des eigenen Körpergewichts durch Entlastung durch Haltegurte
>   - *Constraint Induced Movement Therapy (CIMT):* Bei Halbseitenlähmungen wird die Bewegungsfähigkeit der nicht-betroffenen Körperseite vorübergehend eingeschränkt. Das ständige Üben mit der betroffenen Körperseite kann zu einer Verbesserung der Funktionen führen (Mall, 2007)
>   - *Vibrationstherapie (Galileo):* Verbessert die Durchblutung, kräftigt den Muskel und den Knochenbau
>   - *Hippotherapie:* physiotherapeutische Reittherapie verbessert den Tonus des Rumpfes und die Aufrichtung, vermindert Asymmetrie, reguliert die sensomotorische Schleife, lockert Verspannung, erzeugt hohe Motivation durch das Tier
>   - *Therapeutisches Schwimmen* (Durlach, 2007)
>   - *Botox-Injektionen:* Injektionen mit Botolinum-Toxin in den spastischen Muskel vermindern den erhöhten Muskeltonus und erleichtern die physiotherapeutische Behandlung und die Hilfsmittelversorgung (Berweck et al., 2006)
> 2. Hilfsmittel
>   - Einlagen, Fußorthesen, Unter- oder Oberschenkelorthesen
>   - Nachtschienen, Handschienen, elastische Handschuhe
>   - Korsett, Stützapparate
>   - Therapiefahrrad
>   - Rollstuhl

> - Walker (z. B. NF-Walker, Innowalk, erlauben das Üben der aufrechten Fortbewegung).

Die Hilfsmittelversorgung ist bei Kindern mit Zerebralparese sehr wichtig geworden. Optimal ist dabei eine enge Zusammenarbeit zwischen Kinderarzt, Sozial- oder Neuropädiater, Orthopädie und Orthopädiemechaniker. Therapieformen, die unter dem Begriff »Osteopathie« zusammengefasst werden können, sind in der Schulmedizin noch nicht überall anerkannt, haben in den letzten Jahren gleichwohl an großer Bedeutung gewonnen. Dabei werden Teile des Skelett- und des Bindegewebssystems manuell behandelt. Auch in der Kraniosakraltherapie werden Handgrifftechniken angewandt, meist am Schädel und am Kreuzbein, um Einfluss auf Rhythmen des menschlichen Organismus zu nehmen.

Die in Deutschland am häufigsten angewandten Formen der Physiotherapie sind die Methoden einer tschechischen Physiotherapeutin und von zwei tschechischen Ärzten: Vaclav Vojta und das Ehepaar Karel und Berta Bobath.

Vojta-Therapie

Der Reflexlokomotion liegen »globale Muster« zugrunde, die Vojta 1954 beschrieb (Vojta, 2008; Vojta & Peter, 2007). Damit sind Fortbewegungsmuster gemeint, die durch Druck und Zug an verschiedenen Körperpartien in immer gleicher Weise auslösbar sind. Der Begriff »Reflex« wird also nicht im klassischen Sinne der Neurologie verstanden. Diese gesetzmäßig ablaufenden motorischen Reaktionen werden durch gezielte Reize in den verschiedenen Körperlagen (Rücken-, Seiten-, Bauchlage) ausgelöst. Sie enthalten Bestandteile der menschlichen Bewegungsabläufe wie Greifen, Umdrehen, Robben, Krabbeln und Gehen.

Ziel der Reflexlokomotion ist es, die automatische Steuerung der Körperhaltung, die Stützfunktion der Extremitäten und die dafür erforderlichen Muskelaktivitäten zu bahnen. Krankhafte Ersatzmuster können mittels der Reflexlokomotion umgestaltet oder in ihrer Ausprägung reduziert werden. Es kommt dabei oft zu Abwehr- und Ausweichverhalten des Kindes. Die Behandlung stellt hohe körperliche Ansprüche an das Kind und hohe emotionale Ansprüche an die Mutter bzw. die Eltern (s. auch die Homepage der Internationalen Vojta Gesellschaft e. V.: www.vojta.com).

Bobath-Therapie

Ziel der Bobath-Therapie (Bobath, Bobath & Staehle-Hirsemann, 2005; Friedhoff, Schieberle & Gralla, 2007) ist die Differenzierung funktioneller Fähigkeiten, die Erweiterung der Handlungskompetenz und eine bestmögliche Selbstständigkeit im Lebensumfeld. Das Bobath-Konzept enthält keine standardisierten Übungen. Im Vordergrund stehen individuelle und alltagsbezogene therapeutische Aktivitäten. Sie betreffen die Bereiche Kommunikation, Nahrungsaufnahme, Körperpflege, An- und Auskleiden, Fortbewegung, Spiel und Beschäftigung (s. die Homepage der Vereinigung der Bobath-Therapeuten: www.bobath-vereinigung.de).

4.6 Zusammenfassung

Störungen der Motorik gehören zu den häufigsten Entwicklungsstörungen. Sie werden in den kinderärztlichen und kinderneurologischen Untersuchungen diagnostiziert. Das diagnostische Repertoire wird ergänzt durch standardisierte motoskopische Verfahren oder durch Motorik-Tests. Die verschiedenen Symptome einer abnormen Haltung, Muskelspannung oder Bewegung werden beschrieben.

Die häufigste motorische Störung ist die Umschriebene Entwicklungsstörung motorischer Funktionen (UEMF). Sie ist vor allem bedingt durch familiäre Veranlagung und Umgebungsbedingungen des Kindes. Die Kinder wirken ungeschickt und haben Schwierigkeiten in der Bewegungssteuerung und -planung. Viel seltener sind schwere motorische Störungen wie die Zerebralparese (ICP). Sie entsteht vor allem bei frühgeborenen Kindern durch Sauerstoffmangel und Durchblutungsstörung des Gehirns vor, während oder kurz nach der Geburt. Kinder mit ICP entwickeln neben einer Körperbehinderung oft auch Lernstörungen, Epilepsie, Schielen und Minderwuchs. Unterschieden wird eine spastische, eine ataktische und eine athetotische ICP.

Die Behandlung von motorischen Störungen richtet sich nach dem Schweregrad, der Beeinträchtigung des Alltagslebens und nach dem Leidensdruck des Kindes. Es kommen Fördermaßnahmen, vor allem Bewegungsförderung und psychomotorische Förderung, oder eine medizinische Therapie in Betracht. Säuglinge und kleine Kinder werden physiotherapeutisch behandelt. Bei Kindern mit Zerebralparese müssen individuelle Therapiekonzepte erarbeitet werden, vor allem mit Fördermaßnahmen, Physio- und Ergotherapie und Hilfsmittelversorgung.

Weiterführende Literatur

Blank, R. (Koordinator). (2011). *AWMF-Leitlinie Umschriebene Entwicklungsstörung motorischer Funktionen (UEMF)*. Verfügbar unter: http://www.awmf.org/leitlinien/detail/ll/022-017.html.
Flehmig, I. (2007). *Normale Entwicklung des Säuglings und ihre Abweichungen*. Stuttgart: Thieme.
Michaelis, R. & Niemann, G. W. (2016). *Entwicklungsneurologie und Neuropädiatrie: Grundlagen und diagnostische Strategien*. Stuttgart: Thieme.
Straßburg, H. M., Dacheneder, W. & Kreß, W. (2018). *Entwicklungsstörungen bei Kindern*: Praxisleitfaden für die interdisziplinäre Betreuung. München: Urban & Fischer.
Zimmer, R. (2019). *Handbuch Psychomotorik: Theorie und Praxis der psychomotorischen Förderung von Kindern*. Freiburg: Herder.

5 Die Entwicklung der Handmotorik

> **Definition**
>
> *Handmotorik* umfasst alle Bewegungen und Haltungen der Hände, besonders die Bewegungen aus den Handgelenken und Fingern. Die Koordination dieser Bewegungen nennt man *Handgeschicklichkeit*.

Die wichtigsten Bewegungen der Hand sind die *Oppositionsbewegung* und die *Rotation*. Als Opposition bezeichnet man die Fähigkeit des Daumens, sich den anderen Fingern gegenüber zu stellen. Der Daumen ist den anderen Fingern gegenüber um 130° gedreht. Dadurch wird die Opposition von Daumen und Zeigefinger erst möglich. Menschenaffen beherrschen diese Bewegung nicht. Beim Menschen sind die Daumenmuskeln besonders stark und vielfältig. Drehbewegungen (Rotation) erfolgen vorwiegend aus dem Handgelenk, aber auch aus den Fingern und dem Ellenbogengelenk.

5.1 Einführung

Wenn man auf die Handfläche oder die vordere Fußsohle eines wenige Monate alten Säuglings drückt, so werden der Handgreifreflex und der Fußgreifreflex ausgelöst: Die Hand und die Zehen klammern sich an das Objekt oder den dargebotenen Finger. Nach wenigen Monaten aber verliert sich dieser Neugeborenen-Reflex. An seine Stelle tritt das aktive, das bewusste Greifen. Ab dem Beginn dieses willkürlichen Greifens ist das Erlernen der Handmotorik an die Koordination von Auge und Hand gebunden. Das Bewusstwerden der eigenen Handbewegung und die Fähigkeit, sie mit den Augen zu kontrollieren, beginnen mit *Ende des dritten Lebensmonats*.

Von nun an folgt die Entwicklung der Handmotorik zwei Regeln, die eine immer differenziertere motorische Steuerung erlauben:

1. Die Reifung der Armmotorik schreitet von den Muskeln der Schulter und des Oberarms zu den Muskeln des Unterarms und der Hand.
2. Die Reifung der Handmotorik schreitet von der Handfläche zu den Fingerspitzen und vom Greifen mit allen Fingern zu der Gegenstellung (Opposition) von Daumen und Zeigefinger.

Mit *vier Monaten* streckt das Kind die Hand zu einem Objekt aus, öffnet die Hand, ergreift den Gegenstand, betrachtet ihn und führt ihn zum Mund. Die Hände spielen in der Körpermittellinie miteinander.

Mit *fünf Monaten* greift das Kind auch nach einem etwas entfernter gehaltenen Gegenstand, indem es den Arm streckt.

Mit *sechs Monaten* wird ein Gegenstand gezielt und mit der ganzen Handfläche (palmar) und dem gestreckten Daumen ergriffen. Interessante Gegenstände wandern von einer Hand in die andere. Das Kind beginnt, Hand- und Armbewegungen der Bezugsperson zu imitieren.

Im *siebten und achten Monat* lernt das Kind, kurzzeitig zwei Gegenstände mit beiden Händen gleichzeitig festzuhalten. Kleine Gegenstände werden nun mit gestreckten Fingern und dem gestreckten Daumen ergriffen, und zwar mit der Basis von Daumen und Zeigefinger, ohne dass die Handfläche den Gegenstand berührt (*Scherengriff*). Das Kind hantiert mit Spielzeug und setzt zwei Objekte in Bezug zueinander, z. B. indem es sie gegeneinanderschlägt.

Mit *neun Monaten* kann ein Kind einen Gegenstand absichtlich fallen lassen, nicht nur verlieren oder vom Tisch herunterwischen.

Mit *zehn Monaten* erwirbt das Kind den *Pinzettengriff*, zwischen dem Daumen und dem gestreckten Zeigefinger. Es kann damit z. B. einen Krümel, eine Rosine oder eine Erbse ergreifen. Beim *Spitzgriff* (oder *Zangengriff*) opponiert der Daumen zur Kuppe des gebeugten Zeigefingers. Daumen und Zeigefinger öffnen diese Klammer gerade so weit, wie der Größe des Objekts entspricht.

Am *Ende des ersten Lebensjahrs* kann das Kind einen Bleistift halten und damit ein bisschen auf Papier kritzeln. Es legt Spielzeug in eine Kiste und holt es heraus. Es betastet Oberflächen und unterscheidet Materialien und Oberflächen, für die Erwachsenen an Behagen und Unbehagen erkennbar.

Mit *11–15 Monaten* wird die Handmotorik neu gefordert: Mit visueller Steuerung gelingen das Greifen eines Objekts, das Stapeln auf ein anderes Objekt und das gezielte Loslassen. Vor allem das *gezielte Loslassen* ist an eine Reifung der Großhirnrinde gebunden und an eine gute Auge-Hand-Koordination. Diese Fähigkeit wird nur wenige Wochen später in den Dienst eines Spiels gestellt: zwei Objekte kombinieren, Klotz in ein Kästchen legen, eine Puppe auf einen Stuhl setzen. Mit *13–21 Monaten* gelingt auch das Stapeln von drei Klötzen und mit *18 Monaten* mit vier Klötzen.

Erste *Rotationsbewegungen* kann man bereits mit *12–14 Monaten* beobachten: Die meisten Kinder versuchen in diesem Alter, einen Verschluss mit leicht drehenden Hin- und Her-Bewegungen zu lösen. Das Drehen einer kleinen Kurbel, z. B. an einer Spieldose, gelingt im vollen Drehumfang mit *22 Monaten*, das Aufschrauben einer Flasche mit *25–30 Monaten*.

Bei den Altersangaben der folgenden Entwicklungsschritte besteht eine interindividuelle Variation von plus/minus vier Monaten.

Mit *18 Monaten* kann die Handmotorik dazu dienen, einen Gegenstand mit einem anderen zu befördern, z. B. an einer Decke ziehen, um das darauf liegende Spielzeug herzuziehen. Etwa zum gleichen Zeitpunkt schüttet das Kind Flüssigkeit oder Sand von einem Behälter in einen anderen. Dazu ist eine drehende Handbewegung nötig, die die Handfläche am schüttenden Gefäß nach unten bringt. Die ersten »Türmchen«

aus zwei, später vier Bauklötzen werden gestapelt und zwei Gegenstände miteinander kombiniert und in Beziehung gebracht.

Mit *19 Monaten* Monate kritzelt das Kind kräftige Striche auf ein Papier. Mit *22 Monaten* imitiert es einen waagerechten Strich und fasst dabei den Stift schon in der Mitte, manchmal sogar schon unten. Mit *24 Monaten* erscheinen die ersten spiralförmigen Striche. Mit *36 Monaten* kann das Kind einen *Kreis zeichnen*.

Mit *24 Monaten* erreicht das Türmchen bereits eine Höhe von fünf Klötzen. Die Reifung der Visuomotorik zusammen mit gereifter Daumen-Zeigefinger-Opposition erlaubt das erste Auffädeln von dicken Holzperlen. Die Beziehung zwischen zwei Objekten geht jetzt weit über das Stapeln, Hineinlegen und Herausholen hinaus: Flüssigkeiten, Reiskörner oder Sand werden mit vorsichtig kippenden Bewegungen von einem Behälter in den anderen »gegossen«. Mit einer Schere zu schneiden ist eine recht schwierige Tätigkeit. Sie gelingt mit *28(–34) Monaten*. Mit *drei Jahren* hat ein Kind die wesentlichen Muster der Handmotorik erreicht.

Im *vierten bis sechsten Lebensjahr* werden die erlernten Fähigkeiten verfeinert und in der Händigkeit abgestimmt. Dazu gehört auch die Zuweisung einer Halte- und einer Arbeitshand, wie es bei vielen Alltagshandlungen, Werktätigkeiten und Spielen notwendig ist.

5.2 Untersuchung der Handbewegungen und ihrer Störungen

Bei der Untersuchung der Handmotorik beobachtet man die Fähigkeit,

- eine Bewegung durchzuführen,
- das Bewegungsausmaß bzw. Einschränkungen der Bewegung,
- die Kraft der Bewegung,
- die Geschmeidigkeit und Flüssigkeit der Bewegung (Handgeschicklichkeit) und schließlich auch
- die Dauer der Handlungsplanung, nachdem man die Bewegung einmal vorgemacht hat.

Die Oppositionsfähigkeit des Daumens gegenüber allen anderen Fingern ist der wichtigste zu beobachtende Schritt bei der Diagnostik der Handmotorik.

Die Beobachtung von Handbewegungen gelingt im Alltag und mit wenigen Hilfsmitteln:

- Holzperlen auffädeln,
- die Stifthaltung (nicht das Malen!),
- einen Turm, dann eine Treppe aus sechs Holzklötzen bauen,
- eine Walze aus Knetgummi rollen,

- die Opposition von Daumen gegen den Zeige- und den Mittelfinger mit einer Spielzeugspritze,
- Rotationsbewegungen beim Drehen einer Schraube, eines Rades und eines Stiftes,
- eine kleine Perle oder eine Holzkugel, die zwischen Daumen und Zeigefinger auf- und ablaufen, und danach zwischen Daumen und Mittelfinger und am Ende zwischen Daumen und Ringfinger,
- Brot schmieren, einen Apfel schneiden,
- Knöpfe öffnen, einen Reißverschluss schließen.

Alle Bewegungen werden sowohl mit der rechten als auch der linken Hand ausgeführt. Neben der Untersuchung der Koordinationsfähigkeit gelingt so auch eine Einschätzung der Händigkeit. Steckbretter mit unterschiedlich großen Holzstiften und Bohrungen sind geeignet, die Geschwindigkeit und handmotorische Geschicklichkeit zu überprüfen (Pegboard-Test).

Im Bereich der medizinischen Diagnostik gibt es für spezielle Fragestellungen, z. B. bei Kindern mit Zerebralparese das *Assisting Hand Assessment* (*AHA*; Krumhilde-Sundholm, Holmefur, Kottorp & Eliasson, 2007) und das *Manual Ability Classification System* (*MACS*; Delhusen-Carnahan, Arner & Hägglund, 2007; Kuijper, van der Wilden, Ketelaar & Gorter, 2010). Ergotherapeuten nutzen häufig die *Movement Assessment Battery for Children – 2nd Rev.* (*M-ABC-2;* Petermann et al., 2015) und den *Sensory Integration and Praxis-Test* (*SIPT*) (Ayres, 1989).

Zur Beobachtung der Handmotorik in definierten Altersgruppen sind einzelne Beispiele aus dem »Beobachtungsbogen Kita 1–6 (BB 1–6)« (Rosenkötter, 2016) angeführt.

Handmotorik bis 36 Monate

- Greift das Kind sehr kleine Gegenstände präzise mit den Fingerkuppen? (z. B. kleine Holzperlen, Walzenstecker, kleiner als 1 cm im Durchmesser)
- Kann es Holzperlen auf eine Schnur fädeln? (Perlengröße 1–2 cm)
- Baut es einen Turm aus acht Klötzen? (Holzklötze, Kantenlänge etwa 3 cm, keine Lego- oder Duplosteine)
- Kann es ein Papier ungefähr in der Mitte falten? (Kann es ein Blatt ungefähr in der Mitte zu einem »Buch« und dann zu einem »Taschentuch« falten?)
- Malt es einen geschlossenen Kreis? (Die Aufgabe ist nur dann gelöst, wenn der Ausgangspunkt in den Endpunkt findet.)
- Malt es ein Kreuz nach? (bitte auf gleichem Blatt vormalen)
- Kann es auf- und zuschrauben? (z. B. eine Sprudelwasserflasche oder eine Dose, mit erkennbarer Gegenbewegung und Nachfassen)

Handmotorik bis 48 Monate

- Ist die Händigkeit festgelegt? (Malt, schneidet das Kind immer mit der gleichen Hand? Auch beim Auffädeln von Perlen, Schlagen einer Trommel im Rhyth-

> mus, Einsortieren von kleinen Gegenständen, Stapeln von Holzstäbchen auf den Packesel)
> - Kann das Kind die Fingerbewegungen bei Fingerspielen ausführen?
> - Kann es aus einer Knetkugel eine Walze formen?
> - Kann es ein Schrägkreuz und ein Viereck nachmalen? (Vorgemalte Figuren werden auf gleichem Blatt nachgemalt.)

Diagnostische Methoden und Verfahren, mit denen allein die Motorik überprüft wird, sind selten. Die meisten Verfahren sind Papier-Stift-Verfahren, bei denen nicht nur Bewegung, sondern visuell gesteuerte Bewegung geprüft wird (▶ Kap. 6). Aber nicht alle geschickten Feinmechaniker, Uhrmacher und Goldschmiede können auch gut malen. Zu einer umfassenden Beurteilung der Bewegung gehört auch eine Beurteilung der Kraft und der Sensibilität (zur taktil-kinästhetischen Wahrnehmung auch ▶ Kap. 11).

Handmotorik und Schulreife

Bislang gibt es nur Vermutungen, aber keine wissenschaftlich fundierte Evidenz, dass handmotorische Fertigkeiten helfen, mit Gegenständen und der Umwelt leichter in Bezug zu treten und so die kognitive Entwicklung bei jüngeren Kindern zu unterstützen. Eine Verzögerung der grafomotorischen Entwicklung kann selbstverständlich den Schreiberwerb erschweren. Sie kann aber nicht Ursache für eine Lese-Rechtschreibstörung (Legasthenie) sein. Bei vielen Einschulungsuntersuchungen werden Stifthaltung und Fähigkeiten im Zeichnen und Malen überbewertet.

Das bedeutet, dass die Schulfähigkeit/Schulbereitschaft nicht oder nur sehr begrenzt von motorischen Fähigkeiten abhängt. Kinder mit einer Verzögerung der handmotorischen oder grafomotorischen Entwicklung sind nicht generell in den Schulleistungen gefährdet. Eine Verzögerung der handmotorischen Entwicklung allein ist daher kein Grund, ein Kind nicht einzuschulen.

Die Anforderungen an die Handmotorik bei der Einschulung sind nicht normiert. Die folgende Aufstellung stellt eine Aufzählung wünschenswerter Fähigkeiten dar (Groschwald, Rosenkötter & Schuh, 2018).

> **Handmotorische Fähigkeiten bei der Einschulung**
>
> - Selbstständiges An- und Ausziehen
> - Schuhe binden / Schleife binden
> - Sicheres Ausschneiden eines Rechtecks und eines Kreises
> - Einfache Tätigkeiten: lochen, abheften, Drehverschluss öffnen
> - Sorgfältiges Ausmalen
> - Kneten
> - Einfaches »Basteln«: falzen, kleben, stapeln, einsetzen, auffädeln

- Malen und zeichnen
- Stifthaltung
- Malen von Baum, Haus, Mensch (mit wichtigen Merkmalen: Kopf, Augen, Nase, Mund, Haare, Rumpf, Arme, Beine, Hände, Füße)
- Eine einfache Figur ausmalen und dabei die Außenlinien beachten
- Nachzeichnen von Kreis, Rechteck, Kreuz, Schrägkreuz, Welle, Raute

5.3 Maßnahmen bei Störungen der Handmotorik

Was tun, wenn die Entwicklung der Handmotorik verzögert oder gestört ist? In jedem Fall muss man darauf achten, ob dies der einzige Bereich ist, in dem das Kind Schwierigkeiten hat. Wenn dies der Fall ist, spricht man auch von einer Umschriebenen Entwicklungsstörung der Handmotorik. Wir gehen im Kapitel 6 auf Förder- und Therapiemaßnahmen ein. Wenn andere Entwicklungsbereiche ebenfalls auffällig sind, müssen weitere Beobachtungen erfolgen und/oder eine medizinische Diagnostik eingeleitet werden, entweder in Richtung eines Zusammentreffens (Komorbidität) mit anderen Umschriebenen Entwicklungsstörungen (z. B. der Grobmotorik oder der Sprache) oder in Richtung einer allgemeinen Entwicklungsverzögerung (psychomotorische Retardierung) oder Entwicklungsstörung.

Meilensteine der Entwicklung der Handmotorik

3–4 Monate:	Erstes aktives Greifen
6 Monate:	Palmares Greifen
7–8 Monate:	Scherengriff
10 Monate:	Pinzettengriff
11–15 Monate:	Gezieltes Loslassen
18 Monate:	Stapeln
22–24 Monate:	Waagerechten Strich malen
25–36 Monate:	Aufschrauben
36 Monate:	Geschlossenen Kreis malen
48 Monate:	Schrägkreuz und Viereck nachmalen
48 Monate:	Festgelegte Händigkeit
Mit 5 Jahren:	Mit Schere ausschneiden
Mit 5 Jahren:	Dreieck nachmalen

> **Grenzsteine der Handmotorik in den ersten drei Lebensjahren**
>
> | | |
> |---|---|
> | 6. Monat: | Transferieren eines Gegenstandes (Spielzeug) von einer Hand in die andere in der Mittellinie; radialer Faustgriff |
> | 12. Monat: | Scherengriff: Kleine Gegenstände werden zwischen Daumen und gestrecktem Zeigefinger gehalten |
> | 24. Monat: | Halten eines Malstiftes im Faustgriff oder »Pinselgriff« (mit den ersten drei Fingern, wobei der Stift in der Handinnenfläche liegt) |
> | 36. Monat: | Buchseiten können einzeln korrekt umgeblättert werden; sicherer Pinzettengriff oder bereits Drei-Finger-Spitzgriff (Daumen – Zeigefinger – Mittelfinger) bei der Stifthaltung und der Manipulation kleiner Gegenstände |

Weiterführende Literatur

Pauli, S. & Kisch, A. (2016). *Geschickte Hände. Spielerische Förderung von 4–10 Jahren*. Dortmund: Modernes Lernen.

Pauli, S. & Kisch, A. (2018). *Spiele zur Förderung der Handgeschicklichkeit und Grafomotorik*. Dortmund: Modernes Lernen.

6 Visuomotorik und Grafomotorik

6.1 Einführung

Definition

Während die Handmotorik (▶ Kap. 5) sowohl von den Augen gesteuerte oder nicht gesteuerte Hand- und Fingerbewegungen umfasst, versteht man unter Visuomotorik nur diejenigen Bewegungen, die mit den Augen und der visuellen Wahrnehmung gesteuert werden.

Eine spezielle Form der Visuomotorik ist die Grafomotorik (▶ Abb. 6.1). Dabei geht es um die handmotorische Fertigkeit mit einem Schreibwerkzeug, nennen wir es kurz Stift. Sofern ein Kind in einer Gesellschaft lebt, in welcher der Umgang mit einem Stift wichtig ist, ist es eine Frage der kulturellen Gewohnheiten, wann es mit diesem Werkzeug erstmals konfrontiert wird. Vorausgesetzt, Stifte stünden einem Kind ab Ende des ersten Lebensjahres regelmäßig zur Verfügung, würden die meisten Kinder mit drei bis vier Jahren ausreichende motorische Grundlagen für die Grafomotorik erlernt haben.

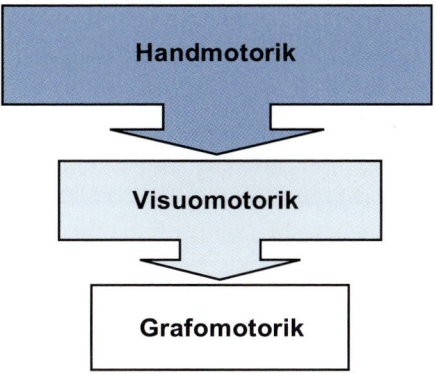

Abb. 6.1: Visuomotorik ist ein Spezialfall der Handmotorik, Grafomotorik ist eine spezielle Funktion der Visuomotorik

Eine altersangemessene visuomotorische Steuerung setzt Altersangemessenheit des Sehens, der visuellen Verarbeitung, der Umsetzung des Gesehenen in eine motorische Planung und der motorischen Steuerung voraus. Nicht-altersgerechte Fähigkeiten der Visuo- und Grafomotorik können ihre Ursache in all diesen Funktionsbereichen haben.

Warum ist diese Unterscheidung eigentlich wichtig? Nun, nehmen wir ein Beispiel! Angenommen, Sie hätten veranlasst, dass ein Kind beim Kinderarzt wegen des Verdachts auf eine feinmotorische Störung vorstellt wird. Die Mutter sagt ihm aber gleich, dass ihr Sohn ein geschickter Bastler sei, die kleinsten Schräubchen aufdrehen könne und die tollsten Konstruktionen mit einem Baukasten erfinde. Der Kinderarzt lässt ihn einige »Testgegenstände« aus seiner Schublade (▶ Kap. 5) drehen, rollen, rotieren usw. und bestätigt prompt die Einschätzung der Mutter. Er findet auch, dass der Sohn keine Ergotherapie benötige. Und tatsächlich gibt es viele Kinder, die handmotorisch geschickt, aber grafomotorisch retardiert sind. Der Untersuchungsgrund hätte also »Verdacht auf eine Störung der grafomotorischen Entwicklung« lauten müssen.

6.2 Sitz- und Stifthaltung

Für eine ungestörte Visuo- und Grafomotorik sind eine stabile Rumpfhaltung im Sitzen und ein guter Stuhl wichtig. Beobachtungsbereiche sind dafür:

- Füße flach auf dem Boden?
- Sitzhöhe richtig? Rechter Winkel zwischen Rumpf und Oberschenkel?
- Rumpf- und Kopfhaltung aufrecht und symmetrisch?
- Sitzhaltung frontal oder seitlich vom Papier?
- Armhaltung an den Rumpf gepresst, abgewinkelt, Unterarm und Hand auf der Unterlage?
- Muskeltonus zu hoch/zu gering?
- Händigkeit?
- Auge-Papier-Abstand ungewöhnlich nah, fern?
- Position des Handgelenks zu stark gebeugt oder überstreckt?
- Stifthaltung? Steilstellung des Stiftes? Druck?
- Figur-Wiedergabe besonders klein oder besonders groß?

Auffälligkeiten der Sitzhaltung können durchaus eine Anpassungsleistung des Kindes darstellen. So wird ein Kind mit Einschränkungen des Blickfeldes oder Schwierigkeiten in der Augensteuerung vielleicht ungewöhnliche Sitzpositionen einnehmen. Gewisse Kinder legen sich das Papier stets so, dass es seitlich im rechten oder linken Blickfeld liegt, weil sie Schwierigkeiten haben, beim Malen oder Schreiben die Körpermittellinie zu kreuzen. Ein weitsichtiges Kind wird einen großen Papier-Augenabstand wählen. Unsichere und unruhige Kinder profitieren oft von einer rutschfesten Unterlage.

6.3 Entwicklung der Grafomotorik

Die Zeichen- und Malfertigkeit, aber auch die Kreativität im Umgang mit Formen und Materialien sowie die symbolhaften Bildanteile durchlaufen eine Reihe von Phasen, die aber große individuelle Unterschiede in der Abfolge, im Übergang und in der Zeitdauer zeigen. Jedes Kind soll seinen eigenen Ausdruck finden können. Es ist daher wichtig, nicht in die Experimentierfreude und spontane Gestaltungskraft mit eigenen Vorstellungen, wie ein Bild gestaltet und aufgebaut sein müsse, einzugreifen. Vorgefertigte Schablonen und starre Darstellungsmuster sollten nicht Mittel pädagogischer Förderung sein. Hingegen kann die Reduktion komplexer Formen auf grafische Grundelemente sehr hilfreich sein.

– Spuren und Schmieren (0;8–1;6 Jahre)

Mit Fingern oder der ganzen Hand kann das Kind wunderbar Wasser, Schaum oder Farbe verschmieren. Mit der ganzen Hand (Palmargriff) hält das Kind einen Stift oder ein anderes spurengebendes Material und erzeugt Spuren auf Papier oder einem anderen Werkstoff. Daraus wird Freude an der Bewegung, die nun sichtbare Spuren hinterlässt.

– *Kritzeln* (1;0–3;0 Jahre)

Zunächst ungesteuerte, manchmal rhythmisierte, geschwungene oder in Sequenzen sich wiederholende Muster, die zunehmend der visuellen Steuerung unterliegen, bewusster eingesetzt werden und in der Form reproduzierbar werden. Oft kommen am Anfang gehauene Punkte oder kraftvoll gesetzte Kommas und Striche. Am Ende dieser Phase steht die Rotation in Knäueln, Spiralen und ersten, noch unvollständigen Kreisen. Die Bewegungen kommen oft noch aus dem ganzen Arm, ja sogar mit Einbeziehung der Schulter (▶ Abb. 6.2-6.4). Das Kritzeln hat im zweiten Lebensjahr noch keine Bedeutung, wird aber, je nach Wortschatz, im dritten Lebensjahr zunehmend sprachlich kommentiert.

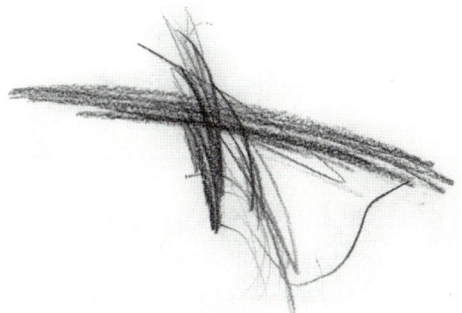

Abb. 6.2: Kinderzeichnungen von waagerechten und senkrechten Linien, Kreuz im Alter von 2–2 ½ Jahren

6 Visuomotorik und Grafomotorik

Abb. 6.3: Kinderzeichnungen von Spirale, Knäuel und erstem geschlossenen Kreis im Alter von drei Jahren

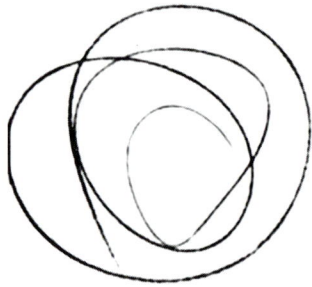

Abb. 6.4: Kinderzeichnung einer Spirale im Alter von 2–2 ½ Jahren

– **Wichtige Grafoelemente (3–5 ½ Jahre)**

Wichtige Meilensteine der Grafomotorik sind:

- Geschlossener, runder Kreis: 3;0–3;6 Jahre
- Viereck/Quadrat: 4;0–4;6 Jahre
- Dreieck: 5;0–5;6 Jahre

– *Kopffüßler* (3;6–5 Jahre)

Wenn am Ende der Kritzelphase der Kreis steht, werden andere Bewegungen, erst waagerechte, dann senkrechte Striche, Radialstriche und Haken hinzukommen, und das Kind wird beginnen, diese Figuren zu kommentieren und ihnen eine Bedeutung zu geben. Das sichtbare Sinnbild des »Ich« ist der Kopffüßler: ein Kreis mit Augen, bald auch anderen Attributen des Gesichts und radialen Abstrahlungen für die Extremitäten. Später kommt dann eine zweite Rundstruktur für den Rumpf hinzu

(▶ Abb. 6.5). Peez (2015) weist darauf hin, dass das Kind anfangs eigentlich keinen Kopf darstellt, sondern eine Gestalt, die für den ganzen Körper steht.

Abb. 6.5: Kopffüßler (Zeichnung eines 4–4 1/2-jährigen Kindes)

– Frühe Schemaphase (ab 4 Jahre)

Aus dem vorhandenen Material der Grundformen werden Szenen zusammengesetzt und in eine räumliche Ordnung gebracht: ein Haus mit Garten, Sonne nach oben in eine Ecke, unten ein Streifenteppich für eine Wiese oder einen anderen Basisuntergrund – und sei es nur ein Basisstrich. Was bedeutsam ist, wird groß gemalt. Das menschliche Gesicht gewinnt an Attributen und Variation der Darstellung. Das Bild kann eine Geschichte erzählen.

– Erste Schemaphase (5–8 Jahre)

Darstellung der Realität, die einer inneren Vorstellung folgt: So können Teile von Objekten noch durchsichtig sein (Kleidung, Haus) und zeigen, was darunter und dahinter ist. Die Größenverhältnisse der Objektteile nähern sich der Realität. Eine Linie oder der untere Bildrand geben die Bildbasis an. Neue Grundmuster: Schrägkreuz, Viereck, Raute, Welle, Zickzack-Linie.

– Zweite Schemaphase (7–12 Jahre)

Einführung von Proportionen, Dimensionen, Perspektiven. Freie Gestaltung mit Übergang zum Jugendbild und künstlerischen Bild.
  Verfolgt man das Malen und Zeichnen der Kinder weiter, dann eröffnet sich viel mehr als nur eine Vorstellung, ein »Bild« von der Visuomotorik: die Kinderzeichnung als ein Spiegelbild der sozio-emotionalen Entwicklung eines Kindes, im Weiteren sogar ein Therapieinstrument für die Klinische Psychologie. Der Mann-Zeichen-Test wurde von Ziler 1950 veröffentlicht und später als Mensch-Zeichen-Test (Brosat & Tötemeyer, 2007) gründlich überarbeitet. Ziler ging davon aus, dass ein Kind mit seinem Abbild eines Menschen auch eine Aussage über seine Körperwahrnehmung und sein Selbstgefühl macht. In den Test gehen jetzt auch geschlechtsspezifische Unterschiede

und altersabhängige Veränderungen der Zeichenfähigkeit ein (Mannhard, 2010). Die Entwicklungsgeschichte der Kinderzeichnung und ihren Einsatz in der Kindertherapie hat Seidel (2007) umfangreich dargestellt.

6.4 Diagnostik

Beobachtung der Visuomotorik und der Grafomotorik

- Bewegungen aus den Fingern, der Hand, dem Unterarm, dem Oberarm, der Schulter heraus?
- Handgelenk zu stark gebeugt?
- Umfahrende Bewegungsmuster?
- Druck der Finger, gelegentlich sogar des ganzen Arms
- Dauer des Haltens und das Loslassen
- Zielgenauigkeit der Bewegung
- Flüssigkeit der Bewegung
- Stifthaltung: mit der ganzen Hand (Palmargriff), mit drei oder vier Fingern (Dreifinger- oder Vierfingergriff), mit Daumen-Zeigefinger-Opposition, diese an den Fingerspitzen oder entlang der Fingerflächen?

Die Abbildungen 6.6–6.9 zeigen verschiedene Variationen der Stifthaltung. Sofern die Genauigkeit und die Geschwindigkeit im Malen normal sind und das Kind nicht unter einer zu starken Muskelanspannung (handmotorischer Tonus) leidet, sind Therapie oder Korrekturmaßnahmen nicht notwendig.

Zur quantitativen Beurteilung der Visuomotorik liegen einige sehr gut erprobte und standardisierte Verfahren vor (▶ Kasten, S. 66).

Abb. 6.6: Normaler Zweipunktgriff

6.4 Diagnostik

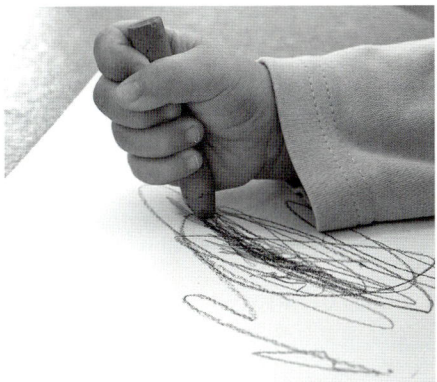

Abb. 6.7: Palmare Stifthaltung mit Steilstellung des Stiftes

Abb. 6.8: Vierpunktgriff

Abb. 6.9: Stifthaltung am Grundgelenk des Daumens, wird dann oft mit dem 2. und 3. Finger geführt

> **Tests zur Prüfung der Visuomotorik**
>
> - Developmental Test of Visual Perception (DTVP-2) bzw. Frostigs Entwicklungstest der visuellen Wahrnehmung (FEW-2)
> - Developmental Test of Visual Perception (DTVP-3)
> - Punktiertest und Leistungs-Dominanztest für Kinder (PTK)
> - Motorische Leistungsserie im Wiener Determinationstest

Etwas genauer werden wir nur die ersten drei genannten Verfahren beschreiben, die auch am häufigsten in der Diagnostik visuo- und grafomotorischer Leistungen eingesetzt werden.

Der *Developmental Test of Visual Perception* (*DTVP-2*; Hammill, Pearson & Voress, 1993) und seine deutsche Adaptation, der *Frostigs Entwicklungstest der visuellen Wahrnehmung* (*FEW-2*; Büttner, Dacheneder, Schneider & Weyer, 2008) beruhen auf einem der ersten Tests der visuellen Wahrnehmung, den Marianne Frostig 1961 entwickelt hat. Der DTVP-2/FEW-2 erlaubt eine Trennung in motorikfreie und motorikabhängige Leistungen.

DTVP-2/FEW-2 bestehen aus acht Subtests zur visuellen Wahrnehmungsfähigkeit: Auge-Hand-Koordination, Lage im Raum, Abzeichnen, Figur-Grund, Räumliche Beziehungen, Gestaltschließen, Visuo-motorische Geschwindigkeit, Formkonstanz.

Jeder der acht Subtests des FEW-2 erfasst »einen Typ visueller Wahrnehmungsfähigkeit –klassifizierbar als Lage im Raum, Formkonstanz, räumliche Beziehungen oder Figur-Grund« (Büttner et al., 2008). Der *Developmental Test of Visual Perception* (*DTVP-3*; Hammill, Pearson & Voress, 2013) enthält gegenüber der vorherigen Auflage *DVTP-2* nur noch fünf Subtests: Eye-Hand Coordination (Auge-Hand-Koordination), Copying (Abzeichnen), Figure-Ground (Figur-Grund), Visual Closure (Gestaltschließen) und Form Constancy (Formkonstanz), d. h. die drei Subtests Spatial Relations (Räumliche Beziehungen), Position in Space (Lage im Raum) und Visual-Motor-Speed (Visuo-motorische Geschwindigkeit) wurden herausgenommen. Für den englischen Sprachraum liegt eine Besprechung vor (Brown & Murdolo, 2015).

Der *Punktiertest und Leistungs-Dominanztest für Kinder* (*PTK*) (Schilling, 2009) überprüft handmotorische Fähigkeiten und Händigkeit im Alter von fünf bis zwölf Jahren.

Abb. 6.10: Nachzeichnen von horizontalem Strich und Kreis bei einem 4;2 Jahre alten Kind mit allgemeiner Entwicklungsverzögerung

6.5 Förderung und Therapie

Die Therapie von visuo- und grafomotorischen Defiziten oder Störungen wird vorwiegend von Fachkräften mit Ausbildung in Ergotherapie (s. Kasten Ergotherapie, S. 69) oder von pädagogischen Fachkräften mit besonderen Zusatzausbildungen (z. B. im Frühförderbereich) als Einzel- oder Gruppentherapie durchgeführt. Ziele sind die Verbesserung der motorischen Geschicklichkeit, der Kraftregulation, der Körperhaltung, aber auch der Abbau von Sekundärstörungen wie fehlendes Selbstbewusstsein oder Einschränkung der Teilhabe. Mit der Orientierung an einer Verbesserung der Alltagsfunktionen geht die Behandlung über ein funktionsbezogenes Training hinaus. Auf folgende Funktions- bzw. Leistungsbereiche zielen Förder- und therapeutische Maßnahmen:

- Handgelenksrotation und selektive Fingerbewegungen
- Dosierung von Hand- und Fingerkraft
- Zielgenaues und sicheres Greifen
- Visuomotorische Koordination und Unabhängigkeit beider Hände
- Händigkeit.

Andere Behandlungsansätze sind:

- Aufgabenorientierte Ergotherapie mit dem Fokus auf bestimmten motorischen Fähigkeiten (Polatajko & Mandich, 2004),
- Wahrnehmungsförderung und Übungen zur Handmotorik nach Frostig, z. B. mit dem Pertra-Satz (Pertra ist die Abkürzung von Perzeptions-Training),
- Basale Stimulation nach Fröhlich (1999) für behinderte Kinder und Jugendliche,

- Behandlung nach Affolter (2006): Das Erlernen von Handlungsabläufen durch Spüren und Geführtwerden,
- Sensorische Integrationstherapie (Ayres, 2016).

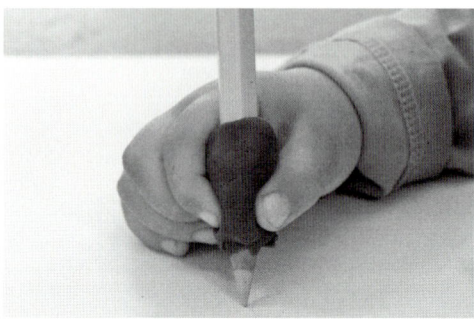

Abb. 6.11: Vergrößerung der Auflagefläche der Fingerkuppen und damit auch Verbesserung der Sensorik durch eine Stiftverdickung

Die individuellen Förderziele richten sich grundsätzlich an folgenden basalen und komplexen handmotorischen Fertigkeiten (Schönthaler, 2013) aus:

Basale Fertigkeiten

- Reichen und Zeigen: Bewegung des Arms und der Hand, um einen Gegenstand oder eine Person zu berühren oder darauf zu zeigen
- Greifen: das Aufnehmen eines Gegenstandes mit der Hand
- Tragen: das Transportieren eines Gegenstands von hier nach dort
- Willkürliches Loslassen: bewusstes Fallenlassen eines Gegenstands

Komplexe Fertigkeiten

- In-Hand-Manipulation: die Lage eines Gegenstands in der Hand wird verändert, ohne dass der Gegenstand die Unterlage berührt
- Beidseitige Fertigkeiten: die Zusammenarbeit beider Hände, zum Beispiel als Haltehand und Aktionshand
- Einsatz von Werkzeugen: Werkzeuge wirken wie eine Verlängerung der Hand oder eine Verstärkung ihrer Funktion; sie dienen der Veränderung der Lage, Form oder Beschaffenheit eines Gegenstands.

Zur Schulung der motorischen Geschicklichkeit im fein-, grafo- und visuomotorischen Bereich stehen zahlreiche *Übungsprogramme* zur Verfügung, wie z. B. *Graphomotorische Übungen* (Schilling, 2017, *Vom Strich zur Schrift* (Naville & Marbacher, 2018), *Schreibtanz* (Oussoren, 2015). Andere Programme zur hand- und grafomotorischen Schulung sind z. B. *Graphomotorik für Grundschüler* (Schäfer & Lutz, 2001) und *Geschickte Hände* (Pauli & Kisch, 2016).

Zu den pädagogischen und therapeutischen Maßnahmen kann auch eine *Versorgung mit Hilfsmitteln* gezählt werden:

- spezieller Stuhl oder Sitzgelegenheit, Gymnastikball
- geneigte Sitzkissen
- rutschfreie Unterlage
- Spezialunterlage für Linkshänder
- Stift-/Griff-Verdickung (▶ Abb. 6.11)
- Handorthese
- im Einzelfall Einsatz von PC mit spezieller Maus und Großfeldtastatur.

> **Ergotherapie**
>
> Deutscher Verband der Ergotherapeuten: Ergotherapie unterstützt und begleitet Menschen jeden Alters, die in ihrer Handlungsfähigkeit eingeschränkt oder von Einschränkung bedroht sind. Ziel ist, sie bei der Durchführung für sie bedeutungsvoller Betätigungen in den Bereichen Selbstversorgung, Produktivität und Freizeit in ihrer persönlichen Umwelt zu stärken. Hierbei dienen spezifische Aktivitäten, Umweltanpassung und Beratung dazu, dem Menschen Handlungsfähigkeit im Alltag, gesellschaftliche Teilhabe und eine Verbesserung seiner Lebensqualität zu ermöglichen (https://dve.info/ergotherapie/definition).
>
> Deutsche Gesellschaft für Sozialpädiatrie und Jugendmedizin:
>
> Ergotherapie ist nach dem Heilmittelkatalog von 2004 ein »ärztlich verordnetes Heilmittel zur Verbesserung der Handlungs- und Wahrnehmungsfähigkeit bzw. der altersentsprechenden selbständigen Versorgung im Alltag und beruht auf medizinischen und sozialwissenschaftlichen Grundlagen«. Ganz wesentlich ist die Entwicklung der Ergotherapie bei Kindern in den vergangenen 40 Jahren durch verschiedene Persönlichkeiten geprägt worden, beispielhaft seien Marianne Frostig, Felicitas Affolter, Jean Ayres und Susanne Naville genannt. Das Konzept von Affolter beruht auf der Entwicklungspsychologie von Piaget, die von Frostig entwickelten Diagnose- und Therapieverfahren beschäftigen sich vor allem mit der Koordination von Sehen und Motorik. In Deutschland haben sich eine Vielzahl von ergotherapeutischen Schulen gebildet, die Übergänge zu anderen Behandlungsverfahren, z. B. der Physiotherapie, der Psychomotorik und Mototherapie sowie der Heilpädagogik aufweisen. Die Indikation für Ergotherapie ergibt sich neben der mehrdimensionalen Diagnose aus der Schädigung/Funktionsstörung und der hieraus resultierenden Leitsymptomatik (Fähigkeitsstörung) bei Verrichtungen des täglichen Lebens. Dies entspricht der 2001 von der WHO verabschiedeten International Classification of Functioning, Disability and Health (ICF), in der körperliche Funktionen und Strukturen, Aktivitäten, Partizipationen und Kontextfaktoren berücksichtigt werden (www.dgspj.de/qualitaetssicherung/icf-cy/).

6.6 Zusammenfassung

Unter *Visuomotorik* versteht man die visuell gesteuerten Handbewegungen. *Grafomotorik* ist die handmotorische Fertigkeit mit einem Schreibwerkzeug. Die Entwicklung der Grafomotorik ist fast regelhaft. Sie ist mit 5–6 Jahren weitgehend abgeschlossen. Sinnbild für die grafomotorische Entdeckung des »Ich« ist die Kopffüßler-Zeichnung.

Meilensteine der Grafomotorik:

Geschlossener, runder Kreis	3;0–3;6 Jahre
Viereck/Quadrat	4;0–4;6 Jahre
Dreieck	5;0–5;6 Jahre

Diagnostisch werden die Steuerungsfunktionen beurteilt. Von den zahlreichen zur Verfügung stehenden Tests für jüngere Kinder werden zur Zeit der *Developmental Test of Visual Perception* (DTVP-2) bzw. seine deutsche Adaptation der *Frostigs Entwicklungstest der visuellen Wahrnehmung* (FEW-2) bevorzugt.

Zur Förderung der visuo- und grafomotorischen Koordination stehen zahlreiche Programme und umfangreiche Literatur zur Verfügung, z. B. das Frostig-Programm mit dem Pertra-Satz oder grafomotorische Übungsprogramme. Therapeutisch ist die Störung der visuo- und grafomotorischen Koordination eine Domäne der Ergotherapie. Ziel ist die Verbesserung der motorischen Geschicklichkeit, der Körperwahrnehmung, der statischen und dynamischen Balance und der Körperhaltung, aber auch der Abbau von psychischen Sekundärstörungen. Übergeordnete Ziele sind die Verbesserung der Handlungsfähigkeit im Alltag, der gesellschaftlichen Teilhabe und der Lebensqualität.

Weiterführende Literatur

Naville, S. & Marbacher, P. (2018). *Vom Strich zur Schrift.* Dortmund: Modernes lernen.
Oussoren-Voors, R. (2015). *Schreibtanz: Von abstrakten Bewegungen zu konkreten Linien für 3–8jährige Kinder.* Dortmund: Modernes Lernen.
Pauli, S. & Kisch, A. (2016). *Geschickte Hände.* Dortmund: Modernes Lernen.
Schäfer, I. & Lutz, H. (2001). *Graphomotorik für Grundschüler: Praktische Übungen zum Schreibenlernen.* Dortmund: Modernes Lernen.
Schilling, F. (2017). *Spielen-Malen-Schreiben. Marburger Graphomotorische Übungen.* Dortmund: Modernes Lernen.
Seidel, C. (2007). *Leitlinien zur Interpretation der Kinderzeichnung.* Lienz: Journal.

Weiterführende Literatur

Brosat, H. & Tötemeyer, N. (2007). *Der Mann-Zeichen-Test nach Hermann Ziler*. Göttingen: Hogrefe.
Galerie von Kinderzeichnungen: www.knetfeder.de/kkpwp/malen-und-zeichnen/
Was eine Kinderzeichnung verrät: www.kindergartenpaedagogik.de/fachartikel/bildungsbereiche-erziehungsfelder/kunst-aesthetische-bildung-bildnerisches-gestalten-basteln/429

7 Lateralisation und Händigkeit

Der Begriff *Lateralisation* meint eine Zugehörigkeit zu einer Seite. Im Zusammenhang mit dem Gehirn spricht man von Lateralisation, wenn eine anatomische Ungleichheit oder eine funktionelle Spezialisierung einer Hirnregion gegenüber der gegenseitigen Hirnregion bezeichnet werden soll. Meist synonym werden auch die Begriffe »Lateralität« und »Seitigkeit« benutzt. Einige wichtige Beispiele: Hören, Sprachverarbeitung, Schreiben, Lesen, Motorik und Sensorik werden asymmetrisch lateralisiert. Man spricht daher auch von einer funktionalen Asymmetrie. Hingegen werden wir im Kapitel über das Sehen finden, dass sich die Sehnerven nach ihrer Kreuzung zu jeweils 50 % so aufspalten, sodass alles, was wir im linken Gesichtsfeld sehen, in die rechte Sehrinde (*visueller Kortex*) projiziert wird, und alles, was wir im rechten Blickfeld erblicken, in die linke Sehrinde einstrahlt. Andere Projektionen wie der Riechnerv (*Nervus olfactorius*) und der Geschmacksnerv (*Nervus fazialis*) erreichen ihre jeweiligen Kerngebiete ungekreuzt.

Die motorische Pyramidenbahn kreuzt im verlängerten Rückenmark (*Medulla oblongata*) mit 70–90 % ihrer Axone auf die Gegenseite. Daher gibt die rechte motorische Hirnrinde die Signale für die linke Körperseite und umgekehrt. Ähnlich ist die Sensorik lateralisiert: Alle gefühlten und ertasteten Informationen von der rechten Körperseite erreichen aufsteigend nach einer Kreuzung in der Medulla oblongata (verlängertes Rückenmark; ▶ Kap. 1 u. 2.1) auf die andere Seite das sensible Gebiet der Großhirnrinde (sensorischer Kortex im *Gyrus postzentralis*). Demnach ist für Rechtshänder das dominante motorische Zentrum links und für Linkshänder rechts. Offensichtlich ist dieses System nicht auf alle motorischen Funktionen anwendbar, denn es gibt Menschen, die rechtshändig und linksfüßig sind. Man spricht dann von einer gekreuzten Dominanz. *Dominanz* in Zusammenhang mit den Hirnfunktionen bedeutet, dass dieses Zentrum die führende Rolle in der Steuerung übernimmt.

Die ersten Erkenntnisse über die Lateralisation hat man aus Untersuchungen von hirnverletzten und am Gehirn operierten Menschen gewonnen. Kam es nämlich zu einer Verletzung und Schädigung der breiten Verbindungsbrücke zwischen den Großhirnhemisphären, dem so genannten Balken (*Corpus callosum*), so stellte sich heraus, dass die verschiedenen Hirnfunktionen asymmetrisch gestört waren. Man fand, dass bei Rechtshändern die linksseitige motorische Hirnrinde im *Gyrus präzentralis* dominiert. Diese Dominanz ist teilweise angeboren, teilweise wie alle anderen Lateralisationen reifungsabhängig. So entstehen die meisten Dominanzen erst im Laufe der Kindheit. Die Lateralität kommt aber nicht nur durch die Verbindung der Großhirnhälften zustande, sondern auch durch kreuzende Verbindungen auf Zwischen-, Mittel- und Stammhirnebene. Als Beispiel sei die Kreuzung der zentralen Hörbahn im Stammhirn genannt.

Besonders interessant ist die *Lateralisation in der Sprachverarbeitung*. Man weiß schon lange, dass der linke Schläfenlappen bei den meisten Menschen größer und zellreicher ist als der rechte. In diesem Fall besteht also nicht nur eine funktionale, sondern auch eine strukturelle Asymmetrie. Es scheint sich wohl in der Evolution des menschlichen Gehirns eine Asymmetrie des Schläfenlappens entwickelt zu haben. Dieser Teil des Großhirns ist Sitz der primären und sekundären Hör- und Sprachzentren. Schon der Arzt Paul Broca fand in den 1860er Jahren bei Hirnverletzten Sprachstörungen, wenn der linke Schläfenlappen zerstört war, nicht jedoch bei Verletzungen des rechten Schläfenlappens. Offensichtlich ist die anatomische Hirnasymmetrie auch mit einer funktionellen Asymmetrie verbunden. Tatsächlich findet die Produktion von Sprache, vor allem das Lexikon und die Grammatik, bei 80 % aller Menschen in der linken Großhirnhälfte statt, während der gegenüberliegende rechte Schläfenlappen für das Erkennen von Sprachmelodie, Sprachrhythmus, Tonhöhenunterscheidung, die Musikalität und die Verarbeitung von Emotionen zuständig ist. Das ist so für 95 % aller Rechtshänder, aber auch für 30–60 % aller Linkshänder. Das heißt, dass die motorische Lateralisation (Händigkeit) nicht automatisch eine gleichseitige Organisation in der Hörverarbeitung mit sich bringt: Rechtshänder müssen also nicht zwingend auch »Rechtshörer« sein. Ungleiche Verteilung von motorischer und sprachlicher Dominanz zwischen den beiden Großhirnhemisphären bedeutet aber keinen funktionellen Nachteil. In der Hörbahn kreuzen 70 % aller Fasern auf die Gegenseite. Das bedeutet, dass bei den meisten Menschen das rechte Ohr dominant ist. Beispielsweise telefonieren die meisten Menschen mit dem rechten Ohr, sie neigen das rechte Ohr ihrem Gesprächspartner eher zu, sie lauschen der Musik mit geneigtem Kopf. Im Alltag sind wir uns dieser Dominanz kaum bewusst.

Genauso stark ist die Dominanz der linken Großhirnseite für das Schreiben und Lesen. Bei bis zu 80 % aller Menschen ist das linke Schreiblesezentrum in Zusammenarbeit mit dem linken Sprachzentrum dominant (Jäncke, 2000). Kinder mit Legasthenie haben häufiger eine beidseitige Repräsentanz, wie auch Kinder mit Sprachentwicklungsstörungen häufiger ein beidseitig organisiertes Sprachsystem haben (Gaddes, 1985; Foundas, Leonard & Hanna-Pladdy, 2002). Damit ist allerdings nicht geklärt, ob die veränderte Lateralisierung die Ursache für die Sprachstörung oder eine Kompensation infolge der neuronalen Plastizität darstellt. Die Spezialisierung und Dominanz der linken Großhirnhemisphäre könnte in der Entwicklung des Sprechens und des Schreibens von Vorteil zu sein, die beidseitig ausgewogene Organisation eher ein Nachteil.

7.1 Evolution und Händigkeit

Linkshändigkeit hat es in der Menschheitsentwicklung wohl schon lange gegeben. Archäologen haben bei Funden aus der Steinzeit sowohl »Rechtshänder«-Faustkeile als auch Werkzeuge für linkshändigen Gebrauch gefunden. Wohl damals galt aber auch, dass Linkshänder in der Minderheit sind. Einige Forscher vermuten, dass sich die Händigkeit im Laufe der Evolution deshalb entwickelt hat, weil die Tätigkeiten zur Nahrungsbeschaffung immer komplexer wurden und von spezialisierten Hirnarealen besser zu steuern waren. Vielleicht kam es parallel auch zu einer Entwicklung von Kommunikation. Die Dominanz der linken Hirnhemisphäre ist keineswegs ein Privileg des Menschen. Auch bei Vögeln, Seelöwen, Hunden und Affen hat die linke Hirnhälfte das Sagen (MacNeilage, Rogers & Vallortigara, 2010). Entstand Sprache dann aus Gestikulieren, ersten Silben, rhythmischem Schmatzen, rhythmischem Tanzen?

Die Zahl der Linkshänder scheint geographisch zu variieren: global zwischen 5–15 % (Whittington & Richards, 1987; Krombholz, 2008; McManus, 2009). In Mitteleuropa bevorzugen etwa 10 % aller Menschen die linke Hand. Dabei sind aber nur 3–6 % ausschließlich linkshändig und 60–70 % ausschließlich rechtshändig. 25–33 % sind nämlich Beidhänder, deren Handdominanz von der jeweiligen Tätigkeit abhängt. Der Unterschied zwischen Rechts- und Linkshändigkeit ist also keine starre Zuordnung, sondern ein fließendes Kontinuum. Bei Menschenaffen ist die motorische Dominanz der linken Seite und damit die Händigkeit nicht ausgeprägt. Man kann nun ahnen, dass sich die motorische Seitenzuordnung und die Sprachentwicklung evolutionär parallel entwickelt haben.

7.2 Geschlecht und Lateralisation

Einige Beobachtungen und Befunde sprechen dafür, dass funktionale Asymmetrien bei Frauen seltener vorkommen. Linkshändigkeit ist bei Frauen seltener als bei Männern: Subjektiv empfinden sich 6,5 % der Männer und 3,2 % der Frauen als linkshändig (Demura et al., 2006). Die Befunde der bislang größten Studie bestätigen diese subjektive Einschätzung: 6,3 % der Männer und 4,4 % der Frauen der über 2000 mit verschiedenen Verfahren (u. a. MRT) untersuchten Personen waren linkshändig (Guadalupe et al., 2014). Auch die Asymmetrie der visuellen und der auditiven Verarbeitung scheint bei Frauen schwächer zu sein (Francks, 2014).

Das Ehepaar Shaywitz und andere (1995) fanden Belege dafür, dass die Tendenz zu symmetrischer Verarbeitung bei Frauen von hormonellen Faktoren abhängt, da die asymmetrische Sprachverarbeitung bei Frauen nach der Menopause zunimmt. Aber auch vorgeburtliche hormonelle Einflüsse könnten nach der alten Hypothese von Galaburda, Sherman, Rosen, Aboitiz und Gschwind (1985) eine Rolle spielen: Die anatomische und funktionelle Asymmetrie des Schläfenlappens könnte vom Spiegel des männlichen Geschlechtshormons Testosteron während der Schwangerschaft abhängig sein. Die Geschwind-Galaburda-Hypothese wird bis heute kontrovers diskutiert (Witelson & Nowakowsky, 1991; Berenbaum & Denburg, 1995; Galaburda, Gaab, Hoeft & McCardle, 2018). Sie erklärt auch nicht endgültig den höheren Anteil von Männern bei den Linkshändern, bei Kindern mit Sprachentwicklungsstörung und bei Kindern mit Lese-Rechtschreibschwierigkeiten.

7.3 Genetik und Lateralisation

Auf der Suche nach Ursachen sind genetische Faktoren für die Linkshändigkeit sehr wahrscheinlich geworden, obwohl Befunde aus der Zwillingsforschung andere Ursachen erwarten lassen: Eineiige Zwillinge sind genauso häufig Links- oder Rechtshänder wie andere Geschwisterpaare, obwohl sie als eineiige Zwillinge eine gleiche Händigkeit haben sollten. Auch Kinder, deren Eltern beide linkshändig sind, werden nur zu 26 % Linkshänder.

Der Neuropsychologe McManus (1991) hat ein Modell entwickelt, das darauf beruht, dass ein Gen zwei unterschiedliche Ausprägungen besitzt. Die Ausprägung (das Allel) D steht für rechtshändig (*dextral*) und C für Zufall (*chance*). Das D-Allel fördert die Rechtshändigkeit. Besitzt jemand zwei D-Allele, so wird er Rechtshänder. Ist jedoch das C-Allel einfach oder zweifach vorhanden, so entscheidet der Zufall, ob der Mensch rechts- oder linkshändig wird. Bei Menschen mit einem D und einem C-Allel setzt sich entweder das Rechtshänder-Gen durch oder aber das C-Zufallsgen, sodass die Wahrscheinlichkeit für Rechtshändigkeit bei 75 % liegt. Damit wäre auch die unterschiedliche Händigkeit von eineiigen Zwillingen zu erklären.

Diesem Modell steht das so genannte »Right-shift«-Modell der Psychologin Marian Annett (2009) gegenüber. Danach bestimmt ein postuliertes Gen in erster Linie die Dominanz des linksseitigen Sprachzentrums und zieht dann die Händigkeit als eine Art Nebenwirkung mit sich. Beide Modelle können zwar die bisherigen Beobachtungen zum Teil erklären, konkrete Genorte konnten bisher jedoch noch nicht identifiziert werden.

Linkshänder haben vielleicht etwas andere *Begabungen und Fähigkeiten* als Rechtshänder. Die entsprechenden Studien sind jedoch widersprüchlich. Wahrscheinlich gibt es Unterschiede in der Verteilung: Unter den Kindern mit Lernschwierigkeiten, aber auch bei überdurchschnittlich Begabten finden sich überdurchschnittlich viele Linkshänder (Noorozian, Lotfi, Gassemsadeh, Emami & Mehrabi, 2002). Unterschiede in der Kreativität, Emotionalität und Musikalität lassen sich statistisch allerdings nicht nachweisen. Fast alle Musikinstrumente sind asymmetrisch gebaut. Das Erlernen eines Musikinstruments führt bei Linkshändern entweder zu schwächeren Leistungen oder durch besonderen Ehrgeiz und Überkompensation zu überdurchschnittlichen Leistungen.

Im Gebrauch von *Werkzeugen und Instrumenten* des täglichen Lebens sind Linkshänder auch heute noch stark benachteiligt. Asymmetrisch konstruierte Werkzeuge wie Schere, Korkenzieher oder Dosenöffner sind überwiegend für Rechtshänder gebaut, einige Werkzeuge können sogar gefährlich werden, da sie von Linkshändern nicht wie vorgesehen gehalten und gehandhabt werden können. Bei der Schere liegt die Schwierigkeit in der Anordnung der Klingen. Um schneiden zu können, werden die Klingen beim Schneiden zusammengepresst, bei umgekehrter Anordnung hingegen auseinandergedrückt. Fotoapparate, bestimmte Messer, die Computermaus und andere Objekte wurden nur für Rechtshänder konzipiert.

7.4 Die Entwicklung der Händigkeit

Etwa im 2. Lebensjahr entdecken die meisten Kinder, dass bestimmte Tätigkeiten mit einer von beiden Händen besonders gut gelingen. Nach und nach lernen sie, welches ihre geschicktere Hand ist, und am Ende des dritten Lebensjahrs haben sich die meisten Kinder für eine dominante Hand entschieden. Mit dieser Arbeitshand verrichten sie die meisten Handlungen, die andere Hand fungiert als Haltehand.

Die Händigkeit ist also überwiegend genetisch und hormonell determiniert. Sie ist viel seltener durch eine Erkrankung des Nervensystems, eine genetische Erkrankung, durch einen Unfall oder durch eine geistige oder körperliche Behinderung bedingt.

Links- und Beidhändigkeit

Für linkshändige Kinder kann es schwirig werden, bei der Entscheidung für die linke Hand als dominante Hand zu bleiben. Bewusst oder unbewusst reichen Erwachsene oder andere Kinder ihnen Gegenstände in die rechte Hand, platzieren Löffel, Becher oder Stifte an die rechte Seite und geben bei der Begrüßung die rechte Hand. Wenn sie andere Kinder beobachten, stellen sie fest, dass sie die »falsche« Hand benutzen. Bei Kindern mit unklarer Dominanzentwicklung oder zögernder Entwicklung zur Linkshändigkeit kann das zu einer bleibenden Unsicherheit und Hemmungen führen. Kinder mit unsicherer Lateralität nutzen oft für bestimmte Tätigkeiten eine bestimmte Hand: Malen mit rechts, Schere schneiden mit links, Gabel halten mit rechts, Schrauben mit links. Wenn ein Kind solch einen funktionellen Wechsel auch noch mit fünf Jahren zeigt, sollte spätestens eine Prüfung der Händigkeit eingeleitet werden. Immerhin könnte es auch sein, dass dieses Kind beidhändig ist.

Im Alter von vier Jahren und bei der Vorsorgeuntersuchung U8 sollte die Bevorzugung einer Hand beim Malen und Zeichnen erkennbar sein. Ist das nicht der Fall, sollte eine erste genauere Diagnostik erfolgen. Bei der U9 im Alter von fünf Jahren sollte die Händigkeit gesichert sein. Ansonsten bleibt noch ein Jahr bis zur Einschulung, in dem eine genaue Abklärung und gegebenenfalls auch eine Therapie durchgeführt werden könnten.

Wenn ein Kind unsicher ist und andere Kinder nachahmt, eignen sich Gabel halten oder Schere schneiden nicht sehr gut, um die Händigkeit zu bestimmen. Es bieten sich günstige Beobachtungsmöglichkeiten: das Auffädeln einer Perle, das Kämmen, das Schrauben und Hämmern, Ball fangen, Suppe umrühren, Schraubverschluss öffnen, Wasser ausgießen, Zähne putzen, Buchseite umblättern.

Bei der Beobachtung der Handtätigkeit sollte immer auf die Sitzposition geachtet werden, da Kinder mit Beidhändigkeit und Kinder mit unklarer Händigkeit oft seitlich sitzen oder den Rumpf stark drehen. Sie erreichen auf diese Weise, dass sie im rechten Gesichtsfeld mit der rechten Hand arbeiten können und mit der linken Hand im linken Gesichtsfeld. Solche Kinder haben oft Schwierigkeiten, mit der Hand die Körpermittelachse zu überkreuzen.

7.4 Die Entwicklung der Händigkeit

Für linkshändige Kinder ist eine gute Körperhaltung beim Malen und Schreiben wichtig. Wenn das Papier gerade ausgerichtet ist, muss entweder die Hand umfahrend gehalten werden (▶ Abb. 7.1 links), oder der Arm muss krampfhaft an den Körper gepresst werden. Das macht Malen und Schreiben zu anstrengend. Besser soll das Papier etwas links von der Mitte vor dem Kind liegen und im Uhrzeigersinn um etwa 30° nach rechts gedreht sein. Der Stift wird locker zwischen Daumen und Zeigefinger gehalten, wobei er am Mittelfinger nur anliegen sollte und die Hand beim Schreiben unterhalb der Zeile liegt. Der Stift sollte nicht zu weit unten gefasst und so gehalten werden, dass das obere Stiftende in Richtung über den linken Unterarm nach außen weist. Dabei fixiert die rechte Hand das Papier am rechten Rand. Beim Schreiben soll das Papier immer weiter nach links geschoben werden, wenn der Stift in die Nähe des Zeilenendes kommt. Das Kind soll nicht in der Mitte vor dem Papier, sondern eher etwas weiter rechts sitzen, sodass ausreichend Platz zum Malen und Schreiben auf der linken Seite zur Verfügung steht. Das Licht sollte von rechts auf den Tisch scheinen (entsprechend zum Fenster wenden oder Lichtquelle stellen).

Abb. 7.1: Umfahrendes Haltungsmuster: Stärkere Beugung im linken Handgelenk. Die Muskelanspannung ist dabei höher. Linkshänder malen und schreiben mit einem umfahrenden Bewegungsmuster oder sie ziehen den Arm an den Oberkörper heran. Eine leichte Drehung des Papiers oder des Körpers kann das Malen oder Schreiben erleichtern.

Empfehlenswerte Gebrauchsartikel für Linkshänder

- Scheren (für Zuhause, für die Schule/den Kindergarten)
- Füllfederhalter, Tintenroller
- Schreibunterlage, rutschfest
- Lineal, eventuell Messband (beides mit einer Skalierung von rechts nach links)
- Anspitzer
- Dosenöffner
- Kartoffelschäler
- Messer
- Linkshänder-Blockflöte

7.5 Diagnostik

7.5.1 Händigkeit

In der Diagnostik der Händigkeit dominieren bei großen Kindern und bei Erwachsenen die subjektiven Angaben, evtl. quantifiziert mit Hilfe von Fragebögen. Bei kleinen Kindern ist die Beobachtung der Handpräferenz die wichtigste diagnostische Methode.

> **Beobachtung der Händigkeit (Präferenzdominanz)**
>
> - Mit welcher Hand hält das Kind einen Stift oder ein Radiergummi?
> - Mit welcher Hand wirft das Kind einen Ball?
> - Welche Hand ergreift spontan das Glas, den Löffel?
> - Mit welcher Hand stapelt das Kind einen Turm aus Bauklötzen?
> - Mit welcher Hand nimmt das Kind einen Deckel von einer Schachtel?
> - Mit welcher Hand hält das Kind ein Brot beim Bestreichen mit Butter oder Marmelade?
> - Welche Hand ist unten an einem Spatenstil, wenn das Kind gräbt?
> - Mit welcher Hand hält das Kind einen Kamm oder die Haarbürste?
> - Mit welcher Hand würfelt das Kind?
> - Welche Hand hält die Nadel, welche den Faden beim Einfädeln?
> - Mit welcher Hand wird der Federball- oder Tennisschläger gehalten?
> - Welche Hand deckt den Stapel beim Kartenspielen auf?
> - Welche Hand hält ein Streichholz beim Anzünden?
> - Mit welcher Hand wird der Hammer gehalten, mit welcher der Nagel beim Einschlagen?
> - Welche Hand dirigiert den Griff eines Kochtopfes?
> - Welche Hand führt die Zahnbürste?
> - Welche Hand blättert die Buchseite um?

Für kleine Kinder gibt es keine Verfahren zur Prüfung der Händigkeit. Motorische Lateralitätsstörungen zeigen sich oft in einer verzögerten Dominanzentwicklung von Füßigkeit und Händigkeit. Solche Kinder haben oft auch Schwierigkeiten bei der Ausführung von Bewegungsmustern, die die Körpermittelachse überschreiten. Bei ihnen klingen unbewusste Spiegelbewegungen der Körpergegenseite (auffallend starke Mitbewegungen des passiven Arms, der passiven Hand, der Mund- und Zungenmotorik) oft verzögert, d. h. erst nach dem 6.–8. Lebensjahr ab. Sensorische Störungen der Lateralität findet man häufig bei Beeinträchtigungen der Oberflächensensibilität und der Raumlagewahrnehmung.

Der *Handpräferenztest* (*HAPT 4-6*, Bruckner, Deimann & Kaster-Koller, 2011) steht für vier- bis sechsjährige Kinder zur Verfügung, bei dem »14 Tätigkeiten zur Erfassung der Handpräferenz herangezogen (werden), die jeweils drei Mal im Testablauf vom Kind ausgeführt werden. Somit kann festgestellt werden, welche Hand ein Kind für eine bestimmte Tätigkeit und über verschiedene Tätigkeiten hinweg bevorzugt« (Bruckner et al., 2011). Der *Hand-Dominanz-Test* (*H-D-T*, Steingrüber, 2010) prüft die Händigkeit bei Kindern im Alter von sechs bis zehn Jahren. Er enthält drei Untertests: Spuren nachzeichnen, Kreise punktieren und Quadrate punktieren. Bei linkshändigen Kindern, die auf die rechte Hand umgeschult wurden, sind die Ergebnisse oft nicht eindeutig, denn der Test misst als Papier- und Bleistiftverfahren nur diejenigen Tätigkeiten, die mit dem Zeichnen verbunden sind (Krombholz, 2004).

7.5.2 Füßigkeit, Ohrigkeit, Äugigkeit

Ergänzend zur Handdominanz werden Füßigkeit, Ohrigkeit und Äugigkeit untersucht. Die Bevorzugungen von Auge, Ohr, Hand und Fuß sind nämlich keineswegs immer gleichseitig. Genau so wenig lassen sich aus einer gekreuzten Dominanz Krankheitsdiagnosen stellen oder Ursachen für eine Lernstörung ableiten.

Hinweise für die Ohrigkeit ergeben sich aus der Beobachtung, mit welchem Ohr ein Kind telefoniert oder an einer Uhr lauscht. Hinweise für die Äugigkeit kann man erhalten, wenn man prüft, mit welchem Auge ein Kind einen Blick durch ein Schlüsselloch wirft, in eine Röhre oder in ein Kaleidoskop schaut oder durch ein Loch in den Raum blickt.

7.5.3 Lateralisation und Sprache, Lesen, Schreiben

Von Kindern mit Sprachentwicklungsstörungen weiß man schon seit langer Zeit, dass Störungen der visuomotorischen Entwicklung und Schwierigkeiten in der Rechts-Links-Orientierung zu komorbiden Beeinträchtigungen gehören (Danielsson et al., 2010).

Für Kinder mit Schreib-Lesestörung (Legasthenie) konnte man den Verdacht ausräumen, dass bei ihnen Linkshändigkeit gehäuft auftritt. Vielmehr ist richtig, dass Kinder mit unsicherer Dominanz und Beidhänder häufiger von Legasthenie betroffen sind als Kinder mit festgelegter Seitendominanz. In der Vorgeschichte von Kindern mit Legasthenie hört man nicht selten von einer verspätet einsetzenden Dominanzentwicklung, und viele Legastheniker sind auch noch in der Schulzeit ungeschickt in Tätigkeiten, die eine Zusammenarbeit beider Hände oder beider Beine erfordern, oder bei mittellinienüberschreitenden Bewegungsmustern (Summerfield & Mitchie, 1993).

Nach der optischen Analyse eines gelesenen Wortes durch den visuellen Kortex erfolgt die Verarbeitung überwiegend in der linken Hirnhälfte. Diese linksseitige Dominanz ist bei Legasthenikern zugunsten einer eher beidseitigen Verarbeitung verändert. Für einen großen Teil der Legastheniker konnten diese Abläufe in elektrophysiologischen und funktionsdarstellenden Untersuchungen gesichert werden (Gross-Glenn et al., 1991; Wood, Flowers, Buchsbaum & Tallal, 1991).

> **Neuropsychologische Befunde: Lateralisation und Legasthenie**
>
> - Ungewöhnliche Symmetrie in der Durchblutung der Stirnhirn- und der Scheitelhirnrinde bei Leseaufgaben (Galaburda, 1989, Hynd, 1991)
> - Verminderte Aktivierung im linken Schläfenlappen bei Reimerkennung (MacSweeny, Brammer, Waters & Goswami, 2009; Kovelman et al., 2011; Debska et al., 2016)
> - Störung der linkshemisphärisch dominanten Sprachkontrolle (Vellutino, Scanlon & Bentley, 1983; Henderson, Barca & Ellis, 2007; Daini et al., 2018)
> - Störungen der motorischen und sensorischen Dominanzentwicklung (Kinsbourne, Rufo, Gamzu, Palmer & Berliner, 1990; Brookes, Tinkler, Nicolson & Fawcett, 2010)

7.6 Förderung und Therapie

Die Umschulung eines Linkshänders zum Rechtshänder kann bekanntlich schädlich für die körperliche und psychische Entwicklung eines Menschen sein. Es kommt nämlich mit einer Umgewöhnung nicht zu einer Veränderung der Hirndominanz: Auch nach Jahrzehnten bleibt die hirnorganische Aktivität eines umerzogenen Linkshänders immer noch »linkshändig« (Siebner et al., 2002). Auf der anderen Seite muss man vielleicht auch damit vorsichtig sein, dem »Umerziehen« allzu viel negative Auswirkung beizumessen, da ein Teil der Auffälligkeiten durch die Besonderheiten der Linkshändigkeit erklärt werden kann und nicht zwangsläufig Auswirkung einer traumatisierenden Umschulung darstellt (s. dazu als Gegenstandpunkt: Sattler, 2013). Insofern sind vermeintlich wichtige »Rückschulungen« auch kritisch zu sehen, weil sie häufig die »Falschen« treffen, nämlich beidhändige Kinder. Beidhändigkeit ist wie Beidfüßigkeit zunächst einmal ein Vorteil: Im Sport und bei handwerklichen Tätigkeiten kann es sehr vorteilhaft sein, sich mit beiden Seiten gleich geschickt bewegen zu können. Beidhändigkeit ist somit per se keine Indikation für eine spezielle Förderung oder gar eine Therapie.

Wenn durch oder mit der verzögerten Entwicklung der Lateralität eine Störung der Feinmotorik einhergeht oder wenn das Kind unter einer Händigkeitsstörung leidet, ist eine spezielle Förderung oder eine Therapie (in der Regel Ergotherapie oder heilpädagogische Behandlung) angezeigt, besonders dann, wenn lebenspraktische Alltagsfunktionen beeinträchtigt sind. Eine Therapie wird umso wichtiger, wenn gleichzeitig andere Störungen bestehen, z. B. eine Störung der Körperhaltung durch einen schwachen Muskeltonus. Oft besteht die »Therapie« nur darin, ruhig zu beobachten, welche Handfunktionen mit der rechten und welche mit der linken erfüllt werden, und darin, den betroffenen Kindern beide Möglichkeiten zu gewähren, nicht auf eine bestimmte Händigkeit zu drängen, das Kind bewusst viel und oft ausprobieren zu lassen und Material für die Tätigkeiten beider Hände (z. B. Rechts- und Linkshänderschere) zur Verfügung zu stellen.

Von pädagogischen Fachkräften sollte die Entwicklung der Händigkeit nicht behandelt, sondern nur begleitet werden. Die Handmotorik sollte gefördert werden. Wenn ein Kind mit vier Jahren noch keine Bevorzugung einer Hand entwickelt hat, besteht die wichtigste pädagogische Unterstützung darin, beidhändige handmotorische Tätigkeiten anzubieten: kleben, schneiden, reißen, sägen, schrauben, rühren, kneten, auffädeln, Puppe anziehen, Steckspiele. Sie helfen dem Kind, die Seitenzuordnung zu spezialisieren. Und sie helfen den Beobachtern, die Entwicklung aufmerksam zu verfolgen und zu dokumentieren. Bei den mündlichen Anweisungen sollten die Fachkräfte darauf achten, keine Hand zu benennen (»Nimm doch mal die rechte Hand«) oder die Händigkeit mit dem Kind zu besprechen. Das Material sollte, wenn möglich, vor die Körpermitte des Kindes gelegt oder gehalten werden, damit nicht unabsichtlich eine Seite bevorzugt wird. Wenn ein Kind eindeutig linkshändig ist, ist es sinnvoll, die Händigkeit und die Konsequenzen mit dem Kind zu besprechen, damit es weiß, dass seine Händigkeit anerkannt wird und kein Problem darstellt (Groschwald & Rosenkötter 2018).

Für Kinder mit motorischen Lateralisationsstörungen kann es hilfreich sein, mit Mittellinien-überschreitenden Bewegungsmustern, rhythmischen Übungen und Schwungbögen zu üben und zu arbeiten (Tacke, Wörner, Schultheiß & Brezing, 1993). Kinder mit Lateralisationsstörungen können von bewegungsbegleitetem Schreiben mit Schwungbögen und von rhythmischen Übungen profitieren (Donczik, 1994). Aber es bleibt darauf hinzuweisen, dass solche Übungen nicht für alle Kinder mit Schreib-Leseschwierigkeiten sinnvoll und hilfreich sind, konkret und überspitzt gesagt: Das Kreisen der Arme und Hände im Sinne einer liegenden Acht ist nicht tauglich als Legasthenie-Prävention für alle Kinder. Auch sollte solchen »Theorien« mit großer Vorsicht begegnet werden, die davon ausgehen, dass Bewegungsübungen durch Neubildung von Synapsen in der Lage seien, Entwicklungs- und Lernstörungen zu beheben, oder solchen, die suggerieren, dass Bewegungsübungen »die linke mit der rechten Hirnhälfte in Verbindung setzen« können.

7.7 Zusammenfassung

Lateralisation (Seitigkeit) ist die anatomische oder die funktionelle Spezialisierung und Dominanz einer Hirnregion gegenüber der gegenseitig gleichen Region. Solche funktionalen Asymmetrien gibt es in der Motorik, der Sensorik sowie in der visuellen und der auditiven Verarbeitung. Eine anatomische Asymmetrie haben 80 % aller Menschen in Form eines etwas größeren und zellreicheren Schläfenlappens links, dem Ort der primären Hör- und Sprachverarbeitung. Die Lateralisation ist in der Evolution des Menschen entstanden und überwiegend genetisch und hormonell determiniert, selten durch Hirnschädigung und Erkrankung verursacht.

Die Dominanz einer Hand (Händigkeit) ist ein Funktionskontinuum, bei dem 3–6 % aller Menschen eindeutig linkshändig und 60–70 % eindeutig rechtshändig sind, die übrigen aber gewisse Funktionen präferiert mit links oder rechts verrichten, also mehr oder weniger funktionell beidhändig sind.

Diagnostisch überwiegen bei kleinen Kindern die gezielte und strukturierte Beobachtung und Nachfrage bei den Eltern. In der Förderung und Therapie ist die nichteingreifende, gewährende und geduldige Beobachtung häufig von Erfolg getragen. Eine Therapie (Ergotherapie, Heilpädagogik) oder Förderung brauchen Kinder, die unter der Verzögerung ihrer Lateralisationsentwicklung leiden, besonders bei gleichzeitig bestehender handmotorischer Ungeschicklichkeit, Kinder mit Schwierigkeiten bei Bewegungen, die die Mittellinie des Körpers kreuzen, und Kinder, die nicht ohne Unterstützung herausfinden, welche Hand bei welcher Tätigkeit dominant ist.

Weiterführende Literatur

Meyer, R. W. (2008). *Linkshändig? Rat & Information, Tipps & Adressen.* Hannover: Humboldt Schlütersche.
Sattler, J. B. (2013). *Der umgeschulte Linkshänder oder Der Knoten im Gehirn.* Donauwörth: Auer.
Sattler, J. B. (2017). *Übungen für Linkshänder. Schreiben und Hantieren mit links.* Donauwörth: Auer.
Weber, S. (2014). *Linkshändige Kinder richtig fördern.* München: Reinhardt.

8 Wahrnehmung, Kognition, Intelligenz und Lernen

8.1 Wahrnehmung

Anders als in der Philosophie und der Kunst betrachten wir hier Wahrnehmung aus dem Blickwinkel der Neuropädagogik. Mit *Wahrnehmung* bezeichnen wir die Prozesse, mit denen Informationen aus den Sinnesorganen an das Gehirn weitergeleitet und verarbeitet werden. Den fünf klassischen Sinnen haben wir das Gleichgewicht als eigenen Sinn hinzugefügt (▶ Abb. 8.1).

Fünf Sinne plus	1. Sehen	visuell
	2. Hören	auditiv
	3. Riechen	olfaktorisch
	4. Schmecken	gustatorisch
	5. Fühlen (dazu zählen auch: Temperatursinn, Schmerzempfindung, Tiefensensibilität, Raum-Lage-Empfindung)	haptisch/taktil-kinästhetisch
	+ 6. Gleichgewicht	vestibulär

Abb. 8.1: Die traditionellen fünf Sinne plus Gleichgewicht, dahinter die jeweilige Wahrnehmungsfunktion.

> **Definition**
>
> Wahrnehmung ist die Aufnahme, die Weiterleitung und die Verarbeitung von Informationen aus den Sinnesorganen.

Mithilfe der Wahrnehmung gewinnen wir Kenntnisse über unseren Lebensraum und unsere Person. Die fortlaufende Wahrnehmung aktualisiert diese Kenntnisse und ermöglicht uns, Handlungen im Wahrnehmungsraum auszuführen (Rosenkötter, 2007).

Die Grenzen der Wahrnehmung sind schwer zu bestimmen: Die Informationsverarbeitung beginnt bereits im Sinnesorgan. So beginnt die Vorverarbeitung von

Gesehenem in der Netzhaut und das Gehörte wird im Innenohr einer ersten Analyse unterzogen. Unsere Sinnesorgane sind also nicht nur einseitige Empfangs- und Aufnahmegeräte, sondern Teil der Wahrnehmung. Zunehmend wird die Analyse der Signale aus den Sinnesorganen komplexer, z. B. bereits in der zentralen Hörbahn und der zentralen Sehbahn auf dem Weg zur Hirnrinde. Die vorverarbeiteten Signale werden untereinander verglichen, abgeschwächt oder verstärkt, mit Informationen aus dem Gedächtnis abgeglichen und zunehmend integriert.

Wahrnehmung, Gedächtnis und Aufmerksamkeit stellen sehr unterschiedliche Hirnfunktionen dar, die in der Diagnostik so sorgfältig wie möglich beurteilt werden sollten. Dennoch ist uns sicher bewusst, dass wir nachhaltiger wahrnehmen, wenn sich unsere Aufmerksamkeit auf den Gegenstand der Wahrnehmung richtet und das Wahrgenommene in unser Gedächtnis aufgenommen oder mit vorhandenen Gedächtnisspuren verglichen werden kann. Was wir wahrnehmen, hängt schließlich auch davon ab, wie wir uns fühlen, welche Erwartungen wir in einer bestimmten Situation haben, in welchem Wachheitszustand wir uns befinden und was wir in unserem Leben bereits erlebt und wahrgenommen haben.

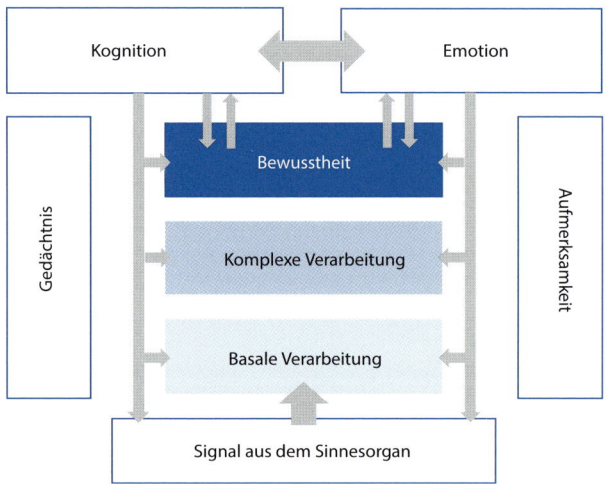

Abb. 8.2: Schema der Wahrnehmung. Blau hinterlegt ist die Informationsverarbeitung bei der Wahrnehmung in zunehmender Komplexität. Signale aus den Sinnesorganen werden parallel und seriell verarbeitet und können Einfluss auf Kognition und Emotion haben. Die Pfeile weisen darauf hin, dass nicht alle Prozesse durchlaufen werden müssen. Gedächtnisleistungen und Aufmerksamkeit hemmen oder fördern diese Prozesse.

Abbildung 8.2 zeigt schematisch die zunehmend komplexer werdende »aufsteigende« (*bottom-up*) Informationsverarbeitung bei der Wahrnehmung: von der Analyse einfacher Reize über die Verarbeitung komplexer Reize bis hin in den Bereich der Bewusstheit. Während die meisten Prozesse der Informationsverarbeitung unbewusst ablaufen, können wir uns komplexe Funktionen leichter bewusstmachen. Sie unterliegen andererseits den »darüber liegenden« (*top down*) Einflüssen von Vigilanz (Wachheit), Aufmerksamkeit, Gedächtnis und Emotion und werden von ihnen gesteuert, im Bewusstsein gehalten und gespeichert.

Wenn wir einen Ton hören, nehmen wir vielleicht wahr, wie lange oder hoch er klingt oder wie laut er uns erscheint. Diese sehr einfachen Unterscheidungen kann man als eine Verarbeitung basaler Reize bezeichnen. Müssen wir mehrere Töne voneinander unterscheiden, Klänge aus einem Rauschen im Hintergrund heraushören, unterscheiden wir zwischen Geräusch, Ton oder einer gesprochenen Silbe. Die dafür notwendige Wahrnehmung ist bereits eine sehr komplexe Funktion. Im Alltag ist uns diese Analyse der gehörten Signale meist nicht bewusst, es sei denn, wir hätten unsere Aufmerksamkeit gerade darauf gerichtet. Wollen wir aber wissen, an welcher Stelle ein Laut in einem Wort auftaucht, brauchen wir für diese Leistung eine gerichtete Aufmerksamkeit.

Diese Beispiele aus der auditiven Wahrnehmung sollen zeigen, welch unterschiedliche Anforderungen an unser Gehirn gestellt werden. Im Alltag sind wir uns natürlich nie aller wahrgenommenen Eindrücke bewusst. Das Nervensystem wäre damit überlastet. Viele Wahrnehmungen beeinflussen unsere Kognition und Emotion, ohne je bewusst zu werden. Denn Wahrnehmungen durchlaufen nicht immer alle Stufen der Verarbeitung. Die enorme Geschwindigkeit, mit der wir die Signale unserer Umwelt verarbeiten, erklärt sich daraus, dass viele Wahrnehmungen nebeneinander ablaufen, sich gelegentlich sogar überholen, bündeln, verstärken und abschwächen können, eine gigantische Datenautobahn also, die von den Sinnesorganen herkommt, sich unterschiedlich verteilt und sich zu einem Ganzen integrieren lässt.

Abbildung 8.2 soll die Informationsverarbeitung und die Beziehungen ihrer verschiedenen Komponenten verdeutlichen. In diesem Schema sind die Wahrnehmungsprozesse blau hinterlegt. Signale aus den Sinnesorganen werden parallel oder seriell verarbeitet und können Einfluss auf Kognition und Emotion haben. Gedächtnisleistungen und Aufmerksamkeit hemmen oder fördern diese Leistungen. Es soll deutlich werden: Der Weg von der Wahrnehmung zum Lernen erfolgt manchmal »von allein« und ohne unser bewusstes Zutun, und manchmal ist Wahrnehmen und Lernen ein bewusstes Tun. Immer jedoch ist Lernen Arbeit für unser Gehirn. Die Vorstellung, Lernen könne man im Schlaf, nur spielerisch, ohne Anstrengung, per Computer oder per Nürnberger Trichter, ist recht einseitig. Der Transfer von wahrgenommenen Signalen ins Bewusstsein, die Integration in den bestehenden Wissensschatz und der Wunsch, die verarbeiteten Erlebnisse und Eindrücke langfristig als Repräsentation der Welt verfügbar zu halten, gelingt nicht ohne aktive Prozesse im ZNS. Der Spaß am Lernen kann sich auch später noch einstellen. Stets ist Belohnung dafür die wichtigste Voraussetzung.

8.2 Lernen

> **Definition**
>
> Die Einordnung und Bewertung von Wahrgenommenem, auch das Abspeichern und Löschen, die beständige Erweiterung von Kenntnissen, Fähigkeiten und Fertigkeiten ist in der Gesamtheit das, was wir als *Lernen* bezeichnen. Durch Lernen erwerben wir dauerhaft Wissen.

Habituation, Sensitivierung und assoziatives Lernen

Grundlegende Forschungsergebnisse zum Lernen hat der Nobelpreisträger Kandel beigetragen. Er hat einzelnen Neuronen der Meeresschnecke Aplysia beim Lernen und Erinnern zugeschaut und fand chemische, strukturelle und elektrische Veränderungen bei zwei wichtigen Lern- und Adaptationsvorgängen: der Habituation und der Sensitivierung (Kandel, 2000). *Habituation* bedeutet Gewohnheit und besagt, dass sich Aplysias Neuronen an unbedeutende oder stets gleichartig wiederholende Ereignisse gewöhnen. *Sensitivierung* ist das Gegenteil: wenn die Reize rasch aufeinander folgen oder wenn sie sehr stark sind, kommt es zu einer Steigerung der Erregung. Bei der Habituation, so konnte Kandel zeigen, nimmt die Menge an Neurotransmittern, die ausgeschüttet wird, ab, bei der Sensitivierung nimmt sie zu. Bei der Habituation werden der Druck eines Rings oder eines Handschuhs am Finger, das Geräusch von Straßenlärm oder das Rauschen eines Beamers durch Gewöhnung als immer schwächer werdend empfunden und sind uns nicht mehr bewusst. Beim Lernen durch Sensitivierung hingegen führen starke oder sich rasch wiederholende Stimuli nicht nur zu einer Erregungssteigerung eines einzelnen Neurons, sondern auch dazu, dass andere beteiligte Neuronen empfindlicher für den ankommenden Reiz werden.

Während Kandel seine Grundlagenforschung mit einzelnen Neuronen durchführte, dachte der kanadische Psychologe Hebb über die Zusammenarbeit von Neuronen beim Lernen nach. Er vermutete, dass Lernen zu einer dauerhaften Bahnung und Verstärkung zwischen Neuronen führt. Er nahm an, dass sich Nervenzellen auf Grund ihrer Eigenaktivität gegenseitig aktivieren, wenn die Reize von außen stark genug sind oder sich wiederholen. Daraus entstehe, so meinte Hebb (1949, zit. n. Pulvermüller, 1996) ein funktionell zusammenarbeitender Zellverband (cell assembly). Das bedeutet, dass mehrere Zellverbände auf einen gleichen komplexen Reiz eine gemeinsame Antwort finden oder eine gemeinsame Erinnerung speichern *(Hebbsche Regel)*. Zusätzlich bahnt die simultane Aktivierung von Neuronen zukünftige Aktivierungen der gleichen Neuronen und schafft damit die Voraussetzung für die Veränderbarkeit und Anpassung (Plastizität) neuronaler Netzwerke.

Die gegenseitige Aktivierung mehrerer Zellverbände erklärt auch das *assoziative Lernen*. Wenn man in einer Kinoreklame eine bestimmte amerikanische Landschaft sieht und Countrymusik oder Hufgetrappel hört, ist der Weg zur Assoziation eines bestimmten Produkts nicht mehr weit. Das heißt, dass Objekte auch dann assoziativ als Ganzes wahrgenommen werden können, wenn ihnen real bestimmte Anteile fehlen. Wir können an ein Haus und seine typische Gestalt denken, wenn wir nur ein Dach sehen, oder uns an eine bestimmte Speise erinnern, wenn wir nur den Geruch in der Nase haben.

Auf das Lernen angewandt bedeutet das, dass es für jeden Reiz einer spezifischen Zusammenarbeit zwischen verschiedenen Zellverbänden bedarf. Einzelne auditive oder visuelle Reize können spezifisch mit motorischen Aktivitäten assoziiert sein. Ein Beispiel: Beim Hören von Verben, die eine visuelle Tätigkeit repräsentieren (»schauen, beobachten, erblicken ...«), feuern sowohl Zellverbände des auditiven Kortex, als auch Zellgruppen im visuellen Kortex des Hinterhauptlappens. Beim Hören von Verben der Bewegung feuern die Zellverbände des auditiven Kortex zusammen mit Zellgruppen im motorischen Kortex.

Wie viele Zellverbände aktiviert werden, hängt von der Komplexität der Anforderung, vom Grad der Wachheit und gerichteten Aufmerksamkeit sowie von der Intensität des Reizes ab. Hört man in einem Radiobeitrag, der sich mit Popmusik beschäftigt, das Wort »Sinfonieorchester«, so wird es als ein selten benutztes, langes und schwierig zu sprechendes Wort viele Zellverbände aktivieren, zumal der Kontext Popmusik keine Assoziation an das Wort Sinfonieorchester weckt und somit überraschend kommt. Würde der Radiosprecher dann auf die Zusammenhänge zwischen »Popmusik und Sinfonieorchester« eingehen, beide Worte auch oft wiederholen, so werden diese Begriffe verknüpft und assoziatives Lernen hat stattgefunden.

Hebbs Gesetz zum assoziativen Lernprinzip (Pulvermüller, 1996) besagt: Kortikale Neurone festigen ihre Verbindungen, wenn sie oft gleichzeitig aktiviert werden. Der Kortex ist ein weites assoziatives Gedächtnis, in dem sich synaptische Verbindungen zwischen Zellgruppen verstärken können. Häufige gleichzeitige Aktivierungen von Neuronengruppen führen zu synaptischen Verstärkungen zwischen diesen Neuronengruppen, die dadurch zu einer funktionellen Einheit verbunden werden. Bereits bei der Aktivierung weniger Neurone einer solchen Gruppe wird die gesamte Gruppe aktiv, entweder simultan oder nach zeitlich gut organisierten Aktivierungsmustern.

Durch Lernen erwerben wir dauerhaft Wissen. Dabei wird zwischen unterschiedlichen Gedächtnissystemen des Wissens unterschieden. Unser Langzeitgedächtnis stellt uns dafür eine unfassbar hohe Kapazität zur Verfügung. Wie wir im Kapitel 13 (Gedächtnis) noch näher sehen werden, stellt dagegen das Kurzzeitgedächtnis ein Nadelöhr mit begrenzter Kapazität dar. Daher versuchen wir, möglichst viele Aufgaben mit dem Langzeitgedächtnis zu lösen. Diese Arbeit bleibt meist im Verborgenen, da sie unbewusst abläuft. Aufgaben unbewusst und vorwiegend mit dem Langzeitgedächtnis zu lösen, erscheint uns leicht und gelingt uns »automatisch«. Man nennt diesen Weg auch *automatisiert*. Dieser scheinbar einfache Weg setzt aber ein Lernen voraus, das mit dauerhafter Speicherung in Neuronen des ZNS und in neuronalen Netzwerken verbunden ist. Wie sicher die Speicherung im Langzeitgedächtnis ist, hängt u. a. von der Kapazität des Kurzzeitgedächtnisses, von der Komplexität der Aufgabe, von der Zahl der Wiederholungen und von der Motivation des Lernenden ab. Einmal sicher im Langzeitgedächtnis verankert, kann das Wissen rasch, unbewusst und mit geringer Anstrengung, also automatisiert, abgerufen werden (Schneider & Shiffrin, 1977; Shiffrin & Schneider, 1977).

Eine neue Aufgabe zu lösen, bedeutet überwiegend willentliches, absichtliches und bewusstes Lernen. Dies erfordert in weit höherem Maße Aufmerksamkeit und Motivation als die automatisierte Verarbeitung. Sie erfolgt darüber hinaus vorwiegend mit dem Kurzzeitgedächtnis mit seiner begrenzten Kapazität. Ist eine Aufgabe schwierig oder hat ein Kind Lernschwächen, gerät es deshalb leicht in eine Überforderungssituation. Mehrere Teilaufgaben können nicht gleichzeitig, sondern nur nacheinander bewältigt werden und müssen einzeln und nacheinander abgespeichert werden. Das bewusste Lernen benötigt also mehr Zeit, häufigeres Wiederholen und eine Gliederung in Unterschritte. Bewusstes Lernen und der Abruf von bereits Gelerntem aus dem Langzeitgedächtnis begleiten uns durch unser ganzes Leben: beim Erlernen von Sprache, beim Erlernen des freien Gehens, beim Lesen lernen, beim Autofahren lernen, bis zum Erlernen eines Berufs oder Erlernen von Kompensationsstrategien im Alter.

8.2.1 Lernen und Reifung

Lernen kann langfristig zu Veränderungen der Struktur des Zentralnervensystems führen. Zwar können nach der Geburt keine neuen Nervenzellen mehr gebildet werden, aber im Zuge der Hirnreifung kommt es zu einem ständigen Abbau alter Synapsen und Aufbau neuer Synapsen. Die Zunahme von Zellen, die funktionell kooperieren, führt nicht nur zur Bildung neuer Synapsen, sondern auch zu morphologischen Veränderungen an den Dendriten und einer Veränderung der biochemischen Zusammensetzung der Synapsen. Diese an das Lernen gebundenen Veränderungen stehen in enger Verbindung mit den Prozessen der Hirnreifung. Dazu gehört die Beschleunigung und Ökonomisierung der Erregungsleitung durch die Reifung der Markscheiden (Schwerpunkt: 1. und 2. Lebensjahr), die Bildung von Synapsen und Dendriten, die Reifung der Botenstoffübertragung und die genetisch determinierte Zunahme des Hirnvolumens durch die Reifung der vorhandenen Zellen, vor allem der Markscheiden bildenden Zellen (Draganski & Thelen, 2018). Zu Beginn des Lebens werden Synapsen sogar im Überschuss gebildet, aber zwischen dem 2. und dem 11. Lebensjahr kommt es zu einer Abnahme der Synapsenzahl (▶ Abb. 8.3).

Das Verhältnis zwischen Lernen und Hirnreifung besteht darin, dass die Hirnreifung vornehmlich für das altersbedingte überschüssige Wachstum von Dendriten und Synapsen sorgt, das Lernen aber für die Auswahl und Stärkung der funktionell aktiven Dendriten und Synapsen. Nur solche Synapsen bestehen fort, die funktionell auch aktiviert werden. Nicht aktivierte Synapsen verbrauchen unnötig viel Energie. Sie werden zur Ökonomisierung des Stoffwechsels wieder eliminiert. Lebenslang gibt es nun einen ständigen Wechsel zwischen Neubildung und Elimination von Synapsen und Dendriten. Ein relativer Synapsenüberschuss zwischen dem 4. Lebensmonat und dem 10. Lebensjahr bedeutet auch eine größere Flexibilität in der Anpassung, also eine weitreichendere neuronale Plastizität und ein erleichtertes Lernen. In hoch spezialisierten Regionen des Gehirns wie z. B. dem visuellen Kortex bleibt die Zahl der Neuronen und der Dendriten aber zwischen dem Ende der Schwangerschaft und dem Alter von 70 Jahren stabil.

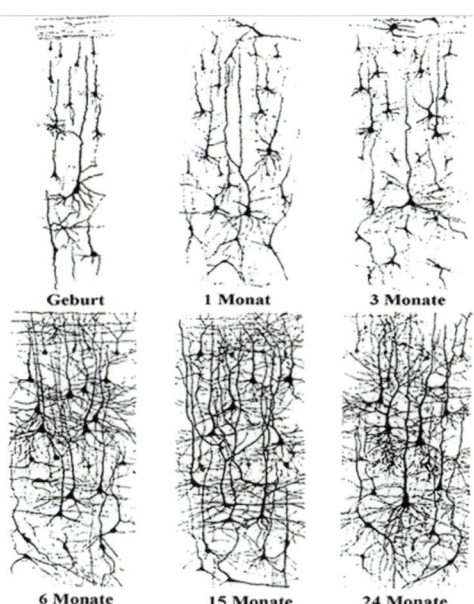

Abb. 8.3: Reifung von Neuronen (hier Pyramidenzellen) in der Hirnrinde und Aussprossung von Axonen, Dendriten und Synapsen im Laufe der ersten 24 Lebensmonate

Im Alter von 4–6 Monaten können Säuglinge die gesprochenen Laute ihrer Mutter von den Lauten anderer Sprachen unterscheiden. Mit zunehmendem Alter, schon ab 10–12 Monaten, geht diese Fähigkeit wieder verloren (Pauen, 2006). Wenn ein Kind später eine Fremdsprache erlernen soll, die für die eigene Sprachwahrnehmung sehr fremd klingende Lautfolgen enthält, wird das Erlernen dieser Fremdsprache schwierig. Daraus folgt auch, dass Lernen nicht, wie man oft lesen kann, immer nur an die Bildung möglichst vieler synaptischer Verbindungen im Gehirn gekoppelt ist. Vielmehr werden neben neuen synaptischen Verbindungen gezielt auch alte, »überflüssige« Verbindungen deaktiviert oder abgebaut. Die Aktivierung gelernten Wissens und das Abrufen vorhandener Verbindungen verbraucht dann weniger Energie als bei neuen Lerninhalten.

Ein ähnliches »Weniger-ist-mehr«, das Schumacher und Stern (2010) »neurale Effizienz« nennen, zeigt sich auch bei der Frage, ob mehr Gehirnaktivierung auch mehr kognitive Leistung bringt. Häufig hört man z. B. über die positive Wirkung von Motorik oder Musikunterricht auf den Spracherwerb oder gar das Lernen insgesamt. Dabei wird argumentiert, dass die gleichzeitige Aktivierung möglichst vieler Gehirnareale die Lernbedingungen verbessere und dass dies die Vorbedingung für effektives Lernen komplexer Aufgaben sei. Ohne die Wichtigkeit von Bewegungsaktivität oder Musikpädagogik unterschätzen zu wollen: Sprache wird durch Aufbau von neuronalen Netzen erworben, die man zum Sprechen braucht. Menschen mit Intelligenz und Vorwissen sind die effizienteren Lerner, weil ihr gut organisiertes Wissen den Stoffwechsel in geringerem Maße aktiviert und weniger Energie im

Gehirn verbraucht (Grabner, Neubauer & Stern, 2006). Dieser Faktor ist nicht unwichtig, benötigt doch ein aktives Gehirn etwa 20 % des gesamten Energiebedarfs eines Menschen.

Lernen, teils selbst generiert, teils aus dem Umfeld induziert, geht mit genetisch determinierter Reifung wie der Dendritenbildung, Synapsen- und Markscheidenreifung, Hand in Hand. Dies zeigt ein mikroskopisches Bild von Dendriten aus Pyramidenzellen der motorischen Rinde (▶ Abb. 8.4): Dargestellt ist ein normaler Dendritenabschnitt und Dendriten bei zwei genetischen Erkrankungen, die mit einer geistigen Behinderung einhergehen. Dendritendicke, Synapsenzahl und Synapsenform unterscheiden sich sehr deutlich von der Norm.

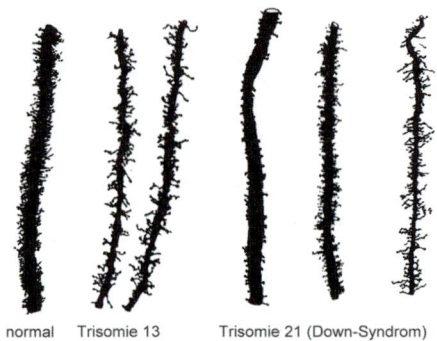

Abb. 8.4: Dendritenabschnitte mit Synapsen: bei einem gesunden Menschen und Menschen mit verschiedenen genetischen Erkrankungen

Analog gelten diese Reifungsbedingungen auch für die motorische Entwicklung (Hadders-Algra, 2000). Im Säuglingsalter herrscht die Aktivität von epigenetisch determinierten, grob spezifischen Bewegungsmustern vor. Der Säugling erkundet mit seinem neuralen System die motorischen Möglichkeiten mit Hilfe selbst-generierter Aktivität und erhält daraus selbst-generierte Information. Durch das Lernen werden die effektivsten motorischen Muster ausgewählt. Vorübergehend vermindert sich sogar die Variabilität motorischen Verhaltens. Ab der zweiten Hälfte des Säuglingsalters und besonders mit 2–3 Jahren erlernen Kinder ein breites Spektrum von Bewegungsmustern. Die motorischen Aufgaben führen zu einer Spezifizierung durch Beschränkung. Damit ist die Fähigkeit gemeint, jede Bewegung exakt und effizient an aufgabenspezifische Bedingungen zu adaptieren.

8.2.2 Die zeitliche Informationsverarbeitung und das Erleben von Zeit

Ein wichtiger Faktor für ein erfolgreiches Lernen ist die Geschwindigkeit der Verarbeitung. Kinder mit Lernschwierigkeiten lernen langsam. Ein Beispiel: Die akustischen Signale eines gehörten Wortes erreichen unsere Großhirnrinde innerhalb von Bruchteilen einer Sekunde. Innerhalb von Millisekunden wird erkannt, wann ein Wort beginnt, nach welcher Zeit es beendet ist, wo eine Silbenlücke entsteht und wie lang sie dauert und welche Zeitdauer ein Konsonant hat. Man muss Veränderungen der Lautstärke und der Frequenz innerhalb des Wortes erkennen und eine Bedeutung assoziieren. Diese Prozesse in einer enorm kurzen Zeit zu bewältigen gelingt nur, wenn alle verarbeitenden Funktionen parallel zueinander und gleichzeitig ablaufen und dann wieder integriert werden. Dabei leistet das zeitliche Unterscheidungsvermögen einen ganz wichtigen Beitrag.

In einem abgestuften System des Zeiterlebens unterscheidet Pöppel (1997):

1. das Erlebnis der Gleichzeitigkeit gegenüber der Ungleichzeitigkeit,
2. das Erlebnis der Aufeinanderfolge oder der zeitlichen Ordnung,
3. das Erlebnis der Gegenwart und
4. das Erleben von Dauer.

Gleichzeitigkeit und Ungleichzeitigkeit können wir erfahren, wenn wir zwei Töne zuerst gleichzeitig hören. Sie verschmelzen in der Gleichzeitigkeit zu einem Ton, sie fusionieren. Werden die beiden Töne danach nicht gleichzeitig präsentiert, so werden sie ab einem zeitlichen Abstand von 2–5 ms als getrennt wahrgenommen. Dieser zeitliche Unterschied, den man eine *Fusionsschwelle* nennt, ist die kürzeste Zeitspanne, die in uns ein Bewusstsein für die Grenze zwischen Gegenwart und Vergangenheit entstehen lässt.

Wenn wir zwei Lichtreize sehen oder zwei Töne hören, die in einem Zeitabstand von mehr als 150 ms dargeboten werden, können wir die beiden Reize als getrennt wahrnehmen. Werden die Lichtreize oder Töne zeitlich immer mehr einander angenähert, dann gibt es einen Zeitabstand, ab dem die zwei Reize zu verschmelzen scheinen. Dieser Zeitabstand wird *Ordnungsschwelle* genannt. Sie dauert bei Erwachsenen etwa 15 bis 60 ms. Die Zeit, die wir brauchen, um auf einen herabfallenden Gegenstand motorisch zu reagieren (Schreien, Zusammenzucken, Fangen o. ä.), ist die *Reaktionszeit*. Sie beträgt 100 bis 170 ms. Die Zeit, die wir brauchen, um zwischen einem roten und einem grünen Lichtreiz oder zwischen einem hohen und einem tiefen Ton zu unterscheiden, nennt man *Entscheidungszeit*. Sie dauert 300–370 ms.

Das Erlebnis von Gegenwart ist die zeitliche Grenze des Bewusstseins vom Jetzt. Wir erfahren darüber, wenn wir ein Kippbild anschauen, z. B. das mit den beiden Gesichtern und der Vase (▶ Abb. 8.5). Wenn Sie sich daran gewöhnt haben, das eine und das andere sehen zu können, so versuchen Sie einmal, nur die Vase zu sehen. Sie sehen: Es gelingt nicht. Unser Gehirn ist auf Veränderung angewiesen. Es kann nicht länger als drei bis fünf Sekunden das immer Gleiche verarbeiten. Wenn Sie noch länger und ganz entspannt auf das Kippbild schauen, werden Sie feststellen, dass das Bild in regelmäßigen Abständen in das andere Bild kippt, und zwar in einem Rhythmus von etwa drei bis vier Sekunden. Unser Gehirn sorgt also dafür, dass wir nach wenigen Sekunden eine neue Erfahrung machen. Nach durchschnittlich 3,5 Sekunden ist also die Gegenwart beendet; sie wird zur Vergangenheit und eröffnet die Zukunft mit einer neuen Erfahrung. Wir wissen nun: Die Gegenwart dauert etwa drei bis vier Sekunden.

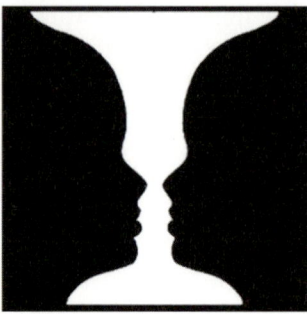

Abb. 8.5: Kippbild: Vase oder Gesichtsprofile?

8.2.3 Die Geschwindigkeit der Informationsverarbeitung

Im Folgenden geht es um die Geschwindigkeit der Informationsverarbeitung. Glaser und Glaser (1982, 1989) fanden, dass Versuchspersonen oft lesen, ohne die Bedeutung der Wörter zu erfassen. Offensichtlich gibt es am Beginn des Lesenlernens eine Phase, in der viele Kinder lesen ohne die Wortbedeutung zu erfassen. Sieht ein Kind hingegen das Bild einer Katze und soll das Bild benennen, so braucht es dafür ein bisschen mehr Zeit als beim Lesen.

Das zeigt, dass Lesen und Nachsprechen auch ohne die Erfassung von Bedeutung gut gelingen. Wir sehen das oft bei Kindern mit einer Sprachentwicklungsstörung, die ihre Aufmerksamkeit auf die korrekte Aussprache richten, ohne den Inhalt des Satzes wiedergeben zu können. Das ist auch der Fall bei Kindern mit einer Leseschwäche. Sie verwenden alle Mühe darauf, ein Wort Buchstabe für Buchstabe zu dechiffrieren und lautverbindend zu lesen. Wenn dieser Prozess aber noch nicht automatisiert ist, ist es schwierig, die Bedeutung gleichzeitig zu erfassen. Erst wenn das Lesen nach vielen Wiederholungen automatisiert ist, kann auch die Bedeutung miterfasst werden. Eine vorwurfsvolle Haltung dem Kind gegenüber, es müsse doch sinnerfassend lesen können, hilft am Anfang gar nicht. Bei einer ungestörten Sprachentwicklung und bei einem ungestörten Schreibleseerwerb können Sinn und Bedeutung des Gehörten und Gelesenen dank eines parallel arbeitenden Netzwerks miterfasst und gedacht werden. Je besser sich Sprach- und Schrifterwerb entwickeln, umso eher wird die gleichzeitige Erfassung der Bedeutung das Sprechen und das Lesen im Sinne eines Top-down-Prozesses erleichtern und beschleunigen. Zu Beginn des Sprach- und Schriftspracherwerbs ist aber auch das Erlernen von Worten, auch von sinnlosen Worten im Sinne eines Bottom-up-Prozesses möglich und bei schreib- und leseschwachen Kindern am Beginn des Schreibleseerwerbs sinnvoll (Jansen & Streit, 2006).

8.3 Kognition

Der Terminus Kognition entstammt dem lateinischen Wort *cognoscere*. Er kann *erkennen* bedeuten, aber auch *wahrnehmen, bemerken, auskundschaften, untersuchen* oder *studieren*. Der Mensch verfügt über verschiedene kognitive Fähigkeiten bzw. Funktionen, zum Beispiel Aufmerksamkeit, die Integration von Sinnesreizen, die wir wahrgenommen haben, und der Abgleich mit schon vorhandenem Wissen, induktives und deduktives Denken, Problemlösen, Urteilsbildung, Gedächtnis (Erinnern/Behalten), Lernen, Abstraktionsvermögen oder Rationalität. Kognition wird heute nicht nur auf die Erkenntnistätigkeiten beschränkt, wie es der Name ausdrückt, sondern beinhaltet die Gesamtheit aller Denk-, Lern-, Wahrnehmungs- und Gedächtnisfunktionen. Zimbardo und Gerrig (2008) sprechen von Strukturen und Prozessen des Erkennens und Wissens. Darunter fallen z. B. das Wahrnehmen, Schlussfolgern, Erinnern, Denken und Entscheiden. Der Begriff der Kognition ist an die Stelle der traditionellen Bezeichnung des »Geistigen« getreten.

8.4 Intelligenz

Kognition und Intelligenz werden oft synonym verwendet. In der Kognitiven Psychologie ist Intelligenz der Sammelbegriff für das effiziente Zusammenwirken der kognitiven Funktionen des Menschen, also die Fähigkeit, zu verstehen, zu abstrahieren, Probleme zu lösen und Wissen und Sprache zu verwenden. Intelligenz (lat.: intelligentia: »Einsicht, Erkenntnisvermögen«; intellegere: »verstehen«) ist ein Konstrukt, das im weitesten Sinne die geistige Fähigkeit bezeichnet, mit Hilfe der kognitiven Funktionen einschließlich der Gedächtnissysteme, Zusammenhänge zu erkennen und Problemlösungen zu finden. Worin liegt nun der Unterschied zwischen Kognition und Intelligenz? Kognition wird als Informationsverarbeitung und Anwendung von Wissen und kognitiven Funktionen beschrieben, während Intelligenz als zusammenfassender Oberbegriff verwendet und als Disposition, als überdauerndes Personenmerkmal konzipiert wird. Menschen unterscheiden sich in der Intelligenz als einem Personenmerkmal, was sich mit Hilfe von Intelligenztests erfassen lässt (Geiger, Achermann & Jenni, 2010).

Zu Beginn des 20. Jahrhunderts hat Spearman (1923) seine Intelligenztheorie der zwei Faktoren entwickelt, die großen Einfluss auf die weitere Intelligenzforschung hatte. Spearman ging davon aus, dass allen kognitiven Funktionen eine gemeinsame Basis, eine Art mentaler Energie zugrunde liegt, die er den *general factor (g)* nannte. Unter dem g-Faktor verstand er alle ableitenden und schlussfolgernden Leistungen, die u. a. mit den Fähigkeiten zur Problemlösung, der Arbeitsgeschwindigkeit und dem Aufgabenverständnis zusammenhängen. Darüber hinaus gibt es nach Spearman eine große Zahl spezifischer, individueller Leistungen wie z. B. das Wiedererkennen, visuomotorische und motorische Fähigkeiten. Spearmans Theorie hat in der Folgezeit einen großen Einfluss auf die Entwicklung des Intelligenzbegriffs und auf die Entwicklung von Intelligenztests gehabt, der sich heute beispielsweise am Raven-Test (CPM, SPM: s. u. in diesem Kapitel) erkennen lässt.

Auch Cattell (1971) entwickelte eine Intelligenztheorie mit zwei Faktoren, die aber anders konzipiert sind als die von Spearman. Seine zwei die Intelligenz bestimmenden Faktoren nennt er die fluide und die kristalline Intelligenz. Mit flüssiger (fluider) Intelligenz meint er alle genetisch bedingten und wenig beeinflussbaren Anteile der Intelligenz: Problemlöseverhalten, abstraktes Denken, Lernen, Anpassungsfähigkeit und Mustererkennung. Mit kristalliner Intelligenz bezeichnet er die erlernten und umweltabhängigen Anteile der Intelligenz: das angesammelte Wissen, das mit der Anwendung kognitiver Funktionen gewonnen wurde und nun der Person verfügbar ist. Zwischen beiden Intelligenzformen besteht eine enge Wechselwirkung.

In neueren Intelligenz-Konzepten wird Intelligenz als ein informationsverarbeitendes System begriffen. Sie kategorisieren kognitive Prozesse in eine strukturelle Komponente, die z. B. das sensorische Gedächtnis, den Arbeitsspeicher und das Langzeitgedächtnis umfassen, und eine funktionale Komponente, die die kognitiven Funktionen in verschiedenen Bereichen erfasst. Zu diesen Theorien gehört beispielsweise das System von Borkowski und Krause (1985) und das von Sternberg (1985). Beide messen metakognitiven Fähigkeiten eine besondere Bedeutung zu: das Denken über das Denken bzw. die Bewusstheit über eigene gedankliche Prozesse, die bei der Planung von Strategien, bei selbstkritischer Reflexion, bei der Anpassung und Modifikation von Strategien und bei der Evaluation der eigenen Leistung hilfreich sind.

Anderson (2001) macht auf die Altersabhängigkeit kognitiver Funktionen aufmerksam, während sich Intelligenz als stabil über die gesamte Entwicklung erweist, wenn sie nicht von Krankheit beeinträchtigt ist. Kognitive Funktionen hingegen unterliegen situativen Veränderungen. Menschen mit einer Erkrankung oder Verletzung des Gehirns können in gewissen kognitiven Funktionen eingeschränkt sein, ohne dass eine Intelligenzminderung erkennbar wäre. Beispielsweise können kognitive Funktionen durch Schmerzen beeinträchtigt sein oder kognitive Funktionen können sich im Schlaf stabilisieren, ohne dass sich die Intelligenz verändert. In einen erweiterten Intelligenzbegriff, der sehr kontrovers diskutiert wird, werden auch soziale und emotionale Fähigkeiten eingeschlossen (Nosek, Hawkins & Frazier, 2011). Zumindest spielen soziale Fähigkeiten, anders als häufig angenommen, keine wesentliche Rolle.

Die kognitiven Anteile von Intelligenz sind mit einem Intelligenztest messbar. Gemessen werden Merkmale, die dem jeweiligen kulturell geprägten Intelligenzbegriff zu Grunde liegen, z. B. Gedächtnisleistungen, Wortschatz, analoges Schließen, Beurteilung visuell-räumlicher Vorstellungskraft und Rechenleistungen. Mit der Durchführung eines Intelligenztests können die Leistungen einer Person in ein Profil der untersuchten Fähigkeiten und/oder in einem zusammengefassten Intelligenzquotienten (IQ) dargestellt werden. Der Intelligenzquotient ist standardisiert mit einem Mittelwert von 100 Punkten und einer Standardabweichung von 15 Punkten. Ein Intelligenztest ist normiert, d. h. das Ergebnis einer Person kann mit dem Ergebnis einer repräsentativen Normstichprobe meist der gleichen Altersgruppe verglichen werden. Von hoher Intelligenz spricht man, wenn der IQ größer als 130, von schwacher Intelligenz bzw. einer Lernbehinderung, wenn der Wert kleiner als 70 beträgt.

> **Einteilung des Intelligenzquotienten**
>
> - Hochbegabung   IQ >130
> - Überdurchschnittliche Intelligenz   IQ 116–130
> - Durchschnittliche Intelligenz   IQ 85–115
> - Lernbehinderung   IQ 70–84
> - Intelligenzminderung
>   - leichte   IQ 50–69
>   - mittelgradige   IQ 35–49
>   - schwere   IQ 20–34
>   - schwerste   IQ <20

In anderen Tests werden die Leistungen als Prozenträngen (PR) oder T-Werte angegeben. Sie erlauben eine Vergleichbarkeit: mit anderen Kindern der gleichen Altersgruppe oder mit den Leistungen des gleichen Kindes zu einem früheren Zeitpunkt. Testleistungen variieren je nach Geschlecht, Vorbildung, Fähigkeiten in einzelnen Leistungen, angeborener Begabung und manchmal auch den situativen Bedingungen während der Testdurchführung. Zu einer ausführlichen Darstellung des Aufbaus von standardisierten und normierten Tests sei auf weitergehende Literatur verwiesen, z. B. Kany & Schöler (2010).

8.5 Untersuchungsverfahren

Die im Folgenden vorgestellten Verfahren sollen einen Überblick über einige der in Deutschland aktuell gebräuchlichen Entwicklungs- und Intelligenztests geben. Ausführlich sind sie in anderen Publikationen dargestellt worden (z. B. Esser & Petermann, 2010). So sind hier keine Angaben zur Testgüte (Reliabilität, Validität) und zu Durchführungszeiten aufgeführt, sondern nur grundlegende Informationen über die den Verfahren zugrundeliegenden Konzepte.

Entwicklungs- und Intelligenztests dürfen nur von speziell dafür ausgebildeten und erfahrenen Personen durchgeführt werden. Für Durchführung, Auswertung und Interpretation dieser Tests ist ausreichendes Wissen über ihre Möglichkeiten und Grenzen notwendig. Dazu gehören Wissen über Testtheorie und -konstruktion, über Bedingungen der Variabilität von Leistungen und über Einflussfaktoren auf die Leistungsergebnisse. Wie für jede andere diagnostische Methode gilt auch beim Einsatz eines Entwicklungs- und Intelligenztests, dass die Fragestellung die Methode bestimmt (s. dazu ausführlich Kany & Schöler, 2009). Folgende Fragen sind zuvor zu klären: Kann die Durchführung des Tests bei der Beantwortung der diagnostischen Frage helfen, d. h. ist er u. a. geeignet, das zu messen, was ich wissen will? Könnten meine Fragen durch andere Methoden besser beantwortet werden, oder liefern die Testergebnisse wichtige, zusätzliche und notwendige Informationen? Kann ich diesen Test bei diesem Kind durchführen, und wann ist der richtige Zeitpunkt dafür gekommen? Kann ich einzelne Untertests durchführen, wenn der ganze Test für dieses Kind zu lang dauert oder es überfordern würde? Welche Bedingungen können die Testdurchführung beeinflussen?

8.5.1 Entwicklungstests

Entwicklungstests helfen, den Entwicklungsstand eines Kindes in einem bestimmten Alter zu erfassen. Sie erlauben eine differenzierte Diagnostik verschiedener Leistungsbereiche und erfassen Unterschiede in der Entwicklung zwischen den Kindern. Außerdem können wir durch wiederholte Anwendung eines Entwicklungstests eine Aussage über die Entwicklungsgeschwindigkeit eines Kindes treffen. In Entwicklungstests werden verschiedene Bereiche überprüft: Grobmotorik, Feinmotorik, Visuomotorik, Sprachentwicklung, soziale Entwicklung, emotionale Entwicklung. Am Ende eines Entwicklungstests stehen Aussagen über einzelne Entwicklungsbereiche, ein Entwicklungsprofil (Übersicht über die untersuchten Bereiche in Abhängigkeit vom Alter des Kindes) oder ein Entwicklungsquotient (EQ) als Maß für die Gesamtheit der geprüften Teilleistungen (Kany & Schöler, 2009).

Unter einem Entwicklungs-Screening versteht man ein meist flächendeckend einzusetzendes und zeitökonomisches Verfahren, mit dem ein Risiko für eine Störung in einzelnen Entwicklungsbereichen valide prognostiziert werden soll.

Basisdiagnostik umschriebener Entwicklungsstörungen im Vorschulalter (BUEVA III)

Ziel der Basisdiagnostik umschriebener Entwicklungsstörungen (BUEVA; Esser & Wyschkon, 2016) ist die Früherkennung von Störungen in Teilbereichen der Entwicklung bei Kindern von 4;0 bis 6;11 Jahren. Untertests: Nonverbale und verbale Intelligenz, Arbeitsgedächtnis, expressive und rezeptive Sprachnutzung, Zahlen- und Mengenbegriff, Aufmerksamkeit.

Diagnostische Einschätzskalen zur Beurteilung des Entwicklungsstandes und der Schulfähigkeit (DES)

Die Diagnostischen Einschätzskalen zur Beurteilung des Entwicklungsstandes und der Schulfähigkeit (DES; Barth, 2017) überprüfen bei Vorschulkindern im letzten Kindergartenjahr Funktionsbereiche und Vorläuferfähigkeiten für schulisches Lernen. Die DES sind als Screening für pädagogische Fachkräfte gedacht. In 28 Leistungsbereichen werden Aussagen über Wahrnehmungsleistungen, Motorik, Gedächtnis, kognitive, soziale und emotionale Leistungen angeboten, die die Fachkraft in einer eher qualitativen Einschätzung des Kindes als mehr oder minder zutreffend beantwortet. Kriteriale Normen oder Altersnormen liegen nicht vor.

Münchener Funktionelle Entwicklungsdiagnostik (MFED 1, MFED 2–3, MFED 4–6)

Die Münchener Funktionelle Entwicklungsdiagnostik (Hellbrügge, Lajosi, Menara, Schamberger & Rautenstrauch, 1978; Hellbrügge, 1994a, 1994b) soll Auskunft geben über die Funktionsbereiche Grobmotorik (in der MFED 1 bei Kleinkindern von 1 bis 12 Monate Entwicklung aus dem Krabbeln, dem Sitzen und zum Laufen), Handmotorik (»Greifalter«), Perzeption, Sprache und Sprachverständnis, Sozialentwicklung. Die MFED 1 und MFED 2–3 (Kinder zwischen 13 und 36 Monaten) beruhen auf den Ergebnissen der »Münchener Pädiatrischen Längsschnittstudie« von 1974 und sind seither nicht mehr normiert worden. Für Kinder zwischen 3 und 6 Jahren gibt es die MFED 3–6 (Ernst, 2015) mit den Bereichen Feinmotorik, visuelle Wahrnehmungsverarbeitung, Sprache und Allgemeines Wissen, Logisches Denken, Zahlenverständnis, Selbstständigkeit.

Entwicklungstest für Kinder von sechs Monaten bis sechs Jahren - Revision (ET 6-6-R)

Auf der Basis eines entwicklungsneurologischen Konzepts, dem sogenannten Grenzsteinprinzip, soll der ET 6-6-R (Petermann & Macha, 2015) Aussagen erlauben zur Entwicklung von Körpermotorik, Handmotorik, kognitiver Entwicklung (je nach Alter untergliedert in: Gedächtnis, Handlungsstrategien, Kategorisieren, Körperbewusstsein), Sprachentwicklung (rezeptiv, expressiv), Sozialentwicklung und emotionaler Entwicklung, zusätzlich im Vorschulalter zur Visuomotorik (»Nachzeichnen«). Für den sozialen und emotionalen Entwicklungsbereich werden Einschätzungsskalen wie beim DES verwendet, bei denen die Eltern Aussagen über Leistungen in einzelnen Bereichen mehr oder weniger zustimmen sollen, je nachdem wie die Aussage auf ihr Kind zutrifft. Jeder Entwicklungsbereich kann einzeln bewertet werden. Am Ende entsteht ein Profil der verschiedenen Entwicklungsbereiche, das in einer Übersicht einen individuellen Vergleich mit einer Altersnorm erlaubt.

Bayley Scales of Infant and Toddler Development III (Bayley III)

Die deutschsprachige Bayley Scale II (Reuner, Rosenkranz, Pietz & Horn, 2007) ist die Übersetzung der entsprechenden amerikanischen Version der Bayley Scale II. Normen mit deutschen Kindern liegen nicht vor, aber eine Normierung mit holländischen Kindern. Die Weiterentwicklung des Tests, die Bayley Scales III, ist noch ohne deutsche Übersetzung und Normierung. In den Bayley Skalen wird die Altersangemessenheit von motorischen und kognitiven Leistungen für die Altersgruppe für das Alter zwischen ein und 42 Monaten bestimmt: in der »Motorischen Skala« die Bereiche Haltungskontrolle, fein- und grobmotorische Koordination (Krabbeln, Kriechen, Sitzen, Stehen, Gehen und Rennen), feinmotorische Manipulation beim Greifen, Gebrauch von Stiften, Imitieren von Handbewegungen. In der »Kognitiven Skala« werden die folgenden Bereiche erhoben: basale Gedächtnisleistungen, Habituation, Problemlösefähigkeiten, Zahlkonzepte, Klassifikation und Kategorisierungsfähigkeit, Vokalisation und sprachliche Kompetenzen, basale sozialkommunikative Fähigkeiten.

8.5.2 Intelligenztests

Intelligenztests dienen der Überprüfung der kognitiven Leistungsfähigkeit eines Kindes. Je nach zugrundeliegendem Intelligenzbegriff werden ausgewählte Leistungsbereiche (z. B. sprachgebundene Intelligenz, nichtsprachliche Intelligenz) und einzelne Leistungsbereiche (z. B. schlussfolgerndes Denken, Gedächtnisleistungen) erfasst (Hagmann von Arx, Meyer & Grob, 2008).

Kaufman Assessment Battery for Children (K-ABC II)

Die Kaufman Assessment Battery for Children (K-ABC II; Melchers & Melchers, 2015) ist ein Individualtest zur Messung von Intelligenz und spezifischen Fertigkeiten bei Kindern im Alter von 2;6 bis 12 Jahren. Angelehnt an das Intelligenzmodell von Cattell (Unterscheidung von fluider und kristalliner Intelligenz) wird zwischen eher angeborenen intellektuellen Fähigkeiten zur Problemlösung (sensu fluide Anteile) und eher erworbenen Fähigkeiten wie Wissen und Fertigkeiten (sensu kristalline Intelligenz) unterschieden. Bei den erstgenannten Fähigkeiten wird zwischen simultaner und sukzessiver Informationsverarbeitung differenziert. Mit der »Skala einzelheitlichen Denkens« (Untertests: Handbewegungen, Zahlennachsprechen und Wortreihe) wird die sukzessive, mit der »Skala ganzheitlichen Denkens« (Untertests: Zauberfenster, Wiedererkennen von Gesichtern, Gestaltschließen, Dreiecke, bildhaftes Ergänzen, räumliches Gedächtnis und Fotoserie) die simultane Informationsverarbeitung erfasst als eine Fähigkeit zur gestalthaften und räumlichen Integration. In der »Fertigkeitenskala« (Untertests: Wortschatz, Gesichter und Orte, Rechnen, Rätsel, Lesen/Buchstabieren und Lesen/Verstehen) wird Wissen erfragt. Zusätzlich wird noch eine »Nonverbale Skala« aus einigen Untertests zusammengestellt, bei denen die Instruktionen im Wesentlichen mimisch-gestisch und die Antworten motorisch erfolgen, um eine Schätzung der Intelligenz bei gehörlosen oder schwerhörigen, sprachgestörten oder mehrsprachig aufwachsenden Kindern vornehmen zu können. Der Test ist standardisiert und normiert.

Hannover-Wechsler-Intelligenztest für das Vorschulalter III (WPPSI-III)

Der Hannover-Wechsler-Intelligenztest für das Vorschulalter III (früher: HAWIVA-III; Ricken, Fritz, Schuck & Preuß, 2014) ist eine Übertragung der Wechsler Preschool and Primary Scale of Intelligence III (WPPSI-III) ins Deutsche. Er erfasst allgemeine und spezifische intellektuelle Fähigkeiten von Kindern von 3;0 bis 7;2 Jahren in einem sprachgebundenen Verbalteil und in einem sprachfreien Handlungsteil. Eine Altersnormierung für deutsche Kinder wurde 2009 durchgeführt. In Abhängigkeit vom jeweiligen Untersuchungsziel können unterschiedliche Maße berechnet werden: Neben dem Gesamt-IQ ein Verbal- und ein Handlungs-IQ (fluide Intelligenz) sowie ein Quotient für die Verarbeitungsgeschwindigkeit und die Allgemeine Sprachfähigkeit. Für die beiden Altersgruppen 3;0–3;11 und 4;0–7;2 steht jeweils eine altersgerechte Version zur Verfügung. Die Testbatterie enthält 14 Untertests, die in Kerntests, optionale Tests und zusätzliche Tests aufgeteilt sind: Mosaik-Test, Allgemeines Wissen, Matrizen-Test, Wortschatz-Test, Bildkonzepte, Symbol-Suche, Begriffe erkennen, Symbole kodieren, Allgemeines Verständnis, Bilder ergänzen, Gemeinsamkeiten finden, Passiver Wortschatz, Figuren legen, Aktiver Wortschatz.

Hamburg-Wechsler-Intelligenztest für Kinder IV (WISC-IV)

Der Hamburg-Wechsler-Intelligenztest für Kinder IV (WISC-IV; Petermann & Petermann, 2011) erfasst die kognitiven Leistungen von Kindern und Jugendlichen von 6;0 bis 16;11 Jahren in 15 Untertests. Neben einem Gesamt-IQ können weitere Maße bestimmt werden: Sprachverständnis, Wahrnehmungsgebundenes logisches Denken, Arbeitsgedächtnis und Verarbeitungsgeschwindigkeit. Der Test ist standardisiert und an einer deutschen Normstichprobe normiert.

Intelligence and Development Scales – 2 (IDS-2)

Die IDS-2 (Grob & Hagmann-von Arx, 2018) erfassen sowohl Intelligenzwerte wie auch die Kompetenzen in fünf entwicklungsrelevanten Funktionsbereichen bei Kindern und Jugendlichen. Funktionsbereiche: Intelligenz, Exekutive Funktionen, Psychomotorik, Sozial-Emotionale Kompetenz, Schulische Kompetenzen und Arbeitshaltung. Zusätzlich gibt es Untertests Feinmotorik und Visuomotorik mit Normen für Geschwindigkeit und Qualität und Fotos und Bilder zur Einschätzung der Sozial-Emotionalen Kompetenz mit Kindern unterschiedlicher ethnischer Herkunft. Altersspanne: 5;0 bis 20;11 Jahre. Der Test ist standardisiert und an einer Normstichprobe aus Deutschland, Schweiz und Österreich normiert.

8.5.3 Sprachfreie Intelligenztests

Sprachfreie Intelligenztests können auch bei Kindern mit Sprachentwicklungsstörung, bei Hörbehinderung und bei Kindern, die wenig Deutsch sprechen, angewandt werden. Diese Verfahren überprüfen die Fähigkeit eines Kindes, Regeln zu erkennen, Merkmale zu identifizieren und rasch wahrzunehmen. Sie sollen auch Aufschluss darüber geben, bis zu welchem Komplexitätsgrad ein Kind bereits in der Lage ist, möglichst unabhängig von der jeweiligen Sprache und möglichst fair gegenüber der jeweiligen Kultur nonverbale Problemstellungen zu erfassen. Solche Tests gelten daher auch als kulturfair, wie beispielsweise die Progressiven Matrizentests von Raven (CPM, SPM) oder der Culture Fair Tests von Cattell (CFT 1-R, CFT 2, CFT 20). Bei dieser Diagnostik wird insbesondere die allgemeine Intelligenz im Sinne von Spearman bzw. die fluide Intelligenz im Sinne von Cattell erfasst. Alternativ oder ergänzend bietet sich auch die Möglichkeit, die sprachfreie Skala der anderen Intelligenztests (K-ABC, WWPSI, WISC) zu nutzen.

Snijders-Oomen Non-verbaler Intelligenztest (SON-R 2½-7) (2½-7 Jahre)

Der Snijders-Oomen Non-verbaler Intelligenztest (SON-R 2½-7) (Tellegen, Laros & Petermann, 2007) misst nicht-sprachgebundene Intelligenz mittels Handlungen, Analogien, schlussfolgerndem Denken und räumlichem Denken in sechs Untertests: Mosaike, Kategorien, Puzzles, Analogien, Situationen und Zeichenmuster.

Coloured Progressive Matrices (CPM) und Standard Progressive Matrices (SPM)

Die farbigen progressiven Matrizen nach Raven (CPM) (Raven, Bulheller & Häcker, 2001; Bulheller & Häcker, 2002) sowie die Standard Progressive Matrices (SPM) (Horn, 2009) erfassen die allgemeine Intelligenz nach Spearman (g-Faktor) bei Kindern zwischen 3;9 und 11;8 Jahren (CPM) bzw. bei Kindern ab 8 Jahren und Erwachsenen bis 65 Jahre (SPM) durch Aufgaben der visuellen Mustererkennung, der Musterzuordnung, der Regelanwendung, der Analogiebildung und des schlussfolgernden Denkens. Bei insgesamt 36 Aufgaben (CPM), die jeweils aus einem Muster oder meist aus 3 × 3 Matrizen bestehen, soll das Kind aus sechs Alternativen ein fehlendes Feld ergänzen. Die Beschränkung auf eine einzige Aufgabenform erleichtert die Durchführung und macht sie auch bei behinderten Kindern möglich.

Grundintelligenztest Skala 1 (CFT1)

Mit dem Culture Fair Test 1 (CFT-1-R; deutsch: Grundintelligenztest Skala 1; Weiß & Osterland, 2012) wird die fluide Intelligenz im Sinne von Cattell mit fünf Untertests (Substitutionen, Labyrinthe, Klassifikationen, Ähnlichkeiten und Matrizen) bei Kindern zwischen 5;3 und 9;5 Jahren geprüft. Der Test gilt als kulturfair. Er erfasst die Fähigkeiten, anhand visueller Muster Beziehungen und Analogien herzustellen, Regelhaftigkeiten zu erkennen, Symbole zuzuordnen und Strategien der Problemlösung zu entwickeln. Wegen der leicht verständlichen und sprachfreien Aufgaben kann der Test auch bei Kindern mit Migrationshintergrund und Kindern mit sprachlichen Problemen durchgeführt werden. Mit dem CFT 20-R (Weiß, 2019) liegt auch eine Variante des Intelligenzmodells vor, mit denen Kinder ab 8;5 Jahren und Menschen mit geistiger Behinderung untersucht werden können.

8.6 Zusammenfassung

Wahrnehmung ist die Aufnahme, die Weiterleitung und die Verarbeitung von Informationen, die wir mit unseren Sinnesorganen erfasst haben. Im Sinne einer zunehmend bewussten Analyse erfolgt die Wahrnehmung als kognitive Verarbeitung in hierarchisch aufsteigender (*bottom-up*) Weise, aber auch in hierarchisch absteigender Weise, wenn die Wahrnehmung durch Vigilanz, Aufmerksamkeit, Gedächtnis und Emotionen (*top down*) beeinflusst wird.

Lernen ist das Abspeichern und Löschen von Wahrnehmungsinhalten, auch die Einordnung und Bewertung von Wahrgenommenem, sowie die beständige Erweiterung von Kenntnissen, Fähigkeiten und Fertigkeiten.

Nach dem Konzept von Hebb entsteht Lernen durch das Zusammenwirken unterschiedlicher Neuronenverbände, die durch das zeitlich und räumlich kontingente Einwirken von Reizen zeitgleich aktiviert werden und deren Verbindungen sich durch wiederholte Aktivierung verstärken. Die verfestigten neuronalen Verbindungen können später wieder in Gänze abgerufen werden, auch wenn zunächst nur Teile der Verbindungen aktiviert werden. Das ist die neuronale Grundlage des assoziativen Lernens.

Wichtige Kenngrößen der zeitlichen Informationsverarbeitung sind die Fusionsschwelle, die Ordnungsschwelle und die Reaktionszeit. Die Zeit, in der wir ein Objekt als ein Beispiel für die Empfindung von Gegenwart unverändert wahrnehmen, scheint bei drei Sekunden zu liegen.

Intelligenz ist der Sammelbegriff für das Zusammenwirken aller kognitiven Funktionen: die Fähigkeit, zu verstehen, zu abstrahieren, Probleme zu lösen und Wissen und Sprache zu verwenden. Intelligenz wird auch als eine Disposition, als ein überdauerndes Personenmerkmal verstanden.

Kognition wird als Informationsverarbeitung und Anwendung von Wissen und kognitiven Funktionen beschrieben: Wahrnehmung, schlussfolgerndes Denken, Gedächtnis, Entscheidung, Erkenntnis, Bewertung.

Mit Entwicklungstests kann der Entwicklungsstand eines Kindes in verschiedenen Entwicklungsbereichen erfasst, ein Profil erstellt und ein Entwicklungsquotient (EQ) berechnet werden. In Abhängigkeit vom zugrundeliegenden Intelligenzkonzept werden mit Intelligenztests unterschiedliche kognitive Leistungen erfasst und meist in Form eines IQ-Wertes zusammengefasst, mit dem die Altersangemessenheit der Leistungen festgestellt werden kann.

Weiterführende Literatur

Gazzaniga, M. S., Ivry, R. B. & Mangun, G. R. (2018). *Cognitive neuroscience. The biology of mind* (5. Aufl.). Berlin: Springer.
Jansen, F. & Streit, U. (2006). *Positiv lernen.* Heidelberg: Springer.
Lefrançois, G. R. (2014). *Psychologie des Lernens* (4., überarb. u. erw. Aufl.). Heidelberg: Springer.
Pauen, S. (2006). *Was Babys denken. Eine Geschichte des ersten Lebensjahres.* München: Beck.
Zimbardo, P. G. & Gerrig, R. J. (2018). *Psychologie* (21., aktual. Aufl.). München: Pearson.

9 Sehen und visuelle Wahrnehmung

9.1 Einführung

Das gleiche Straßenschild oder Warnsignal in unterschiedlichen Situationen: wann richtet sich unsere Aufmerksamkeit darauf? Ist es der starke Farbkontrast, der Helligkeitsunterschied zur Umgebung, die Leuchtstärke des Signals, die unerwartete Anbringung? Diese Markierungen sollen Unfällen vorbeugen. Wie kann unser Gehirn diesen Gegenstand stets als denselben erkennen, obwohl er sich doch in immer anderer Umgebung, Entfernung und Kontraststärke befindet? Auf den »ersten Blick« könnte man denken, dass unser Auge wie eine Kamera funktioniert und auf seiner Netzhaut (Retina) ein zweidimensionales Abbild unserer dreidimensionalen Umgebung erstellt. Sobald wir uns aber bewegen, verändern sich Größe, Form und Helligkeit dieses Netzhautbildes. Nähern wir uns dem Objekt, wird sein retinales Abbild größer. Dennoch haben wir den Eindruck, dass die Größe des Objekts konstant bleibt. Unser visuelles System arbeitet also nicht wie eine Kamera, sondern es formt die Netzhautbilder in stabile, dreidimensionale mentale Bilder um.

Beim Betrachten der Metamorphosen von M. C. Escher (www.wikiart.org/de/m-c-escher) wird deutlich, wie ein ständiger Wahrnehmungswechsel stattfinden kann, z. B. zwischen Vögeln und Fischen. Es gelingt nicht, beide Formen gleichzeitig zu sehen. Je nach dem Fokus der Aufmerksamkeit sind Vordergrund und Hintergrund mit großer Geschwindigkeit jeweils neu zu definieren.

Die berühmten Bilder des Renaissance-Malers Giuseppe Arcimboldo (http://de.wikipedia.org/wiki/Giuseppe_Arcimboldo) muten bei näherer Betrachtung surrealistisch an: Der »Herbst« ist aus Erntefrüchten und Fassdauben zusammengesetzt. In der Entfernung verschwimmen die Einzelheiten zu dem freundlichen, skurrilen Mann, der allegorisch eine Jahreszeit versinnbildlicht. Die Wahrnehmungsleistung bei einer Bildbetrachtung kann also analytisch oder synthetisch sein.

Im Extremfall fügt das visuelle System sogar ergänzende Linien ein, wo gar keine sind. Das Gehirn ergänzt aus erlernter und vertrauter Formgebung die fehlenden Konturen (▶ Abb. 9.1).

Die Wahrnehmung hat die Aufgabe, sich ständig verändernde innere und äußere Reize, die wir mit den Sinnesorganen aufnehmen, zu selektieren, zu organisieren und zu ordnen (Gerrig & Zimbardo, 2018). Folgende Aufgaben soll die visuelle Wahrnehmung bewältigen: die Entwicklung einer kognitiven Landkarte zur räumlichen Orientierung, die Steuerung der Fortbewegung, die Entwicklung zielgerichteter visuomotorischer und körpermotorischer Leistungen (z. B. greifen, zeigen, schreiben, springen), das Erkennen von Gegenständen, Orten, Ereignissen zur Bedeutung für das

9.1 Einführung

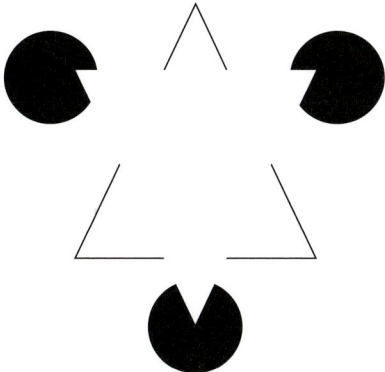

Abb. 9.1: Täuschungsgrafik mit unvollständigen Dreiecken

Handeln und zur Erkennung von Mimik und Körperhaltung und zur Bewältigung der sozialen Kommunikation.

Eine der wichtigsten visuellen Wahrnehmungsleistungen ist das Erkennen von Bewegung. Evolutionär sind das Erkennen von Gegenständen aus einem verdeckenden Hintergrund und die Wahrnehmung von Bewegung von höchster Bedeutung für das Überleben. Zwar gibt es Tiere, deren Fähigkeiten zur Erkennung von Farben und räumlicher Tiefe schlecht ausgebildet sind, doch fehlt ihnen nie die Fähigkeit, Bewegung wahrzunehmen.

Die visuelle Aufmerksamkeit entwickelt sich sehr früh: Neugeborene ziehen schon ein mittelstarkes Licht einem schwachen oder sehr starken Licht vor. Im Alter von 4 Monaten erzeugen stark kontrastierende Objekte eine stärkere Aufmerksamkeit als schwach kontrastierende. Spätestens in diesem Alter können Säuglinge auch verschiedene Gesichter unterscheiden. Mit 6–7 Monaten gibt die Dauer der visuellen Aufmerksamkeit schon einen recht zuverlässigen Indikator für die weitere kognitive Entwicklung. Schon kleine Säuglinge fixieren einen Gegenstand, folgen ihm mit Folgebewegungen der Augen und des Kopfes, selbst wenn sie sich drehen oder abgewendet werden. Mit 8 Monaten folgen sie einem herunterfallenden Gegenstand und sie reagieren auf Objekte in der Distanz. Mit der Entdeckung der Objektpermanenz, ein Begriff, den Piaget geprägt hat, erreicht der Säugling mit 8–12 Monaten einen Entwicklungsstand, den man mit dem Wahrnehmungsbegriff nur sehr unvollkommen beschreibt (Piaget, 1974). Ab 8 Monaten sucht das Kind die Mutter oder den Vater, die ihren Kopf hinter der Stuhllehne verstecken, oder das Spielzeug, das jemand unter einem Tuch verschwinden lässt. Der Säugling zeigt damit, dass er die Person oder den Gegenstand vermisst. Kopf oder Spielzeug bleiben noch eine Weile präsent. Auf das Erinnern folgt später das Suchen. Diese geistige Repräsentation stellt eine kognitive Leistung dar, die viel mehr ist als nur eine Wahrnehmung. Erst mit 18–24 Monaten wird ein Kind in der Lage sein, Gegenstände zu finden, die mehrfach das Versteck gewechselt haben. Schon früh im Leben (1.–2. Lebensjahr) entwickelt das Kind verschiedene visuell gesteuerte Verhaltensweisen:

1. Überwiegend visuelles Verhalten: Objekt fixieren, einem Objekt mit den Augen folgen, Fixation halten, obwohl das Kind bewegt wird, von einem Objekt zum anderen blicken, entfernte Objekte oder herabfallende Gegenstände fixieren und verfolgen.
2. Visuell-kognitives Verhalten: Reagiert auf das Verschwinden eines Gegenstands oder Gesichts, bemerkt sehr kleine Objekte, vergleicht zwei Objekte oder Bilder, stellt zwei Objekte in Bezug zueinander, identifiziert Bilder, identifiziert Bezugsperson, wenn sie weiter entfernt oder in einer Gruppe mit anderen Personen steht.
3. Visuell-motorisches Verhalten: greift nach Objekt oder nach Gesicht, dreht Kopf zum Objekt oder zur Person, bewegt sich oder Objekt in eine bestimmte Richtung, zieht Objekt zu sich hin oder hinter sich her, kombiniert zwei Objekte.

9.2 Funktionen der visuellen Wahrnehmung

Die visuelle Wahrnehmung von Objekten dient der Identifizierung eines Objektes und der Kategorisierung in eine Objektkategorie. Zur Bewertung des gesehenen Objekts gehört der Vergleich mit der inneren Repräsentation des Objekts, durch Abgleich mit den im Gedächtnis gespeicherten Inhalten. Somit ist die visuelle Repräsentation keine reine Wahrnehmungsfunktion, sondern eine kognitive Leistung.

Die neuronalen Repräsentationen entwickeln sich in der unteren Hirnwindung des Schläfenlappens. Die Neurone sind zu Modulen zusammengefasst, die jeweils spezielle Funktionen erfüllen. In einer eigenen, dahinter liegenden Region ist die Identifizierung von Gesichtern als spezielle Form der visuellen »Objekterkennung« lokalisiert.

Die wichtigsten Funktionen der visuellen Wahrnehmung sind:

- Erkennen und Unterscheiden von Größe, Beschaffenheit und Form
- Erkennen von Gesichtern
- Erkennen von Bewegung
- Erkennen von Formen und Wörtern vor anders strukturiertem Hintergrund (Figur-Grund-Unterscheidung)
- Wahrnehmung einer Form unabhängig von seiner Orientierung und Entfernung (Formkonstanz-Wahrnehmung)
- Wahrnehmung der Beziehung von Körperteilen oder von Gegenständen zueinander (Wahrnehmung räumlicher Beziehungen)
- Visuelle Mengenerfassung
- Farberkennung und -zuordnung
- Erkennen von Helligkeit, Hell-Dunkel-Adaptation.

Zur *Wahrnehmung räumlicher Beziehungen* (Weber et al., 2017) gehören die Wahrnehmung der Position und der Bewegung in einem Raum in Zusammenarbeit mit dem Gleichgewichtsorgan und der auditiven Wahrnehmung. Zur visuellen Raumorientierung gehören:

- *Räumlich perzeptiv:* Visuelle Gerade oder Vertikale, Entfernung und Positionen.
- *Räumlich kognitiv:* Mentale Raumoperationen (Rotation, Perspektivenwechsel, Spiegelung).
- *Räumlich konstruktiv:* Veränderung und Kontrolle von Elementen zu geometrischen Formen oder von Einzelteilen in Geräte sowie Zeichnen in zwei dimensionaler Ebene.
- *Räumlich topographisch:* Orientierung und Fortbewegung im Raum.

9.3　Das Sehen

Das für den Menschen erkennbare Lichtspektrum umfasst einen Wellenlängenbereich von ca. 380 bis 750 nm. Der wahrnehmbare Kontrastumfang des Auges zwischen tiefster Nachtschwärze und gleißendem Sonnenlicht beträgt ca. 1:100 000 und wird durch das Zusammenspiel mit der Iris erreicht, die als verstellbare Blende dient. Das zeitliche Auflösungsvermögen liegt bei etwa 22 Bildern in der Sekunde. Alle höheren Frequenzen werden als Bewegung empfunden. Welchen Weg nimmt nun das Licht, um im Gehirn die Gestalt unserer Umgebung abzubilden? Zunächst wird das Licht in der Linse gebündelt und auf die Netzhaut (Retina), die den inneren Augapfel auskleidet, projiziert. Die Linse wird durch ein Fasersystem aufgespannt und kann durch Veränderung ihrer Form eine Veränderung der Brechkraft bewirken. Auf diese Weise werden unterschiedlich entfernte Objekte auf der Netzhaut scharf abgebildet (Akkomodation).

Die Weite der Pupille wird durch glatte Muskeln reflektorisch eingestellt und entscheidet über die Menge des Lichteinfalls. In der Netzhaut werden in den Sinneszellen nur Helligkeitsunterschiede, Farben und zeitliche Unterschiede erfasst. Dort sind zwei verschiedene Arten von Sinneszellen der Aderhaut angelagert: Zapfenzellen für das Farbsehen und Stäbchenzellen für das Hell-Dunkel-Sehen. Beide sind lichtempfindliche Photorezeptoren, die ihre Signale an ein zweites und ein drittes Neuron weitergeben. Diese Nervenfasern bündeln sich im Sehnerv und verlassen den Augapfel am blinden Fleck (▶ Abb. 9.2). Beide Sehnerven kreuzen sich und tauschen jeweils die Hälfte ihrer Fasern aus, und zwar so, dass alle Fasern, die Licht aus dem linken Blickfeld sammeln, in der rechten Sehrinde ankommen, während Lichtsignale aus dem rechten Blickfeld in der linken Sehrinde repräsentiert werden. Es gibt eine weitere Umschaltstation im seitlichen (lateralen) Kniehöcker, von der aus das vierte Neuron in der Sehrinde des Scheitelbeinhirns endet (▶ Abb. 9.3).

In der Sehbahn gibt es mindestens drei verschiedene Zellsysteme, die parallel zueinander, getrennt und gleichzeitig arbeiten und unterschiedliche Funktionen haben: Farberkennung, Verarbeitung von Formen (Umrisse und Orientierung von Bildern), Bewegungen und räumliche Beziehungen. Die visuelle Verarbeitung

9 Sehen und visuelle Wahrnehmung

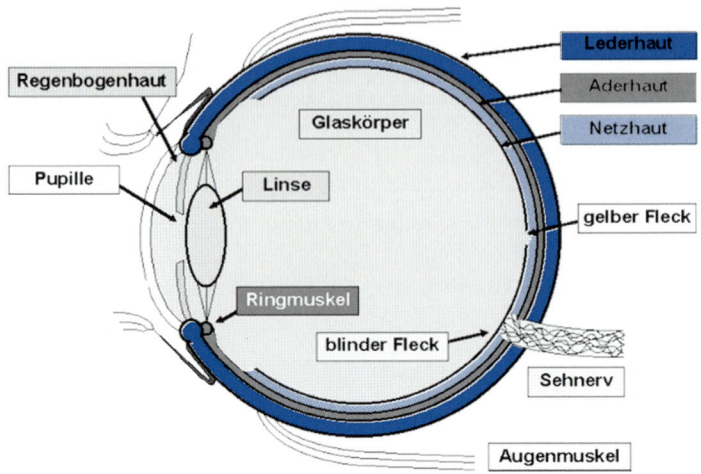

Abb. 9.2: Der Aufbau des Augapfels

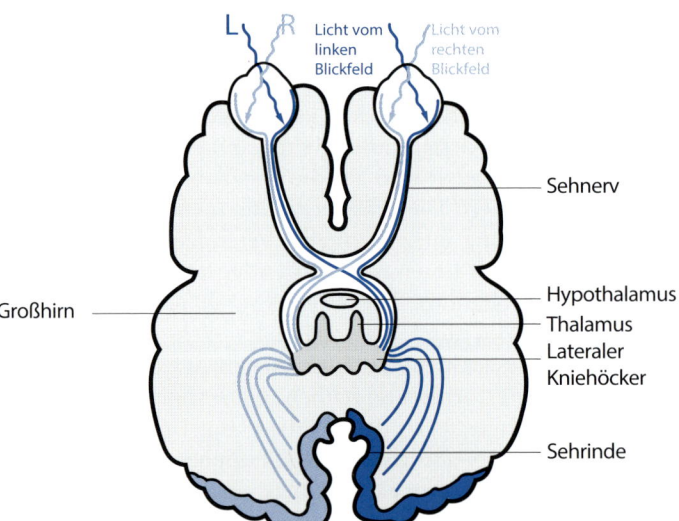

Abb. 9.3: Aufblick auf das Gehirn mit den Blickfeldern, Augen, Sehnerven, Sehbahnen, visuellem Kortex

beginnt nicht erst in der Großhirnrinde, sondern bereits in der Sehbahn. In der Sehrinde (visueller Kortex) werden die Seheindrücke beider Augen analysiert und zu einem gemeinsamen Bild verschmolzen. Das Bild der Netzhaut wird wie eine exakte Landkarte in der Hirnrinde zusammengesetzt. Dabei arbeiten die kortikalen Hirnzellen hoch spezialisiert. Die Neuronen der Sehrinden liegen zu Säulen gestapelt aufeinander.

Jede Säule hat eine eigene Aufgabe, z. B. nur auf Konturen mit verschiedenen Neigungswinkeln zu reagieren (▶ Abb. 9.4). In der primären Sehrinde wird der Seheindruck auf seine Primärmerkmale hin untersucht: Strich- oder Kreisbogen-Neigung, Länge, Dicke, Lichtintensität, Dauer der Stimulusdarbietung, Lokalisation im Blickfeld. Im sekundären und tertiären Sehfeld des visuellen Kortex werden komplexere Merkmale analysiert: Farberkennung, Figur-Hintergrund-Unterscheidung, Abgleich mit den Sehgedächtnis, Verbindung zu motorischen Zentren und zum Gleichgewicht, Merkmalsunterscheidung höherer Ordnung (Klassifikation), Verbindung zum limbischen Kortex (Emotion, Aufmerksamkeits-Modulation). Ausfälle von Teilen der Sehbahn oder der Sehrinde bedeuten Ausfälle im Gesichtsfeld. Viele Krankheiten können das Gesichtsfeld einschränken: Netzhautablösung, Hirntumor, Hirnblutung, Schädelhirntrauma. Bei frühkindlichen Hirnschädigungen wie z. B. der spastischen Zerebralparese kommt es sehr häufig zu Schädigungen der Sehbahn und damit zu Seh- und Wahrnehmungsstörungen.

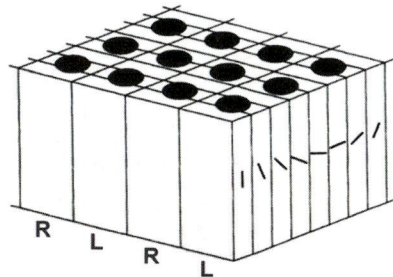

Abb. 9.4: Schematische Darstellung der kortikalen Säulen, jeweils mit Repräsentationen für das linke und rechte Blickfeld

Die komplexen visuellen Wahrnehmungsprozesse erfolgen auf zwei verschiedenen Wegen mit unterschiedlichen Funktionen: ein »oberer« und ein »unterer« Verarbeitungspfad (dorsal and ventral stream) (Dutton, 2009). Über den oberen Pfad zwischen dem Hinterhaupts- und dem Scheitellappen laufen die Erfassung einer gesamten Szene und die Erfassung der Einzelelemente. Dieser Prozess ist automatisiert und unbewusst. Er ist immer aktuell und basiert nicht auf Gedächtnisleistungen. Der untere Pfad stellt die Zusammenarbeit zwischen dem Hinterhauptslappen (visueller Kortex) und dem Schläfenlappen dar. Hier werden die Bildarchive abgelegt und abgerufen, z. B. die Erkennung und Wiedererkennung von Gesichtern, Objekten, Formen und Wegen. Störungen des oberen Verarbeitungsweges sollen häufiger sein und besonders bei Kindern mit spastischen Bewegungsstörungen und bei ehemaligen Frühgeborenen mit Beeinträchtigungen der weißen Hirnsubstanz vorkommen (auch ▶ Kap. 10.3.3).

Beidäugiges Sehen und Schielen

Wenn ein kleines Kind mehrere Monate lang schielt, wird die Sehrindenfunktion geschädigt. Man unterscheidet zwischen einem Einwärts- und einem Auswärtsschielen (▶ Abb. 9.5). Es liegt meist eine Störung der Augenmuskelkoordination zugrunde. Das Ausmaß des Schielens bezeichnet man als Schielwinkel. Ab einer gewissen Stärke des Schielens kann die Hirnrinde die zwei sehr ungleichen Netzhautabbilder nicht mehr zu einem Bild verschmelzen. Es kann dann zu störenden Doppelbildern kommen. Um sich davor zu schützen, schaltet das Gehirn den störenden Eindruck des schielenden Auges ab. Bleibt dieser Zustand während einiger Monate bestehen, tritt ein bleibender Verlust von Sehfähigkeit (Schwachsichtigkeit, Amblyopie) und eine bleibende Störung des räumlichen Sehens ein.

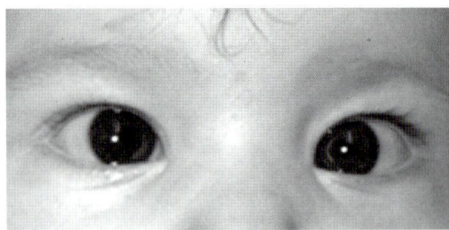

Abb. 9.5: Einwärtsschielen mit dem rechten Auge: Der Lichtreflex liegt beim schielenden Auge nicht im Zentrum der Pupille

Ein korrektes *beidäugiges Sehen* (binokulares Sehen) ist Voraussetzung für das Entfernungssehen, die Tiefenwahrnehmung (Stereopsis), die Verschmelzung (Fusion) und die Innenbewegungen der Augen im Nahbereich (Konvergenz).

Beim beidäugigen Sehen machen beide Augäpfel, gesteuert durch mehrere Hirnzentren, parallele Bewegungen, um einen Gegenstand zu verfolgen (Blickfolgebewegungen). Die feinsten, ruckartigen Blickfolgebewegungen (Sakkaden) sind die Bewegungen, die beim Lesen erforderlich sind, um die Buchstabenfolge exakt zu fixieren. Innenbewegungen der Augäpfel sind notwendig, wenn wir uns einem Objekt nähern. Bei entfernten Gegenständen errechnet das Gehirn die Entfernung aus dem Maß der Konvergenz.

Neben den Zentren der Sehrinde im Scheitellappen gibt es noch ein Zentrum, das auf das Erkennen gelesener Wortbilder spezialisiert ist. Dieses Zentrum für visuelle Wortformerkennung (Visual Word Form Area) befindet sich hingegen an der hinteren Unterseite des Großhirns, am Übergang zwischen Schläfenlappen und Hinterhauptslappen. Es entspricht nicht dem Schreiblesezentrum, dessen Lage man in Abbildung 10.4 (Brodman-Areal 39) erkennen kann. In diesem Zentrum werden Buchstabenketten unabhängig von ihrer Lokalisation, der Schriftfarbe, der Schriftart oder der Schriftgröße erkannt, und zwar nur richtig geschriebene Wörter (Cohen, 2002; Glezer, Jiang & Riesenhuber, 2009).

Farbsehen

Spätestens mit vier Monaten verfügen kleine Kinder über eine differenzierte Farbwahrnehmung. Fällt farbiges Licht auf die Zapfen der Netzhaut, werden unterschiedliche Eiweißanteile erregt, die auf bestimmte Wellenlängen ansprechen. Es gibt Rezeptoren für den Gelbrot-, den Grün- und den Blauviolettbereich. Bei der Rotblindheit (ca. 1 % der Männer) wird Rot nicht erkannt. Dadurch treten Verwechselungen von Rot mit Gelb, Braun mit Grün, Violett mit Blau und Dunkelrot mit Schwarz auf. Bei der Grünblindheit wird Grün nicht wahrgenommen (bei ca. 1 % der Männer). Eine Grünschwäche kommt bei 5 % aller Männer und 0,4 % der Frauen vor. Farbblindheit ist fast immer angeboren. Das Farbsehen wird mit den farbigen Zahlentafeln des Ishihara-Tests (Ishihara, 1998) überprüft (Version für Kinder im Internet: www.sehtestbilder.de/farbsehtest-fuer-kinder).

Sehfehler

Fehlsichtigkeit ist durch eine fehlerhafte Augapfelform, durch fehlerhafte Brechkraft der Linse (Akkomodation) oder durch Fehler in der Hornhaut (Kornea) bedingt.

1. Bei zu langem Augapfel oder bei zu starker Brechkraft der Linse entsteht eine Kurzsichtigkeit (Myopie). Dadurch wird das Sehen in der Ferne erschwert.
2. Bei zu kurzem Augapfel oder bei zu geringer Krümmung der Linse entsteht eine Weitsichtigkeit (Hyperopie). Das Sehen in der Nähe ist erschwert. Bei Säuglingen und Kleinkindern bis zum 3. Lebensjahr ist eine gewisse Weitsichtigkeit normal. Sie können die Unschärfe in der Nähe durch Akkomodation kompensieren.
3. Eine unregelmäßig gekrümmte Hornhaut führt zur Stabsichtigkeit (Astigmatismus). Dadurch wird ein Punkt auf der Netzhaut nicht mehr als Punkt, sondern als Strich abgebildet.

Brechungsfehler, die zu Fehlsichtigkeit führen, müssen vom Augenarzt und Augenoptiker untersucht und ab einem gewissen Schweregrad mit einer Brille ausgeglichen werden. Die Brechkraft einer Linse wird in Dioptrien (abgekürzt dptr) angegeben. Bei Weitsichtigkeit wird die Stärke der Brillenlinse mit positiven Dioptrien (+), bei Kurzsichtigkeit mit negativen Dioptrien (–) angegeben.

9.4 Störung der visuellen Wahrnehmung

Der Begriff der visuellen Verarbeitungs- und Wahrnehmungsstörung (VVWS) bedeutet eine Störung der neuronalen Prozesse, beginnend beim Sehnerv bis hin zu den subkortikalen und kortikalen Netzwerken. Visuelle Wahrnehmungsstörungen treten meist als »Umschriebene Entwicklungsstörung« (früher: Teilleistungsstörung) auf. Das bedeutet, dass ein Kind visuelle Wahrnehmungsleistungen nicht rechtzeitig erlernt, dabei aber keine Störung der Intelligenz und keine Sehbehinderung hat.

Seltener treten Störungen visueller Wahrnehmungsfunktionen bei neurologischen Erkrankungen auf, z. B. bei frühkindlichen Hirnschädigungen, insbesondere bei extrem frühgeborenen Kindern, bei Zerebralparese, nach Schädelhirntraumen, bei Hirntumoren, nach epilepsiechirurgischen Eingriffen und bei verschiedenen angeborenen Hirnerkrankungen. Bei Kindern mit geistiger Behinderung sind visuelle Wahrnehmungsleistungen regelmäßig betroffen. Dacheneder (2009) kritisiert diese Definition zurecht als eine »doppelte Diskrepanzdefinition«, denn zum einen werden die Ergebnisse eines Wahrnehmungstests einer Altersnorm zugeordnet und zum anderen werden sie in Relation zu einem Intelligenztest gesetzt.

Bei Lese-Rechtschreibstörungen (LRS) kann es Defizite in verschiedenen Funktionen der visuellen Wahrnehmung geben: Raumwahrnehmung/Raumlagewahrnehmung (die Verwechslungsmöglichkeiten zwischen q und p, zwischen b und d), visuelle Vorstellung, Formkonstanz (unterschiedlich Schreibweise oder groß/klein-Unterschiede verschiedener Buchstaben), visuelle Sequenzen und visuelles Gedächtnis (▶ Abb. 9.6). Darüber hinaus gibt es Untersuchungen, die bei einigen LRS-Kindern eine verzögerte Verarbeitungsgeschwindigkeit für optisch präsentierte Reize, eine Störung der Augensteuerung und eine Störung der visuell-räumlichen Analyse geschriebener Buchstaben und Wörter zeigen. Dies deutet auf die Störung eines speziellen großzelligen (magnozellulären) Systems der Sehbahn hin, das u. a. für das Fixieren von Buchstaben bei den Blicksprüngen und die Beurteilung der zeitlichen Reihenfolge kurz dargebotener Reize verantwortlich ist (Breitmeyer, 1989).

Bei Kindern mit einer Rechenschwäche (Dyskalkulie) finden sich überzufällig häufig Störungen der visuell-räumlichen Wahrnehmung mit auffälligen Befunden im Stirnhirn und Scheitelbeinhirn. Diese Befunde stehen im Einklang zu den Ergebnissen der Pädagogischen Psychologie, die bei Rechenschwäche davon ausgeht, dass eine Störung der Visualisierungs- und Raumanalysefähigkeiten die Entwicklung des mathematischen Denkens beeinträchtigt.

9.5 Diagnostik

Bei Kindern mit einer visuellen Wahrnehmungsstörung kann man in einer oder mehreren der folgenden Funktionen Auffälligkeiten beobachten:

- Gegenstände in ihrer Form oder Größe zu erkennen,
- räumlich-konstruktive Beziehungen zu erfassen,
- Gesichter zu analysieren und deren Mimik erkennen,
- Figuren und Formen vor anders strukturiertem oder bewegten Hintergrund zu erfassen,
- Entfernung und Geschwindigkeit zu erfassen,

- Farben zu erkennen und zuzuordnen,
- Helligkeits- und Kontrastunterschiede zu erkennen,
- Mengen visuell zu erfassen.

Im Alltag kann es schwierig sein, die Interpretation der Beobachtungen abzugrenzen, z. B. von feinmotorischen Störungen, von Speicher- oder Lernschwächen, von Verhaltensstörungen oder gar von geistiger Behinderung. Oder ein anderes Beispiel: Wenn ein Kind Farben nicht benennen kann, muss gut unterschieden werden, ob die visuelle Wahrnehmungsfähigkeit betroffen ist oder ob eine sprachliche Schwierigkeit besteht. Besonders wichtig ist der Ausschluss einer Sehstörung. Daher gehört zu jeder Diagnostik unbedingt eine augenärztliche Untersuchung!

Beobachtungen als Hinweis für eine Störung der visuellen Wahrnehmung
(Groschwald & Rosenkötter, 2017)

Das Kind

- fühlt sich durch plötzlich einfallendes, helles Licht gestört
- hält sich die Augen zu oder kneift die Augen zusammen, wenn das Licht plötzlich heller wird (z. B. beim Verlassen eines Zimmers und Herausgehen in den Sonnenschein, beim Einschalten einer sehr hellen Lampe)
- findet einen gesuchten Gegenstand schlecht aus einer Menge ähnlicher Objekte heraus (z. B. besonders geformte oder gefärbte Bausteine innerhalb einer Menge anderer Bausteine)
- kann nicht gut nach Größen sortieren
- kann nicht gut nach Farben sortieren
- hat Schwierigkeiten im Erkennen ähnlicher oder gleicher Formen
- kann schlecht Entfernung abschätzen
- im Nahbereich
- im Fernbereich
- stößt sich an Tischkanten, Türen
- stößt öfter etwas um
- hat Schwierigkeiten in der räumlichen Vorstellung
- hat Schwierigkeiten, Gegenstände oder Personen im Blickfeld oder im Raum zu finden
- schaut Gegenständen, die sich bewegen oder drehen, unablässig und gebannt zu
- verfolgt sich bewegende Gegenstände (z. B. Kugel auf Kugelbahn) nicht sicher mit den Augen
- irrt mit den Augen beim Suchen im Raum umher
- beobachtet sich bewegende Gegenstände aus den Augenwinkeln.

Bei der Diagnostik visueller Wahrnehmungsstörungen stellt sich das Problem, dass Leistungen der visuellen Verarbeitung Teil fast aller Intelligenztests sind. Auch an dieser Stelle wird deutlich, dass die Abgrenzung von Wahrnehmungs- und Intelligenzstörungen deshalb so schwierig ist, weil Wahrnehmung immer auch ein Teil von Kognition ist. In diesen Intelligenztests ist die Diagnostik der visuellen Verarbeitung ein Teil des Gesamtprofils: HAWIWA, HAWIK, K-ABC, ET 6-6. Auf die Einzelitems ist im Kapitel 7 (Wahrnehmung und Lernen) eingegangen worden. Besonders deutlich wird die Nähe von visueller Wahrnehmung und Verarbeitung mit visueller Intelligenz bei den nonverbalen Intelligenztests (SON-R, CPM, CFT 1: ▶ Kap. 7).

Wenn man eine Überprüfung visueller Wahrnehmungsleistung motorikfrei und motorikabhängig anstrebt, bieten sich im deutschsprachigen Raum vor allem der *Developmental Test of Visual Perception* (DTVP-2; Hammill et al., 1993) und seine deutsche Adaptation, *Frostigs Entwicklungstest der visuellen Wahrnehmung* (FEW 2; Büttner et al., 2008) und die *Prüfung optischer Differenzierungsleistungen* (POD; Sauter, 2001) an (über Visuo- und Grafomotorik ▶ Kap. 5).

Prüfungen der visuellen Wahrnehmung sind mit diesen Methoden etwa ab dem Alter von vier Jahren möglich. Am weitesten verbreitet sind der DTVP-2, der POD-4 und der FEW-2. In der »Prüfung optischer Differenzierungsleistungen bei Vierjährigen« (Sauter, 2001) hat das Kind die Aufgabe, aus einer Reihe von sechs Bildern eines zu finden, das dem vorgegebenen Bild entspricht. Daraus sollen sich Hinweise für drei Funktionen der visuellen Wahrnehmung ergeben: Raum-Lage-Vertauschung, Schwierigkeiten im Erkennen von Reihenfolgen und Schwierigkeiten in der Erkennung von Details. Im Frostigs Entwicklungstest der visuellen Wahrnehmung (Büttner et al., 2008) gibt es Aufgaben mit und ohne feinmotorische Anteile. Mit Motorik-unabhängigen Untertests werden die Lage im Raum, die Figur-Grund-Unterscheidung, das Gestaltschließen und die Erkennung der Formkonstanz untersucht.

Der Einsatz von Puzzles, um diagnostische Aussagen zur visuellen Wahrnehmung zu erhalten, kann nicht als eine angemessene diagnostische Methode bewertet werden. Valide diagnostische Befunde sind damit nicht erreichbar. In vielen Einrichtungen und Familien gehören Puzzles zur Grundausstattung. Erfolge beim Zuordnen von Puzzleteilen werden aber in ihrer Relevanz für Wahrnehmungsleistungen überschätzt. Tatsächlich können auch kognitiv retardierte Kinder solche Aufgaben manchmal erstaunlich gut lösen. Man kann dabei sehen, dass sie Versuch-und-Irrtum-Strategien nutzen, ohne die visuell anspruchsvolle Variante, in der eine innere Repräsentation der äußeren Form und das Erschließen der Farb- und Formmuster zur Lösung erforderlich sind.

9.6 Förderung und Therapie

Die Behandlung von Kindern mit einer visuellen Wahrnehmungsstörung kann eine pädagogische oder eine ergotherapeutische Aufgabe sein. Kleinschrittige Übungen beinhalten zunächst die Unterscheidung von Größen, den Vergleich von Formen und die Zuordnung von Farben. Es sollen überwiegend Methoden zur Anwendung kommen, die Alltagsfunktionen verbessern helfen, aber auch die Arbeit mit einem speziellen Material, z. B. dem Pertra-Satz oder dem Frostig-Programm, das auf den Erkenntnissen der österreichischen Beschäftigungstherapeutin und Pädagogin Marianne Frostig beruht. Therapiemethoden zur Verbesserung der visuellen Wahrnehmung werden nicht isoliert eingesetzt. Vielmehr umfassen die Therapieprogramme auch andere Wahrnehmungs- und Exekutivfunktionen, höhere kognitive Funktionen und emotionale und soziale Aspekte. Ausgehend von einem guten Motivationsniveau werden die Kinder in kleinen Lernschritten zu einer Integration basaler Funktionen in alltagsrelevante Handlungen gebracht. Oft werden visuo- und grafomotorische Übungen angewendet, da sich die Teilfunktionen häufig verstärken und überschneiden. Effekte der Frostig-Therapie auf die visuelle Wahrnehmung sind daher nur schwer nachweisbar (zu Einzelheiten der Diagnostik und der Therapie ▶ Kap. 6).

Praktische pädagogische Unterstützung für Kinder mit visuellen Wahrnehmungsstörungen lassen sich aus den Erfahrungen der Vorschulpädagogik, der Blinden- und Sehbehindertenpädagogik und aus der Hirnforschung ableiten. Diese Erkenntnisse kommen aber nicht nur Kindern mit Wahrnehmungsstörungen zugute, sondern womöglich allen anderen Kindern auch. In Kitas ist beispielsweise eine gezielte Strukturierung des Mobiliars und der Wege in klare Formen, abgrenzbare Farben und erkennbare Größen hilfreich. Das bedeutet auch eine Einschränkung der sichtbaren Spielangebote auf eine dem Alter des Kindes angemessene Menge. Spiele, Instrumente und Werkzeuge mit ähnlichem Gebrauchswert könnten in farblich gleichen Boxen sortiert werden. Wege, Hindernisse, Stufen, Kanten und andere Hindernisse können farblich und kontrastreich markiert werden. Aufgehängte oder dekorierende Elemente sollten spärlich (dafür häufiger wechselnd) sein und mit guten Rahmen die visuelle Aufmerksamkeit auf sich ziehen. Besteck und Teller sollten sich farblich von der Unterlage auf dem Tisch abheben. Die Beleuchtung der Spiel- und Kreativräume sollte Konturen und Formen besonders gut erkennbar machen. Schlechte Lichtgebung wirft Schatten und vermindert die Wahrnehmung von Konturen und Strukturen der Oberfläche.

Viele Kinder mit Schwierigkeiten in der Figur-Hintergrundwahrnehmung finden Spielsachen, die auf einem visuell unruhigen Grund liegen, nicht wieder. Wenn ein Kind eine Kiste mit Bauklötzen oder ähnlichen Formen ausgeleert hat, wirkt die große Menge von gleichen Formen wie ein unruhiger Untergrund. Diese Kinder brauchen einen einfarbigen Untergrund und eine Reduktion der Objektmenge, eine Trennung der Teile und vielleicht auch eine führende Außenhilfe. Sie brauchen kleine Untereinheiten, z. B. Boxen oder Schachteln mit kleinen Mengen ähnlicher Objekte, und Hilfe bei der Zuordnung von Formen, Größen und Farben. Oft sieht man sie mit für ihr Alter ungewöhnlich großen Objekten spielen oder sie profitieren davon, dass ihnen große Objekte zur Verfügung gestellt werden. Kinder mit Problemen in der visuellen Wahrnehmung brauchen zur Kompensation gelegentlich eine wortarme taktile Führung, Farbkodierungen für Handlungsabläufe, ritualisierte Handlungsstrategien, visuelle Einfachheit und viele ordnende und leicht zuordnungsfähige Muster, Formen und Schemata.

9.7 Visuelle Wahrnehmung und Schwierigkeiten beim Lesen und Schreiben

Manche Kinder mit Lese-Rechtschreibschwierigkeiten (Legasthenie) klagen nach längerem Lesen über Kopfschmerzen, Druckgefühl hinter den Augen, Lichtempfindlichkeit, wackelnde oder flimmernde Buchstaben oder Doppelsehen. Das könnte an einer Überlastung oder Ermüdung liegen, kann aber auch Zeichen einer verstärkten Augenbelastung (Asthenopie) sein. Sie haben Schwierigkeiten, sich vom Nahsehen (Heft) auf Fernsehen (Tafel) einzustellen, sie verändern oft den Abstand zwischen Heft und Augen oder sie machen gehäuft Fehler beim Zeilenwechsel. Leider werden diese Beschwerden meist als Mangel an Aufmerksamkeit missdeutet. Die Kinder selbst können dem wenig entgegensetzen: Sie halten diesen Zustand für normal, da sie keinen anderen kennen. Erst wenn man ihnen eine wirksame optische Hilfe gibt, können sie uns darüber berichten, welche Sinneseindrücke sie vorher hatten (Rosenkötter, 1997).

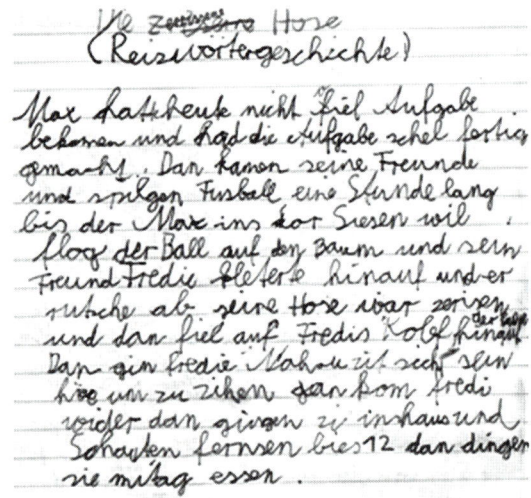

Abb. 9.6: Schreibprobe eines Kindes mit Legasthenie

Möglicherweise gibt es bei diesen Kindern Funktionsstörungen der Sehbahn und der Umschaltstation in den Kniehöckern. Wahrscheinlich wird auch die Funktion derjenigen Hirnrindenareale (hintere Scheitelrinde, frontales Augenfeld, vorderes Vierhügelpaar) (▶ Abb. 9.7), die die Bewegungen unserer Augäpfel steuern, beeinträchtigt. Eine gleichmäßige und mit beiden Augen parallel laufende Koordination unserer Augenbewegungen ist eine wichtige Voraussetzung für das Lesenlernen. Die ruckartig ablaufenden, springenden Augenbewegungen nennt man Sakkaden. Sie lassen unsere Augen beim Lesenlernen von Buchstabe zu Buchstabe und von Zeile zu

Zeile springen, später, wenn wir flüssig lesen können, von Silbe zu Silbe, dann von Wort zu Wort. Viele Kinder mit Legasthenie haben zu kurz hüpfende oder überschießende Sakkaden (Willows, Kruk & Corcos, 1993). Einige Kinder mit Legasthenie haben eine winzige Verschiebung der Farbwahrnehmung (Irlen, 1991). Wenn Farbfolien auf den zu lesenden Text gelegt werden, erscheinen diesen Kindern die Buchstaben manchmal klarer und kontrastreicher, und sie lesen schneller und fehlerärmer. Jeder, der bei einem Optiker verschiedenfarbige Sonnenbrillengläser ausprobiert, wird feststellen, dass es Glasfarben gibt, die die Umgebung kontrastreicher oder kontrastschwächer erscheinen lassen.

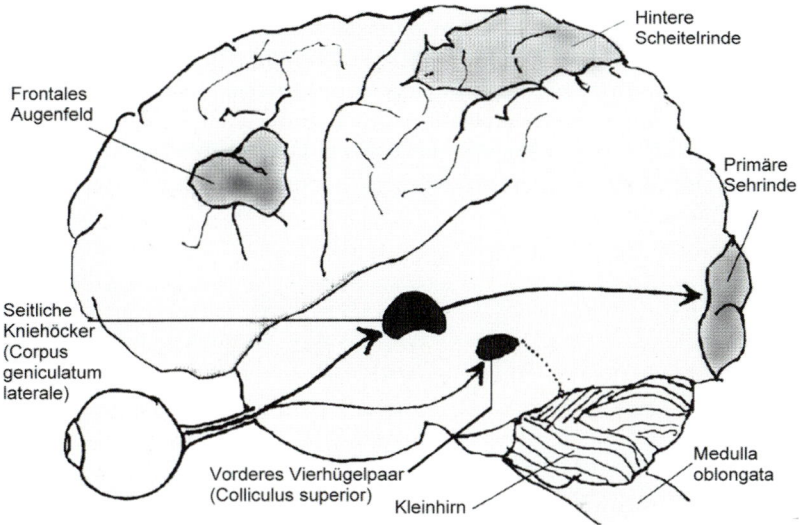

Abb. 9.7: Sehnerv, seitliche Kniehöcker, Sehbahn und Hirnregionen, die an der Blicksteuerung beteiligt sind: Frontales Augenfeld, hintere Scheitelrinde, vorderes Vierhügelpaar, Kleinhirn. Außerdem zur Steuerung der Blickbewegungen: Hirnnerven III, IV, VI mit ihren Kerngebieten in der Medulla oblongata

Kinder mit Legasthenie unterscheiden sich von Kontrollkindern nicht in der Fähigkeit, Muster und Objekte zu erkennen und sie einander zuzuordnen. Sie schneiden also in Testverfahren, die die visuelle Intelligenz messen, nicht schlechter ab als andere Kinder. Charakteristisch für diese Kinder ist jedoch die Diskrepanz zwischen dem Ergebnis dieser Tests und den deutlich schlechteren Fähigkeiten, Buchstaben zu erkennen und zu speichern (auch ▶ Kap. 10.4 u. 10.5).

Neuropsychologische Befunde: Visuelle Wahrnehmung bei Legasthenie (Rosenkötter, 2009)

- Verarbeitungsdefizit in der rechten Sehrinde mit Verringerung der hemisphärischen Asymmetrie

- fehlende Aktivierung des linken Schreiblesezentrums beim Wortlesen
- Verlangsamung der einfachen visuellen Informationsaufnahme
- vermehrt Störungen der Augapfelbewegung und der Akkomodation
- Störung der Blicksprünge (Sakkaden) beim Lesen, Störung der Farbwahrnehmung
- Störung der visuellen Speicherung von Buchstaben und Wörtern

Deshalb soll jedes rechtschreibschwache Kind ausführlich von einem erfahrenen Augenarzt untersucht werden. Viele Kinder profitieren schon allein von einer Vergrößerung der Buchstabengröße (Text einscannen oder mit größerem Schriftgrad schreiben, Text vergrößernd kopieren, vergrößernder Lesestab, Hellfeldlupe). Probeweise lohnt es sich auch, Farbfolien einzusetzen, um den Kontrast der Schrift zu verstärken. Blicksprünge können mit Hilfe von Leseschablonen verringert werden. Solche Leseschablonen helfen auch, die Aufmerksamkeit auf ein kleines Blickfeld zu fokussieren. Übungsmethoden, die die Genauigkeit der Blicksprünge verbessern (Sakkadentraining, Blicksteuerungstraining) (Fischer, 2003), sind bzgl. ihrer Effektivität nicht gesichert.

9.8 Rechenschwäche (Dyskalkulie)

In diesem Kapitel werden Zusammenhänge zwischen der visuellen Wahrnehmung und der Rechenschwäche erläutert. Ähnlich der Definition einer Lese-Rechtschreibschwäche spricht man in der Internationalen Klassifikation von Krankheiten ICD-10 (F81.2) dann von einer Rechenschwäche, wenn die Rechenleistungen eines Kindes in einer deutlichen Diskrepanz zu seiner Intelligenz stehen und die schlechten Leistungen nicht durch eine neurologische Krankheit oder durch eine schlechte Beschulung verursacht sind.

Symptomatik

Die Schwierigkeiten, die Kinder beim Rechnen haben, zeigen unterschiedliche Beeinträchtigungen in der Fähigkeit, sich Mengen bildhaft vorzustellen, in der Abstraktion von Mengen, in der Vorstellung von Maßeinheiten, in der Zuordnung von Mengen und Zahlen, beim Erfassen von Zahlenbeziehungen und im Zählen (besonders rückwärts). Einige Kinder neigen dazu, zweistellige Zahlen zu verdrehen und den Stellenwert der Zahlen nicht zu verstehen, grafisch ähnliche Zeichen zu verwechseln und Rechenzeichen (plus, minus, gleich) zu vergessen. Manche Kinder zeigen Symptome, die der Legasthenie ähneln oder Unsicherheiten im Rechts-Links-Verständnis, aber auch Schwierigkeiten im sprachlichen Verständnis von Reihenfolgen (Welche Zahl kommt davor, welche folgt? Welche Zahl ist größer, welche

9.8 Rechenschwäche (Dyskalkulie)

Menge ist kleiner?). Rechenschwache Kinder zählen noch lange mit den Fingern und können sich auch kleine Mengen schlecht vorstellen. Manchmal haben rechenschwache Kinder Schwierigkeiten beim Erlernen der Uhrzeit, andere können Textaufgaben nur sehr schwer lösen.

Ursachen

Die Ursachen der Dyskalkulie sind nicht geklärt und bei weitem nicht so gut erforscht wie bei der Legasthenie. Eine familiäre Veranlagung spielt wohl häufig eine Rolle.

Neuropsychologisch hat sich das Modell der drei Repräsentationsebenen von Dehaene (1992) durchgesetzt:

- *Auditiv-verbale Verarbeitung:* bei mehrstelligen Zahlen, bei Präpositionen (über, hinter, nach) und Komparativ (mehr/weniger als), auswendig gelernte Zahlenreihe (z. B. 5er Multiplikation), Zählen.
- *Visuell-arabisch:* Anzahl als sichtbare Zahl, mit der man rechnen kann; visuell repräsentiert und räumlich orientiert; Ziffernzahlen lesen und schreiben; Operationen mit mehrstelligen Zahlen.
- *Analoge Größenrepräsentation:* Das Abschätzen einer Größenordnung (»subitizing«), Vergleiche, Annäherung, ungefähre Mengenvorstellung »auf einen Blick«.

Ähnlich wie bei der Legasthenie sind neuropsychologisch mehrere Ebenen tätig, meist auch miteinander verflochten. Der zweite und vielleicht auch der dritte Bereich rechtfertigen die Behandlung der Rechenschwäche im Kapitel zur visuellen Wahrnehmung. In der Forschung werden den verschiedenen Ebenen unterschiedliche Bedeutungen zugemessen. Lorenz (2012) misst der visuell-räumlichen Repräsentation besondere Bedeutung zu. Von Aster und Shaler (2007) sehen den »Zahlensinn« im Vordergrund, meinen damit aber auch eine räumlich orientierte Vorstellungskraft von Zahlenreihen, die sich im Schulalter entwickelt und zusätzliche Komponenten braucht: eine sprachliche Zahlensymbolisation und ein intaktes Arbeitsgedächtnis. Sie unterscheiden grob zwei Subtypen der Dyskalkulie: eine vorwiegend genetisch bedingte Dyskalkulie, bei der der Zahlensinn beeinträchtigt ist, und eine Dyskalkulie, bei der die sprachliche Komponente im Vordergrund steht. Diese zweite Gruppe umfasst auch Kinder, die gleichzeitig Komorbiditäten mit Sprachentwicklungsverzögerung, Lese-Rechtschreibschwäche und Aufmerksamkeitsstörung aufweisen. Somit wird deutlich, dass eine Dyskalkulie ebenso wenig wie Legasthenie eine Störung basaler Teilleistungen (»Teilleistungsstörung«) ist, sondern eine eigene komplexe Störung kognitiver Leistungen. In der Hirnforschung wurde versucht, den Repräsentationsebenen bestimmte Hirnareale zuzuordnen. Ansatzweise gelingt das: So scheint der linksseitige Gyrus angularis eine Rolle bei der symbolisch-verbalen Verarbeitung zu spielen. Dieses Areal spielt ja auch bei der Legasthenie eine wichtige Rolle. Es vermittelt zwischen dem visuellen Kortex und dem sensorischen Sprachzentrum. Im Zusammenhang mit räumlichem Denken und visueller Mengenvorstellung wird beidseitig eine Region im hinteren und oberen Scheitellappen aktiviert. Bei Subtraktion und Abschätzen einer Größenordnung wird beidseits ein kleines Feld nahe der Grenze zwischen Scheitel- und Hinterhauptslappen aktiviert, einer Region also, in der visuell-räumliche Erfahrungen erarbeitet werden. Zusätzlich sind auch die Felder der Blicksteuerung der Augen zu erwähnen: frontales und parietales Augenfeld für Fixation und bewusste Sakkaden sowie deren Planung im präfrontalen Kortex. Auch rechenschwache Kinder wie auch schreibleseschwache Kinder haben häufig Schwierigkeiten in der Sakkadensteuerung (Fischer, 2003). Diese hüpfenden Blicksprünge sind aber für das Zahlenlesen, das Einhalten der Zahlenstellenwerte und die visuelle Mengenerfassung sehr wichtig.

Entwicklung der Rechenfähigkeit

Schon 8 bis 20 Monate alte Kinder entwickeln so etwas wie statistische Muster, Erfahrungen von Wahrscheinlichkeit und Erkenntnis über Zusammenhänge (Gopnik, 2010). Dabei spielt die Funktion des präfrontalen Kortex eine besondere Rolle. Konzentrationsfähigkeit und Handlungsplanung und -durchführung gehen von dort aus. Effizientes Handeln erfordert gut eingespielte, automatisierte Prozesse. Die dafür notwendigen neuronalen Verschaltungen des präfrontalen Kortex sind dafür besonders gut geeignet. Dieser Bereich des Stirnhirns zeigt nämlich ungewöhnlich langsame Reifungsphasen bis nach dem 20. Lebensjahr. Die Mengenwahrnehmung beginnt sogar noch früher: Bereits im Alter von 4 Monaten können Babys schon zwischen einer Menge von zwei oder drei Punkten unterscheiden (Pauen, 2006). Vielleicht kommen Babys schon mit einem intuitiven Mengenverständnis auf die Welt. Das heißt nicht unbedingt, dass Babys zählen können, aber Mengenkonstellationen mit 3 minus 1 oder 5 plus 5 scheinen 5 Monate alte Säuglinge bereits zu erfassen (Wynn, 1992).

Mit vier Jahren beginnen Kinder spontan, kleine Mengen zusammenzuzählen, zunächst mit Abzählen der Einzelmengen, später durch Weiterzählen oder durch Abzählen der Finger (Krajewski & Schneider, 2002). Der nächste Schritt ist die Erkenntnis, dass man die Rechenprozedur verkürzen kann, wenn man die kleinere Menge der größeren zu einer Summenbildung aufzählt, auch wenn die Summanden dazu vertauscht werden müssen. Krajewski (2008) konnte zeigen, dass es auch im Rechenerwerb Vorläuferfähigkeiten für die spätere Rechenkompetenz gibt. Sie entwickelte daraus das Entwicklungsmodell der Zahl-Größen-Verknüpfung. Zum zahlenbezogenen Vorwissen von Vorschulkindern gehören Zahlenkenntnis, Zählfähigkeit und frühe Rechenfertigkeiten. Zum mengenbezogenen Vorwissen gehören visuelle Mengenerfassung, Mengen-, Längen- und Größenvergleich und Erfassung von Varianz. Interessanterweise fand Krajewski (2008), dass die Bereiche »Gedächtniskapazität«, »Verarbeitungsgeschwindigkeit« und »Räumliches Vorstellungsvermögen« nur unspezifische Prädiktoren für eine Rechenschwäche sind. Bei denjenigen rechenschwachen Kindern, bei denen gleichzeitig auch eine Schreib-Lesestörung bestand, lag eine eingeschränkte Gedächtniskapazität und ein verlangsamter Abruf von Zahlen aus dem Langzeitgedächtnis lag vor.

Zur Beurteilung des Entwicklungsstands der Rechenfähigkeiten bei Kindergartenkindern im letzten halben Jahr vor der Einschulung haben von Aster, Bzufka und

Horn (2009) den ZAREKI-K entwickelt. Der Test enthält 18 Subtests, u. a. Schätzen, Mengenbeurteilung, Vorwärts- und Rückwärtszählen, Vorgänger/Nachfolger, Zählen in 2er-Schritten, Zahlenlesen und -schreiben, Zahlenvergleich. Ein Übungsprogramm zur Vorbeugung von Rechenschwäche »Mengen, zählen, Zahlen (MZZ)« (Krajewski, Nieding & Schneider, 2013) ist geeignet, im Kindergarten der Entstehung von Lernlücken vorzubeugen (Krajewski & Simanowski, 2016). Darüber hinaus gibt es einige Hefte zum Üben der Vorläuferfähigkeiten des Rechenerwerbs, z. B. von Uppal (2008). Kinder mit Risiken für Dyskalkulie zeigen dabei schon früh Schwächen im Zuordnen, Sortieren, Zählen und in der Mengenerfassung. Sie sind besonders stark auf Anschauungsmaterial (beispielsweise Bonbons, Plättchen oder Stäbchen) und das konkrete Handeln mit diesen Gegenständen oder deren Symbolen angewiesen.

9.9 Zusammenfassung

Die wichtigsten Funktionen der visuellen Wahrnehmung sind:

- Erkennen und Unterscheiden von Größe, Beschaffenheit und Form
- Erkennen von Gesichtern
- Erkennen von Bewegung
- Figur-Grund-Wahrnehmung
- Formkonstanz-Wahrnehmung
- Wahrnehmung der Lage im Raum
- Wahrnehmung räumlicher Beziehungen, Objektlokalisierung im Raum
- Visuelle Mengenerfassung
- Farberkennung und -zuordnung
- Erkennen von Helligkeit, Hell-Dunkel-Adaptation.

Zu einer Wahrnehmungsdiagnostik gehört unbedingt eine augenärztliche Untersuchung zum Ausschluss eines Sehfehlers (Kurz- oder Weitsichtigkeit, Stabsichtigkeit, Schielen u. a.) oder einer Störung des Farbsehens.
Störungen der visuellen Wahrnehmung treten entweder als umschriebene Entwicklungsstörung, als Teil einer allgemeinen Entwicklungsstörung (Lernbehinderung, geistige Behinderung) oder einer Lernstörung (Legasthenie, Dyskalkulie) auf. Dementsprechend sind Förder- und Therapiemaßnahmen nie isolierte Übungsverfahren, sondern in die Förderung oder Therapie der übergeordneten Störung eingebunden.

Weiterführende Literatur

Dacheneder, W. (2009). *Diagnostik der visuellen Wahrnehmungsverarbeitung*. In D. Irblich & G. Renner (Hrsg.), *Diagnostik in der Klinischen Kinderpsychologie. Die ersten sieben Lebensjahre* (S. 179–194). Göttingen: Hogrefe.
Goldstein, E. B. (2015). *Wahrnehmungspsychologie. Der Grundkurs*. Heidelberg: Springer.
Krajewski, K. & Simanowski, S. (2017). Qualitätskriterien für Förderansätze zur Prävention von Rechenschwäche. Frühförderung interdisziplinär, 36, 93-105. (abrufbar unter: https://www.reinhardt-journals.de/index.php/fi/article/download/2910/4167)
Lorenz, J. H. (2015). *Kinder begreifen Mathematik. Frühe mathematische Bildung und Förderung* (2. Aufl.). Stuttgart: Kohlhammer.

10 Hören, auditive Wahrnehmung und Sprache

10.1 Das Hören

Was umgangssprachlich als »das Hören« bezeichnet wird, bedeutet oft »zuhören« oder »gehorchen«. Bevor wir uns jetzt aber dem Zuhören als einer Art von Hörwahrnehmung zuwenden, soll noch aus biologischer Sicht vom Hören die Rede sein: als der Aufnahme eines akustischen Signals. Ab der 24.–28. Schwangerschaftswoche beginnt das Hören: Die Haarzellen des Innenohrs werden in dieser Zeit gebildet, und in den letzten beiden Schwangerschaftsmonaten gewinnen Innenohr und Gehirn Anschluss aneinander. Die Reifung der Hörbahn ist mit drei Jahren abgeschlossen, mit 5–10 Jahren ist die vollständige Reifung des Hörsystems beendet.

Das ungeborene Kind hört im letzten Schwangerschaftsdrittel nicht nur den Pulsschlag der mütterlichen Aorta, das Glucksen und Rauschen des Darms und die Sprache der Mutter sondern auch alle externen Geräusche, die lauter als 60 Dezibel sind, also Gespräche, Autos und Musik. Dieser Höreindruck, gedämpft durch das Fruchtwasser, ist dem vergleichbar, was wir empfinden, wenn wir in einer Badewanne die Ohren unter Wasser halten. Die Ohren kann man intrauterin nicht schließen, und so beginnt das Kind schon im Fruchtwasser zu lernen. Es lernt dabei die Sprache der Mutter so gut kennen, dass es sie nach der Geburt von der Sprache anderer Menschen unterscheiden kann, aber auch erstaunt reagiert, wenn die Mutter in einer anderen Sprache spricht (Beauchemin, Gonzales-Frankenberger, Trembla & Vannasing, 2010). Das ungeborene Kind lernt also viel über die Melodie, den Rhythmus und die Lautstärkeänderungen der Sprache, kurz gesagt: die Merkmale der *Prosodie*.

10.1.1 Zur Physiologie des Hörens

Auf dem wenige Zentimeter langen Weg zwischen der Ohrmuschel und dem Gehirn machen eintreffende Schallwellen mehrere physikalische Wandlungen durch: Die Luftschwingungen der Schallwellen werden durch die Trichterform der Ohrmuschel verstärkt und treffen am Ende des äußeren Gehörgangs auf das Trommelfell (▶ Abb. 10.1). Hinter dem Trommelfell liegt das Mittelohr (Paukenhöhle) mit seinen Gehörknöchelchen. Die Schwingungen des Trommelfells werden auf die drei winzigen Gehörknöchelchen (Hammer, Amboss und Steigbügel) übertragen. Dadurch wird aus der Luftleitung eine mechanische Weiterleitung, die aufgrund der Hebelwirkung der Knöchelchenkette und der kleiner werdende Übertragungsfläche um das 20-fache verstärkt wird. Die Fußplatte des Steigbügels sitzt auf dem Zugang zum Innenohr, dem ovalen Fenster.

Der im Mittelohr mechanisch weitergeleitete Schall wird vom Steigbügelfuß auf eine Flüssigkeit, die Lymphe des Innenohrs, übertragen. Das Innenohr, das wegen seiner gewundenen Form auch Schnecke (lat.: Cochlea; ▶ Abb. 10.2) genannt wird, ist mit Lymphe gefüllt. Die Schnecke beherbergt etwa 20 000 Sinneszellen, die Haarzellen. Die Wasserwelle der Lymphe steigt in den Schneckenwindungen bis zu ihrer Spitze auf. Die wandernde Flüssigkeitswelle drückt je nach Tonhöhe und Schalldruck auf eine Trennmembran des Innenohrs (Reissnersche Membran), die ähnlich einer Gitarrensaite je nach Frequenz des Tons an unterschiedlichen Stellen mitschwingt. Die Haarzellen sind auf einer Basilarmembran angeordnet. Das Auf und Ab der Membranbewegungen führt zu Scherbewegungen der Haarzellen, die unter einem darüber liegenden Dach (Tektorialmembran) geschützt aufgereiht stehen. Die Härchen der Haarzellen berühren diese lippenartige Bedeckung von unten.

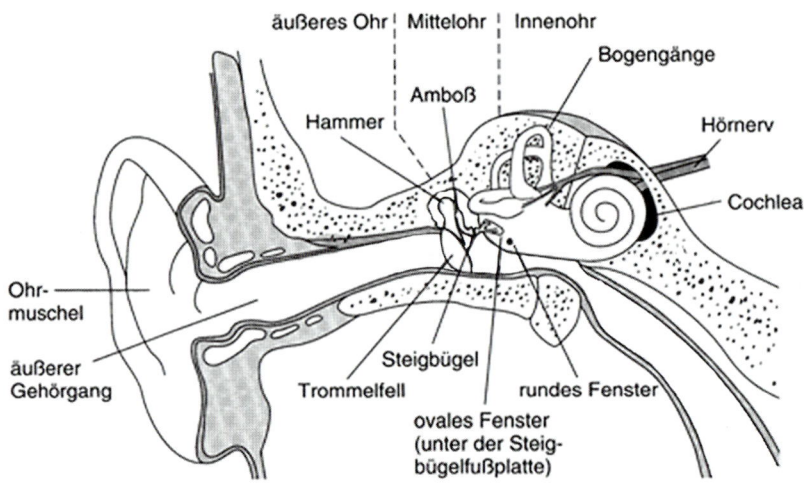

Abb. 10.1: Äußeres Ohr, Mittelohr, Innenohr, Bogengänge des Gleichgewichtsorgans und Hörnerv. Über die Ohrtrompete (Eustachische Röhre, Tube), den Zugang zum Rachen, wird das Mittelohr belüftet.

Durch die Auslenkung der Sinneshaare wird in der *Haarzelle* (Rezeptorzelle) ein chemischer Prozess ausgelöst: In die Zelle strömen Elektrolyte ein und erzeugen damit ein Spannungspotenzial (Depolarisation). Später wird der ursprüngliche Spannungszustand wiederhergestellt (Repolarisation). Die Depolarisation bewirkt eine Ausschüttung von Botenstoffen (Neurotransmittern) in der Haarzelle. Diese lösen ein Aktionspotenzial im Hörnerv aus, dessen Fasern an der Basis der Haarzellen entspringen. Der Hörnerv zieht, begleitet vom Gleichgewichtsnerv aus den nahe gelegenen Bogengängen, zum Stammhirn und leitet das neuronale Signal dorthin, zunächst zu einer dichten Nervenzellansammlung, dem Hörnervenkern (Nucleus cochlearis), weiter. Letztlich wird also die mechanische Energie eines Schalls in elektrische Energie umgewandelt (Transduktion).

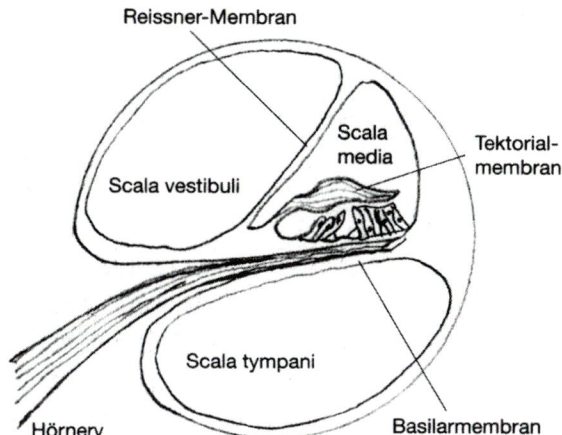

Abb. 10.2: Querschnitt durch das Innenohr (Cochlea bzw. Schnecke)

Haarzellen besitzen unglaublich sensible Fähigkeiten. Es gibt zwei Arten von Haarzellen: die äußeren (außen auf der Basilarmembran) und die inneren Haarzellen. Während die inneren Haarzellen die eigentlichen Rezeptorzellen sind, haben die äußeren Haarzellen vornehmlich eine Regulationsfunktion. Sie verformen sich bei Eintreffen der Wanderwelle derart, dass sie sich mehr oder weniger steil aufstellen, sich also gegen oder mit dem Strom einstellen. Sie können damit nicht nur den Sinneseindruck, die Lautstärke und die Erfassung mancher Laute dämpfen, sondern bei leisen Lautstärkepegeln auch verstärken. Sie sind sogar in der Lage, eigene Schallereignisse zu produzieren. Dies ist übrigens die Grundlage für eine bestimmte objektive Hörmessung: die Auslösung von otoakustischen Emissionen (OAE). Dabei wird mit einem winzigen Mikrofon am Ausgang des Gehörgangs gemessen, ob die Haarzellen in der Lage sind, auf Klickreize mit eigenen Schallantworten zu reagieren. Damit erhält man eine Auskunft über die Funktionsfähigkeit der Haarzellen des Innenohrs, eine häufig genutzte Untersuchung der Hörfähigkeit von Neugeborenen. Schließlich stehen die äußeren Haarzellen des einen Innenohrs über den Hörnerv und den Hörnervenkern mit den entsprechenden Strukturen der Stammhirn-Gegenseite in enger Verbindung. Sehr vereinfacht ausgedrückt weiß daher das eine Ohr immer, was das andere hört. Dies ist eine wichtige Grundlage für beidohriges Hören, für räumliches Hören und für einen Überlastungsschutz bei hohen Lautstärkepegeln. An diesen Funktionen lässt sich auch schon erkennen, dass es keine starre Grenze zwischen der Reizaufnahme und der Signalverarbeitung gibt. Vielmehr sehen wir, dass Verarbeitung und Wahrnehmung des Gehörten schon im Aufnahmeorgan Innenohr beginnen.

Auf der Ebene des Hörnervenkerns kreuzen mehr als 70 % der Fasern auf die Gegenseite und steigen dann über mehrere Umschaltstationen zur Hörrinde des

Schläfenlappens auf. Die übrigen 30 % bleiben aufsteigend auf der gleichen Seite. Diese Kette von Neuronen zum primären auditorischen Kortex nennt man die zentrale *Hörbahn* (▶ Abb. 10.3). Beide Hörnervenkerne (Kochleariskerne des Stammhirns) stehen in enger Verbindung miteinander, aber auch die beidseitigen Umschaltstationen, von denen besonders der Olivenkern, die Vierhügelplatte und der mittlere Kniehöcker (Nucleus geniculatus) im Thalamus wichtig sind. Der Olivenkern empfängt auch Signale vom anderen Innenohr und stellt damit eine wichtige Verbindung zwischen den Innenohren auf Stammhirnebene dar. In unmittelbarer anatomischer Nähe der mittleren Kniehöcker befinden sich die seitlichen Kniehöcker, eine wichtige Umschaltstation der Sehbahn. Man kann daraus ersehen, dass Rechts-Links-Verbindungen nicht nur auf der Großhirnebene, z. B. über das breite Faserbündel, das Balken genannt wird, bestehen, sondern auch auf allen Ebenen der Hörbahn und zwischen den Hörnerven- und Olivenkernen. Dies ist u. a. eine wichtige Voraussetzung für beidohriges Hören und für das Richtungshören.

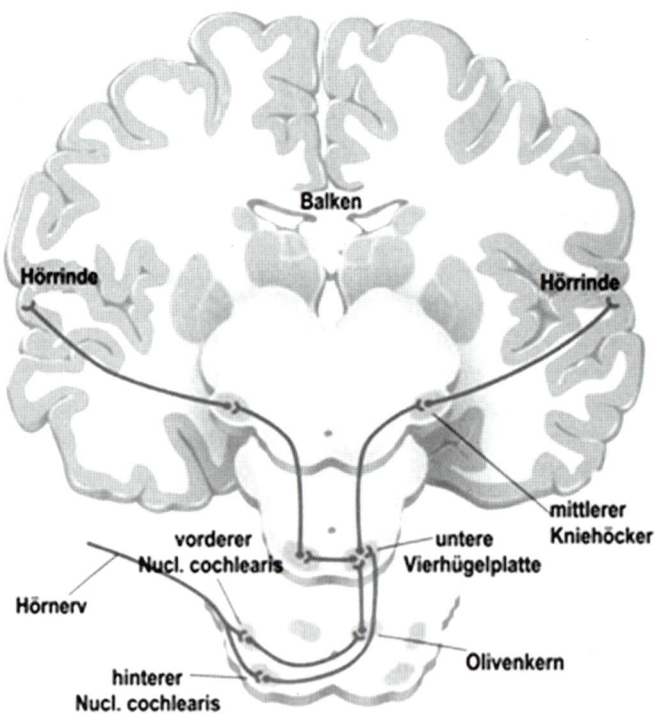

Abb. 10.3: Hörnerv, Stammhirn, zentrale Hörbahn, Hörrinde (auditiver Kortex)

Die Hörbahn ist kein Stromkabel für den Transport akustischer Signale, denn bereits vor Erreichen der Hirnrinde findet in der Hörbahn eine Vorverarbeitung statt, z. B. nach dem Beginn eines akustischen Ereignisses und seinem Ende (an-aus-

Erkennung), nach Unterbrechungen durch ein Silben- oder Wortende (Lückenerkennung), nach der Lautstärke (laut–leise-Unterscheidung) oder nach der Frequenz (hoch-tief-Unterscheidung). Die Zellsysteme der Hörbahn sind hoch spezialisiert. So gibt es on-off-Detektoren, Lückenerkenner und Lautstärkedetektoren. All diese Funktionen werden nicht stufenweise und nacheinander verarbeitet. Vielmehr lässt sich die enorme Geschwindigkeit, mit der wir Sprache erkennen, nur dadurch erklären, dass die Analyse- und Detektorsysteme gleichzeitig und parallel zueinander arbeiten. Manchmal werden sogar einzelne Verarbeitungsebenen übersprungen oder bestimmte Funktionen überholen andere. So gibt es beispielsweise eine vorauseilende Vokalverarbeitung beim Anlaut eines Wortes, die es erlaubt, das Wort oft schon zu erkennen, bevor die Artikulation abgeschlossen ist. Über assoziative Auswahlvorgänge werden in Frage kommende Wörter im Wortspeicher ausgewählt und als mögliche Zielkandidaten vorgestellt (Spreng, 2000).

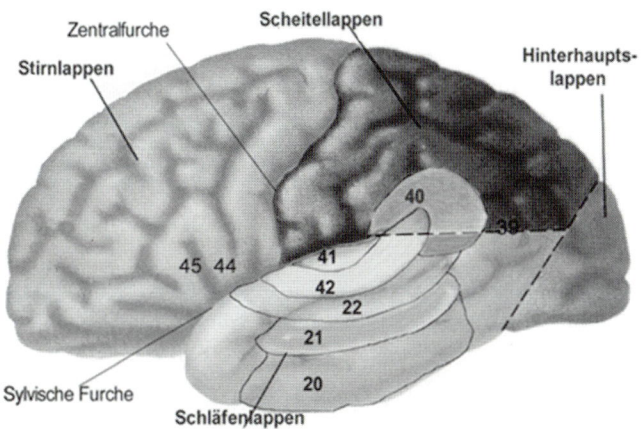

Abb. 10.4: Aufsicht auf das Großhirn von links: Primäres Hörzentrum und sekundäre und tertiäre Hör- und Sprachfelder im Schläfenlappen (Temporalhirn). Area 44 ist das Broca Zentrum für die Planung von aktiver Sprache. Area 45 erfüllt mit Area 44 zusammen semantische Funktionen und wahrscheinlich auch grammatische Funktionen. Area 39 ist der Gyrus angularis, der auch »Schreiblesezentrum« genannt wird.

Das *primäre Hörzentrum* ist die Area 41 auf der Karte des deutschen Neuroanatomen Brodman, der 1909 die Großhirnrinde in verschiedene Felder aufteilte. Wie auch die sekundären Hörfelder 42 und 22 gehören sie zum Schläfenlappen (Temporalhirn) (▶ Abb. 10.4). Das primäre Hörfeld unterliegt einer tonotopen Gliederung. Tonotop bedeutet, dass die Töne wie im Innenohr je nach ihrer Tonhöhenfrequenz geordnet werden. So wie im Innenohr hohe Töne am Beginn der Schneckenwindung und tiefe Töne an der Spitze der Schnecke erfasst werden, gibt es auch eine zellarchitektonische Gliederung in der Hörrinde: Niedrig frequente Töne führen zu einer Aktivierung an der Oberfläche der primären Hörrinde, hochfrequente Töne werden in der

Tiefe der Sylvischen Furche repräsentiert. Der Area 42 wird die Laut- und Geräuschempfindlichkeit zugeschrieben, der Area 22 das Ton- und Wortverständnis. Der hintere Teil der Area 22 wird daher auch als das sensorische Sprachzentrum bezeichnet. Man nennt es auch das Wernicke Sprachzentrum. Eine Schädigung des Wernicke Zentrums führt zu einer Störung des Sprachverständnisses. Weiter unten im Schläfenlappen liegen die Areale 21 und 20. Sie werden als tertiäre Felder bezeichnet. Hier werden Geräusche, Sprache und Musik mit wechselnder Intensität und Komplexität auf ihre zeitliche Struktur hin analysiert. Area 21 soll auch für die akustische Aufmerksamkeit, Area 20 für die Erkennung und Speicherung von Wörtern, Musik und Sprache zuständig sein. Gegenüber im Stirnhirn befinden sich die Area 45 und 44, die das motorische Sprachzentrum, Broca-Region genannt, bilden. Hier wird geplant, wie die an der Aussprache beteiligten Muskeln gesteuert werden sollen. Die einlaufenden Informationen werden auch an den Thalamus und die Formatio retikularis weitergegeben und parallel mit anderen Sinnessystemen verknüpft. Diese Assoziationssysteme sind beim Lernen, beim Wiedererkennen, bei der kognitiven Bewertung und der emotionalen Beeinflussung von hoher Bedeutung. Zwischen dem sensorischen und dem motorischen Sprachzentrum vermittelt ein Faserbündel, das Bogenbündel (Faszikulus arcuatus), zwischen den linken und den rechten Hör- und Sprachzentren vermittelt der quer verlaufende Balken (Corpus callosum).

10.1.2 Töne und Lautstärke

Töne sind durch einen harmonischen, sinusförmigen Schwingungsverlauf der Schallwellen charakterisiert. Klänge entstehen aus dem Zusammenklang mehrerer Töne. Die Klangfarbe einer Tonquelle (Stimme, Instrument) wird durch die Obertöne bestimmt. Als Geräusch bezeichnet man Schallereignisse, die durch Überlagerung verschiedener akustischer Schwingungen entstehen. Grundmerkmale von Geräuschen sind die unterschiedliche Lautheit, die Rauigkeit (Bohren im Beton oder im Zahn), Schärfe (Zischen einer Pfeife), Tonhaltigkeit (Heulen von Wind, Fön oder Staubsauger, Motorgeräusch von LKW oder Motorrad) und Impulshaltigkeit (Presslufthammer, Schmiedehammer, Knallen, Rattern, Meereswellen am Strand). Diese physikalischen Eigenschaften bestimmen, ob wir ein Geräusch als angenehm, erträglich oder störend empfinden. Der Schalldruckpegel, den wir als Lautstärke empfinden, entspricht physikalisch der Amplitude der Schwingungen. Er wird in Dezibel [dB] gemessen. Unser Gehör verarbeitet einen Schallpegel von 0 dB (Hörschwelle) bis 110 dB (Schmerzschwelle). Die Differenz ist nur logarithmisch darstellbar. Daher bedeutet die Steigerung der Lautstärke um 10 dB nicht eine Zunahme um 10 %, sondern ist eine Verdopplung und eine Erhöhung um 20 dB einer Zunahme auf das Hundertfache.

Beispiele von Schalldruckpegeln im Alltag [dB]	
	dB
kaum hörbares Geräusch (Schwelle)	0
Blätterrascheln, Flüstern	20
Ruhiges Wohngebiet	40
ruhiges Gespräch	60
Laute Radiomusik/lauter Straßenlärm	80
U-Bahn, Zug, Proberaum Band, Walkman	100
startendes Propellerflugzeug, Rockkonzert	120
startender Düsenjet	140
Raketenstart, Knallkörper	160

10.1.3 Höruntersuchung

Hörstörungen sollten möglichst frühzeitig erkannt werden, um die Sprachentwicklung eines Kindes nicht zu gefährden bzw. die Sprachentwicklung bei schweren Hörstörungen überhaupt erst zu ermöglichen. Wenn eine Hörstörung nicht frühzeitig erkannt wird, besteht die Gefahr, dass die Hörbahn degeneriert, wenn sie nicht »benutzt« wird. Daher wird ein flächendeckendes Hörscreening für alle Neugeborenen angestrebt. Zwei objektive Messmethoden bieten sich an, die auch bei älteren Kindern genutzt werden: die Auslösung von Otoakustischen Emissionen (OAE) und die Messung der Hirnstammpotenziale (Brainstem Evoked Response Audiometry, BERA).

Bei den OAE wird ein kleiner Stopfen mit einer Sonde in den Gehörgang gesteckt, über den Klick-Geräusche abgegeben werden, die bei intaktem Mittelohr und Innenohr auf die Haarzellen des Innenohrs treffen. Die äußeren Haarzellen, die sich selbst verbiegen und sehr leise Geräusche erzeugen können, antworten auf diesen akustischen Reiz mit einem schwachen Geräusch, das den Weg rückwärts über das Mittelohr und den Gehörgang zur Sonde zurücklegt. In der Sonde wird die Antwort (Emission) mit einem winzigen Mikrofon aufgenommen und in einem Rechner verarbeitet. Ist die Antwort normal, wissen wir, dass die Haarzellen des Innenohrs intakt sind und dass das Kind sehr wahrscheinlich normal hört. Eine Aussage, wie gut es hört und ob es in allen Frequenzbereichen gleich gut hört, ist mit dieser Methode nicht zu treffen. Bei der Hirnstammaudiometrie BERA werden auch Klickreize dargeboten, und zwar über einen Kopfhörer. Mit drei am Kopf aufgeklebten Elektroden wird eine Art Hirnstrommessung (EEG) abgeleitet, die die Gehirnströme misst, die im Hörnerv und in der Hörbahn nach der akustischen Reizung weitergeleitet werden. Die BERA erlaubt also eine Aussage über die Funktion des Innenohrs und der unteren Hörbahn. Beide Verfahren, OAE und BERA, nennt man objektive Hörmessung, da das Kind nicht aktiv teilnehmen muss, im Gegenteil wird die Messung genauer, wenn das Kind tief schläft und sich nicht bewegt. OAE und BERA können in jedem Lebensalter durchgeführt werden. Zu den objektiven Hörprüfungen zählt auch die Tympanometrie, bei der die Funktion der Ohrtrompete und des Trommelfells untersucht wird. Mit dieser

Untersuchung kann man Unterdruck im Mittelohr oder eine Ergussbildung diagnostizieren.

Als subjektive, d. h. auf die Mitarbeit des Kindes angewiesene Hörmessung kommen bei Kindern die *Verhaltensaudiometrie*, die *Tonaudiometrie* und die *Sprachaudiometrie* in Frage. Die Verhaltensaudiometrie wird bei Kindern ab zwei Jahren angewandt. Ein Ton wird mit einer Spielhandlung konditioniert, und man beobachtet dann, ob das Kind die Spielhandlung ausführt, also den Ton gehört hat. Die Tonaudiometrie mit Kopfhörern gelingt ab dem vierten Lebensjahr. Man bestimmt die Hörschwelle mit Sinustönen in Frequenzen zwischen 125 und 8000 Hz. Das Kind sagt oder zeigt, ob es den Ton hört oder wann ein zuvor relativ laut angebotener Ton, der dann immer leiser wird, verschwindet. Die Unbehaglichkeitsschwelle ist diejenige Lautstärke, bei der das Kind einen Ton als unangenehm empfindet. In der Sprachaudiometrie wird das Sprachverstehen überprüft. Prüfworte werden in einer definierten Lautstärke von einer CD jedem Ohr einzeln über Kopfhörer oder über Lautsprecher angeboten. Es wird dabei diejenige Lautstärke bestimmt, bei der mehr als 70 % der Testworte verstanden und richtig nachgesprochen werden.

10.1.4 Hörstörungen

Mittelohrerkrankungen können die Überleitung des Schalls auf das Innenohr beeinträchtigen. Bei Mittelohrschwerhörigkeit spricht man daher auch von einer *Schallleitungsstörung*. Das sind in erster Linie Entzündungen des Mittelohrs bei Erkältungen und anderen Infektionen, die einen Mittelohrerguss oder eine Ansammlung von Eiter im Mittelohr (Mittelohrentzündung) verursachen. Hörstörungen durch erworbene oder angeborene Schädigungen des Innenohrs oder des Hörnervs nennt man *Schallempfindungsstörung* oder Innenohrschwerhörigkeit. Einige häufige Ursachen für Hörstörungen finden sich im folgenden Kasten.

Ursachen für Schwerhörigkeit

- Mittelohrschwerhörigkeit
  - Mittelohrentzündung
  - Paukenhöhlen-(Mittelohr-)erguss
  - Mittelohrkatarrh, Belüftungsstörung
- Innenohrschwerhörigkeit
  - Angeboren
    - Familiär
    - Diabetes der Mutter, Alkoholabhängigkeit der Mutter
    - Syndrome, Genetische Erkrankungen
    - Stoffwechselkrankheiten
  - Erworben
    - Hirnhautentzündung (Meningitis)
    - Angeborene Infektionen (Zytomegalie-Virus, Röteln, Toxoplasmose)
    - Schilddrüsenunterfunktion

- Innenohrschädigende Medikamente
- Schädelhirntrauma, vor allem Schädelbasisfraktur, Hirnblutung
- Lärmtrauma

Therapie bei Hörstörungen

- Virus-Mittelohrentzündung: abschwellende Nasentropfen
- Bakterielle (eitrige) Mittelohrentzündung: Antibiotika, Nasentropfen
- Chronischer Mittelohrerguss: abschwellende Nasentropfen, Klimakur, Paukenröhrchen, Homöopathische Behandlung
- Mittelohrkatarrh (Belüftungsstörung): Nasentropfen, Nasenballon
- Innenohrschwerhörigkeit: Hörgeräte, Cochlear Implant (CI, künstliches Innenohr).

10.2 Auditive Wahrnehmung

10.2.1 Funktionen der auditiven Wahrnehmung

Die Verarbeitung und Wahrnehmung auditiver Informationen vom Hörnervenkern des Stammhirns bis zur primären Hörrinde im Schläfenlappen des Großhirns wird als zentrales Hören bezeichnet. Die anatomischen Strukturen dieser Nervenbahn bezeichnet man als die *zentrale Hörbahn* (▶ Abb. 10.3). Auf allen Ebenen der zentralen Hörbahn gibt es Querverknüpfungen der parallel laufenden Bahnen untereinander und mit der *Formatio retikularis*, dem Strang eines Zellnetzwerks. Die Formatio retikularis hat einen erregenden und einen aktivierenden Einfluss vor allem auf den Thalamus, das »Tor zum Bewusstsein«. Zusätzlich ist sie an der Regulation von Wachheit und Erregung und an der Regulation von Kreislauf und Atmung beteiligt. Sie wirkt auch auf die extrapyramidale Motorik ein.

Auditive Wahrnehmung beginnt bereits im Innenohr: Die äußeren Haarzellen regeln die Empfindlichkeit der Tonhöhen- und Lautstärkeaufnahme des gegenüberliegenden Ohrs. Dies geschieht über eine überkreuzende Rückkopplungsschleife mit den Olivenkernen des Stammhirns. Die zentrale Hörbahn bewältigt einige einfache Verarbeitungsprozesse: die Unterscheidung von Lautstärke und von Tonhöhen sowie von Ton- oder Geräuschdauer, die Identifikation eines Geräuschbeginns und des Geräusch- oder Wortendes, die Erkennung von Lücken und Anteile der Unterscheidung ähnlich klingender Laute und der zeitlichen Verarbeitung. Auf diese Weise gelangen Töne, Geräusche und Worte schon vorverarbeitet zur Großhirnrinde.

> **Definition**
>
> Auditive Wahrnehmung ist die Aufnahme, Weiterleitung und Verarbeitung akustischer Signale.

Die akustischen Signale wurden im Ohr erfasst und werden als elektrischer Impuls serial, parallel und auf verschiedene neuronale Netzwerke verteilt fortgeleitet (Ptok et al., 2000; Nikisch et al., 2006; Kiese-Himmel & Rosenkötter, 2018). Vereinfacht könnte man sagen, dass die auditive Wahrnehmung drei zunehmend komplexere Aufgaben umfasst:

1. die Verarbeitung einfacher akustischer Signale wie Töne, Geräusche, einfache Sprachsignale (basale auditive Wahrnehmung),
2. die Wahrnehmung sprachlicher Reize: Laute, Silben, Worte
3. die phonologische Bewusstheit (▶ Kap. 10.4.1).

Mit zunehmender Komplexität steigt auch die Bewusstheit der Erfassung und mündet schließlich in einem sprachgebundenen Anteil der Kognition: dem Sprachverständnis.

Zur *basalen auditiven Wahrnehmung* gehören:

- räumliche Unterscheidung und Richtungszuordnung des Schalls (Lokalisation),
- Summation, Verschmelzung (Fusion),
- Trennung von Störschall und Nutzschall (Separation),
- Lautheitsempfindung,
- Lautstärkeunterscheidung,
- Tonhöhenunterscheidung,
- Integration,
- Erkennung von Signalanfang und -ende sowie von Lücken.

Zur Wahrnehmung *sprachlicher Reize* gehören:

- Richtungshören: die Fähigkeit zu erkennen, woher und aus welcher Entfernung ein akustischer Reiz kommt,
- Beidohriges Hören (Dichotisches Hören): Fähigkeit gleichzeitig mit beiden Ohren verschiedene Geräusch- oder Sprachinformationen zu erkennen,
- Wahrnehmung von konkurrierenden akustischen Signalen und Nutzschall-Störschall-Filterfähigkeit: die Fähigkeit, ein Geräusch oder eine Sprachäußerung (Nutzschall) trotz gleichzeitig ertönender Störgeräusche oder Sprache anderer Menschen (Störschall) zu erkennen,
- Zeitliche Auflösung: die Erkennung kurzer Pausen, die Fähigkeit, ein zeitlich gedehntes oder komprimiertes Geräusch- oder Sprachsignal zu erkennen und kurz hintereinander ertönende Geräusche in eine zeitliche Reihenfolge zu bringen,
- Lautunterscheidung: Fähigkeit, ähnlich klingende Geräusche oder Laute voneinander zu unterscheiden,

- Wiedererkennen akustischer Muster: Fähigkeit, Reihenfolgen oder Rhythmen zu erkennen,
- Wahrnehmung reduzierter akustischer Signale: Fähigkeit, verschiedene Anteile eines Wortes auch dann zu erkennen, wenn sie aufgrund von ungünstigen Schallbedingungen verzerrt oder unvollständig zum Ohr gelangen; Worte auch zu erkennen, wenn sie unterbrochen oder unvollständig auftreten.

10.2.2 Störungen der auditiven Wahrnehmung

Grundsätzlich spricht man von einer Wahrnehmungsstörung dann, wenn eine Störung von Funktionen besteht und das Kind unter der Störung leidet bzw. in seinen Alltagshandlungen oder in der sozialen Teilhabe beeinträchtigt ist. Störungen der auditiven Wahrnehmung können sowohl als eine umschriebene Entwicklungsstörung auftreten (z. B. Störung der Lautheitsempfindung, Störung der Nutzschall-Störschall-Filterfähigkeit) als auch Teil einer komplexen Entwicklungsstörung sein (mentale Retardierung, Sprachentwicklungsstörung, Innenohrschwerhörigkeit, Lese-Rechtschreibstörung, ADHS, Störung der emotionalen Entwicklung, Autismus-Spektrum-Störung). Dabei sind immer auch einzelne Funktionen der auditiven Wahrnehmung beeinträchtigt. Solch eine Wahrnehmungsstörung darf aber nicht mit einer Störung der Kognition verwechselt werden: Eine Lernstörung bleibt primär eine Lernstörung und soll nicht in eine Wahrnehmungsstörung umdefiniert werden.

Synonyme für eine Störung der auditiven Wahrnehmung sind Hörverarbeitungsstörung, zentral- auditive Wahrnehmungs- und Verarbeitungsstörung (ZAWS), zentrale Fehlhörigkeit, auditory perception disorder.

10.2.3 Ursachen für eine auditive Wahrnehmungsstörung

Auf die Frage, ob eine Störung der auditiven Wahrnehmung Ursache oder Folge einer Sprachstörung ist, hat die Wissenschaft jedoch noch keine abschließende Antwort geben können. Aus der Genetik wissen wir, dass es für Sprachentwicklungsstörungen (SES) eine hohe Knabenwendigkeit (5–7-mal mehr Jungen als Mädchen betroffen) gibt, dass die Zwillingsforschung für eine genetische Komponente spricht und dass eine SES oft familiär gehäuft vorkommt. Zahlreiche Gene spielen bei der Steuerung des Spracherwerbs und der Artikulation eine Rolle. Besondere Aufmerksamkeit erhielt das 1998 erstmals nachgewiesene Gen FOXP2 auf Chromosom 7 (Vargha-Kadem, Gadian, Copp & Mishkin, 2005), das lange Zeit als das »Sprachgen« tituliert wurde, allerdings auch bei Mäusen, Schimpansen und im Genmaterial des Neandertalers gefunden wurde (Konopka et al., 2009). Es scheint eine gewisse Rolle bei der Artikulation, der Grammatik und beim Sprachverständnis zu spielen. Später konnte man ein anderes Gen, nämlich CNTNAP2, identifizieren, das bei Menschen mit SES und bei Menschen mit Autismus gehäuft vorkommt (Scott-van Zeeland et al., 2010). Es soll für die Reifung von Stirnhirnverbindungen mitverantwortlich sein. Es zeigt sich aber, dass verschiedene anatomische, genetische oder physiologische Merkmale nicht ausreichen, um die Einzigartigkeit der menschlichen Sprache zu erklären. Menschliche Sprache entsteht aus zahlreichen Wurzeln über viele Generationen durch Lernen. Aus anfangs eher ungeordneten Strukturen entstehen gemeinsame Ordnungen, aber in hoher Vielfalt. Sie reproduzieren sich über die Weitergabe, und sie verändern sich. Sprache wächst also evolutionär auf genetischen und anatomischen Grundlagen durch individuelles und kollektives Lernen und aus der Weitergabe von Informationen.

Gute Untersuchungen über die Ursachen der auditiven Wahrnehmungsstörung gibt es noch nicht. Genetische Faktoren, Schwerhörigkeit oder Deprivation können eine Rolle spielen. Die Wahrnehmungsleistungen scheinen sich vor den expressiven Sprachleistungen zu entwickeln. Penner (2002) geht davon aus, dass, vereinfacht gesagt, SES das Resultat einer frühzeitig (genetisch bedingt?) gestörten Kooperation rechtshemisphärischer, prosodischer Funktionen mit linkshemisphärischen lexikalischen und grammatikalischen Funktionen darstellt. Warum findet man dann nicht bei allen Kindern mit SES auch eine Störung der auditiven Wahrnehmung? Bishop (1992) konnte dies in einer Studie nur bei 11 von 45 Kindern mit SES nachweisen. Penner antwortet: Weil die ursprünglich gestörten Wahrnehmungsfunktionen später mehr oder weniger überlernt werden und nicht mehr als Störungen erkennbar sind (Penner, 2002). Zumindest eine interessante Hypothese.

10.2.4 Symptome einer auditiven Wahrnehmungsstörung

Welche Beobachtungen wecken den Verdacht auf eine auditive Wahrnehmungsstörung? Die Vielfalt der verschiedenen Wahrnehmungsfunktionen spiegelt sich in der Vielfalt der Symptomatik wider. Bei den folgenden Beobachtungen könnte eine Störung der auditiven Wahrnehmung vorliegen:

Das Kind ...

- hält sich oft die Ohren zu, klagt über die Lautheit, zieht sich zurück, reagiert ungewöhnlich heftig auf laute Geräusche oder Ansprache,
- versteht Sprache schlecht, wenn sich mehrere Personen unterhalten oder wenn der Geräuschpegel im Hintergrund hoch ist, scheint nicht zu hören, wenn es angesprochen wird,
- kann Gesprächen nicht folgen, wenn schnell gesprochen wird oder wenn es den Sprecher und das Mundbild nicht sieht,
- kann vorgesprochene Worte nur fehlerhaft wiedergeben, verwechselt oder vertauscht ähnlich klingende Laute,
- berichtet selten von Erlebnissen und kann schlecht nacherzählen,
- wirkt in der Gruppe oft verträumt oder abwesend, in der Einzelsituation jedoch nicht,
- hat Schwierigkeiten, eine Geräuschquelle zu lokalisieren,
- überhört Ansprache oder wichtige Geräusche,
- hat Probleme in der Lauterkennung und Lautverschmelzung.

10.2.5 Förderung und Therapie

Wann ist die Situation gegeben, in der man über eine pädagogische Förderung oder eine medizinische Behandlung einer auditiven Wahrnehmungsstörung nachdenkt? Förderung oder Therapiemaßnahmen sind dann angezeigt, wenn

- ein oder mehrere Bereiche der Hörwahrnehmung gestört sind,
- beim Kind Leidensdruck besteht,
- eine ergänzende Behandlung bei einer Sprachentwicklungsstörung notwendig wird,
- eine ergänzende Behandlung bei einer Lese-Rechtschreibstörung notwendig ist (Rosenkötter, 2007).

Grundsätzlich gilt es in der Einzel- und besonders auch in der Gruppensituation, die akustischen Bedingungen zu beachten und günstig zu gestalten. Dazu gehört, die Hintergrundlautstärke zu reduzieren und auf Ruhe in der Gruppe zu achten, Arbeitsanweisungen langsam und deutlich zu sprechen und in einfachen, kurzen Sätzen, ruhige Arbeitsmöglichkeit anzubieten (andere Räume in der Einrichtung, stille Ecke) und Sensibilisierung für leise Sprache zu erarbeiten (Audio-CD, vorlesen). Gesprächsregeln sollen aufgestellt und eingehalten werden: Nur einer spricht. Die anderen hören zu. Stopp-Geste oder -Signal bei zu großer Lautstärke. Zu Therapiemöglichkeiten und Verbesserung der Raumakustik sei auf Kapitel 14 (Lärm und Geräuschempfindlichkeit) verwiesen.

In der Gruppensituation sind die Nähe und der Blickkontakt zum Sprecher wichtig. Die Sitzplätze sind so zu wählen, dass in der Gruppe alle gut verstanden werden können. Rituale für Ruhe und Aufmerksamkeit müssen vereinbart werden.

Sowohl in der logopädischen Therapie als auch in der pädagogischen Förderung spielen Elemente der auditiven Wahrnehmung eine wichtige Rolle. Einige Fragen wollen wohl bedacht sein: Besteht eine Bewusstheit über die perzeptiven Anteile der Behandlung? Ist immer klar, auf welcher Stimulusebene man sich befindet? Wird mit Tönen gearbeitet, mit Klängen oder Geräuschen, mit Lauten, Silben oder Wörtern? Zu Förderung und Therapie gehört auch die Beratung von Eltern, Erzieherinnen und Lehrern bezüglich Therapieformen, Kommunikation und Übungen.

Interventionen bei Hör- und Wahrnehmungsstörungen

Basale Leistungen

- Lautstärke von verschiedenen Klangquellen unterscheiden,
- Wörter flüstern, Sprachspiele mit laut und leise,
- Rhythmus erkennen und unterscheiden,
- Hohe von tiefen Tönen unterscheiden,
- Kurze von langen Tönen unterscheiden.

Lautunterscheidung

- Hörübungen zur Lautdifferenzierung,
- Analyse und Synthese von Wörtern,
- Anlauterkennung,
- Hörtraining,
- Mundbild/Absehbild aus der Hörbehindertenpädagogik,
- Handzeichen, die Laute abbilden,
- Minimalpaar-Karten,
- Würfelspiele zur Erarbeitung/Diskriminierung/Stabilisierung bestimmter Laute,
- Rhythmuserkennung und -imitation,
- Hörspiele und Hörbücher,
- Gebärden für Geräusche oder Wörter, ab fünf Jahren Gebärden für Laute (Kieler Leseaufbau),
- Reimpaare erkennen und unterscheiden.

Auditive Aufmerksamkeit

- Wechsel zwischen Anspannung und Entspannung,
- Rhythmisierung der Sprache,
- Entspannungsübungen,
- Ruhephasen erlauben, Hörpausen,
- Bewegungsspiele,
- Tanz,
- Rhythmik,
- Musik einbauen,
- Hörübungen mit Geräuschen und Sprache,
- Ablenkung minimieren,
- häufige Kontrollen, ob verstanden wurde,

Selektivität/Filterfähigkeit und beidohriges Hören

- Nachfragen ermöglichen, dazu ermutigen,
- Geräusche aus Störgeräuschen erkennen und im Raum lokalisieren,
- zusätzliche visuelle Hilfen,
- Geräuschwerkstatt, Geräuscharchiv,
- Nachsprechen von Lauten mit Lippenlesen,
- Vermeidung von Störgeräuschen und Lärm,

Lautheitsempfinden

- ruhige Gruppe,
- ruhiger Sitznachbar,
- möglichst kleine Gruppe,

- deutliche Sprachangebote,
- Nähe zum Sprecher/zur Sprecherin,

Richtungshören

- Blickkontakt zum Sprecher,
- Sitzplatz ändern,
- Gesprächsdisziplin,
- alle Kinder beim Namen aufrufen,
- bei Gruppenspielen im Sport Zeichen vereinbaren,
- Hörspiele und Hörübungen zur Geräusch- und Sprachlokalisation mit verbundenen Augen,

Auditives Gedächtnis

- mit kurzen Geschichten Interesse wecken,
- angenehme, interessante Hörerlebnisse vermitteln,
- Gedichte, Verse, Lieder, Reime,
- Singen,
- komplexe Handlungsanweisungen splitten, – Wiederholungen in Variationen,
- Erlebnistagebuch als Sprachanreiz,
- Verknüpfung mit Erlebtem,
- Hilfen im motorischen und visuellen Bereich als Kompensation,
- bei Nacherzählungen Stichwörter und Bilder als Hilfen.

Materialien und Übungen bei Fördermaßnahmen

Geräuschdosen, Alltagsgeräusche, CD »Detektiv Langohr« zur Geräusch- und Lautidentifikation. Minimalpaare, Laute verbinden, Zungenbrecher und Mundbildkarten zur Lautunterscheidung, Gedichte, Verse, Lieder und Reime zur Förderung der Lautunterscheidung, der Aufmerksamkeit und des Gedächtnisses. Silben erkennen, Silben klatschen, hüpfen, trommeln zur Förderung der Segmentationsfähigkeit. Mit Ausnahme der zahlreichen, nicht bedeutungs- und kontextgebundenen Gedächtnisübungen finden sich viele Spielideen und Übungen zur Lautdifferenzierung in »Auditive Verarbeitungs- und Wahrnehmungsleistungen bei Vorschulkindern« (Burger-Gartner & Heber, 2017).

Musikpädagogik und musikalische Früherziehung fördern nicht-sprachgebundene Kommunikation, Sprachmelodie und Sprachrhythmus. Sie tragen zu einer verbesserten Aufmerksamkeit, zu einer Verbesserung der prosodischen Fähigkeiten und zu einer Verbesserung der phonologischen Schleife im Arbeitsspeicher bei. Nach Sallat (2008) wirkt sich das Üben akustisch-struktureller Verarbeitungsprozesse günstig auf die frühe Sprachentwicklung aus. Eine Wirksamkeit bei Kindern mit Sprachstörungen konnte jedoch nicht nachgewiesen werden (Sallat, 2014).

Hörtraining oder *Klangtherapie* sind eine Behandlungsformen, bei denen die Hörwahrnehmung durch technisch veränderte Musik und Sprache beeinflusst werden soll. Diese Therapie, die in den USA Auditory Integration Training (AIT) und in Frankreich Audio-Psycho-Phonologie genannt wird, beruht letztlich auf drei Techniken: der Hochtonfilterung, der Lateralisation von Musik und Sprache sowie der Sprach-Rückkopplung. Hörtraining ist ein Begriff, der in der Hörgeschädigten-Pädagogik für apparative Hörsysteme benutzt wird. Hörtraining wird auch in der Behandlung von Schwerhörigkeit und bei Ohrgeräuschen (Tinnitus) eingesetzt.

Ein Sprachfeedback erfolgt zwischen der Aufnahme der kindlichen Sprache über ein Mikrofon und die Rückkopplung über Kopfhörer (Rosenkötter, 2003). Das Hörtraining ist keine Sprachtherapie und keine Therapie der Lese-Rechtschreibstörung, da Musik und Phoneme im Gehirn unterschiedlich verarbeitet werden (Morais, Periot, Lidji & Kolinski, 2010). Das Hörtraining kann aber die Wahrnehmung prosodischer Funktionen beeinflussen, es kann die Lautstärkeempfindung (z. B. bei Menschen mit Hyperakusis) und die Fähigkeiten zur Störschall-Nutzschallfilterfähigkeit verbessern, manchmal auch die Lautdifferenzierung und das beidohrige Hören (Früchtenicht, 2017).

10.3 Auditive Wahrnehmung und Sprache

10.3.1 Die Entwicklung der Prosodie

Prosodie ist die melodische Gliederung von Sprache. Die Melodie und den Rhythmus der mütterlichen Sprache erlernen wir schon vor der Geburt. Nach der Geburt unterscheiden Säuglinge sofort die mütterliche Sprache von der Sprache anderer Frauen. Später werden die Laute der eigenen Mutter und der Muttersprache zunehmend besser, die Laute fremder Sprachen aber zunehmend schlechter unterschieden. Mit 10–12 Monaten können Säuglinge nur noch die Laute der Muttersprache voneinander unterscheiden. Das spätere Erlernen der Lautbildung in einer Zweit- oder einer Fremdsprache wird dann immer schwieriger. Mit zwei Monaten kommt es zu abwechselnden Dialogen zwischen der Mutter und dem lautierenden Kind mit kindlichen Nachahmungen und Blickkontakt. Im Wechselspiel imitieren auch die Eltern die lautlichen Vorgaben des Kindes und differenzieren sie wegweisend in den prosodischen Merkmalen.

> **Am Anfang der Sprachentwicklung steht die Prosodie:**
>
> Betonung, Lautstärke und Tonhöhe der Laute, Rhythmus, die Melodie der Sprache.

Das Erlernen der prosodischen Fähigkeiten, überwiegend in rechtshemisphärischen Zentren, beginnt bereits vor der Geburt. Im Alter von zwei Monaten können Babys

Töne mit unterschiedlicher Klangfarbe in der rechten Großhirnhemisphäre bearbeiten, Sprachlaute hingegen in der linken Hemisphäre (▶ Abb. 10.5). Etwa mit sieben bis zehn Monaten, in der Phase des Silbenplapperns, spezialisieren sich die Fähigkeiten, unterschiedliche Laute zu unterscheiden. Die selbst produzierten Vokale und Silben weisen bereits die Charakteristika der muttersprachlichen Formanten auf. Mit einem genetisch verankerten Repertoire ausgestattet, heben alle Eltern in der Welt ihre Stimme an, wenn sie mit ihrem Baby sprechen, sie verlängern die Vokale und sie betonen die Melodie. Bis zum 6.–9. Monat hat sich das Kind auf bestimmte Rhythmisierungen und melodische Phrasierungen spezialisiert, die die Muttersprache kennzeichnen. Darüber hinaus transportiert die Prosodie auch den emotionalen Gehalt von Sprache. Säuglinge im Alter von sieben Monaten können gut unterscheiden, ob ihre Mutter mit ihnen neutral, glücklich oder ärgerlich spricht (Grossmann, Oberecker, Koch & Friederici, 2010). Bei Erwachsenen werden dann linguistische Parameter der Prosodie überwiegend im linken Stirnhirn, emotionale Parameter überwiegend im rechten Stirnhirn verarbeitet (Dogil, Ackermann, Grodd, Haider, Kamp, Mayer, Rieker &Wildgruber, 2002). Am Ende des ersten Lebensjahres steht in der Regel die Produktion der ersten bedeutungstragenden Worte. Das Kind bereichert handlungsbegleitend seinen Wortschatz und ruft ihn linkshemisphärisch ab. Das im linken Schläfenlappen aktivierte Sprachsystem wird mit dem rechtsdominanten prosodischen System verknüpft. So werden die neuen und bedeutungsschweren Silben und Worte betont und die Endstellung eines Wortes markiert. Möglicherweise bilden sich über diesen prosodischen Zugang auch die ersten Regeln der Grammatik: Regeln der Sprachrhythmik, die Ableitung der Bedeutung aus dem syntaktischen Rahmen eines Wortes, das sog. »bootstrapping« (Penner, 2002).

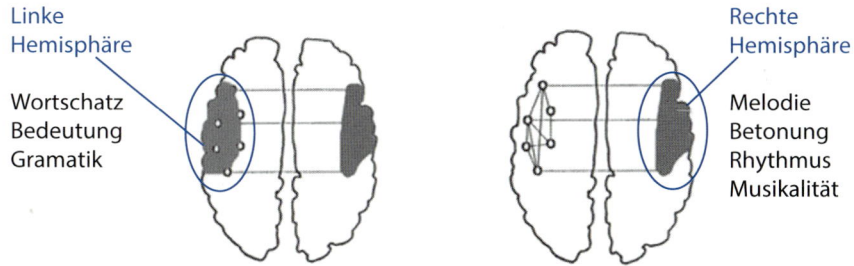

Abb. 10.5: Funktionelle Lateralisation: Die linke Hemisphäre ist dominant für Lexikon, Semantik und Grammatik, die rechte für die Prosodie.

Im Alter von 12–18 Monaten zeigen Lautäußerungen und zweisilbige Worte in der deutschen Muttersprache neben den melodiösen Betonungsregeln auch grundlegende Zeitstrukturen: Zweisilbige Worte der deutschen Sprache folgen bis auf wenige Ausnahmen einem trochäischen Versmaß. Als Trochäus bezeichnet man einen Versfuß, bei dem die erste Silbe betont und länger und die zweite Silbe unbetont und kürzer ist. Die Schallanalyse des Wortes »Nase« zeigt die deutlich lautere und längere erste Silbe »Na-« und die kürzere und unbetonte zweite Silbe »-se« (▶ Abb. 10.6).

10 Hören, auditive Wahrnehmung und Sprache

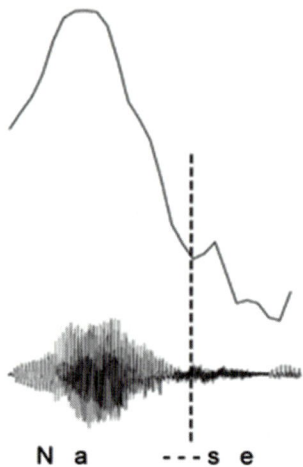

Abb. 10.6: Spektrogramm mit Zeit- und Intensitätsverlauf des Wortes »Nase« (n. Penner, 2002)

Dazwischen liegt eine bewusst nicht zu hörende Silbenpause. Das Sonagramm des Wortes »Teig« zeigt deutlich, wie betont und dynamisch der Anteil »-ei-« erscheint und dass es selbst zwischen »ei« und »g« eine deutliche Pause gibt (▶ Abb. 10.7). Die Vermessung der Pause mit den Lückendetektoren der zentralen Hörbahn ist entscheidend für die Konsonanten- und die Silbenerkennung.

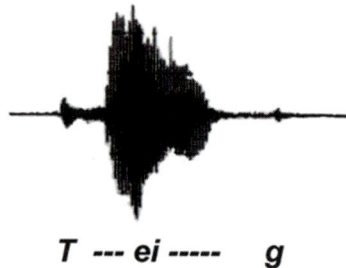

Abb. 10.7: Sonagramm des Wortes »Teig« (n. Spreng, 2000)

10.3.2 Lauterkennung

Eine intakte Zeitanalyse ist eine wichtige Voraussetzung für die Wahrnehmung charakteristischer Strukturmerkmale. Besonders deutlich wird dies bei der Verarbeitung von Konsonanten. Ähnlich klingende Konsonanten werden nämlich erkannt, indem die Zeitdauer zwischen dem Beginn der Artikulation und dem Beginn der Schwingungen der Stimmbänder exakt vom Gehirn vermessen wird. Man spricht von einer Stimmeinsatzzeit (voice onset time). Diese zeitliche Analyse steht dem Menschen schon sehr früh zur Verfügung. Säuglinge können schon ab dem 4. Lebensmonat zwischen allen Lauten dieser Welt unterscheiden. Ein Beispiel soll dies verdeutlichen: das Konsonantenpaar /b/ und /p/. Das Klangspektrum von einem Vokalpaar und einem Paar klangähnlicher Konsonant-Vokal-Verbindungen mag das verdeutlichen (▶ Abb. 10.8). /ba/ und /pa/ unterscheiden sich nur innerhalb der ersten 40 ms, der Zeit für den Konsonanten. Man nennt diese Unterscheidung eine »kategorische Perzeption« von Sprachlauten.

Anders verläuft die Wahrnehmung von Vokalen. Die gesprochenen Vokale /ɛ/ und /æ/ unterscheiden sich nicht in der Zeitdauer, sondern in der Formantfärbung. Sie können mit anhaltendem Luftstrom beliebig lange ausgedehnt werden. Sie haben eine gemeinsame Grundtonhöhe und eine eigene Klangfarbe. Die Klangfarbe eines Vokals ist durch Tonhöhenbereiche charakterisiert, die besonders betont sind. Man nennt die Partialtonbereiche, die die Klangfarbe eines Vokals bestimmen, einen *Formant*. Für die Zuordnung eines Vokals sind die beiden ersten Frequenzbänder (Formant 1 und Formant 2) bestimmend. Sie sind unabhängig davon, ob die Stimmlage weiblich oder männlich ist. Formant 3 und Formant 4 hingegen sind durch die individuellen Klangfarben eines Singenden oder Sprechenden bestimmt. Abbildung 10.9 zeigt die deutschen Vokalformanten F1 und F2 für 15 Vokalschattierungen. Links ist die Tonhöhe (Frequenzangabe in Herz) aufgetragen. Man kann z. B. gut erkennen, wie ähnlich /o/ und /u/ klingen. Ihre schwierige Unterscheidung erfordert eine sehr genaue Tonhöhenunterscheidung von 100 bis 200 Hz.

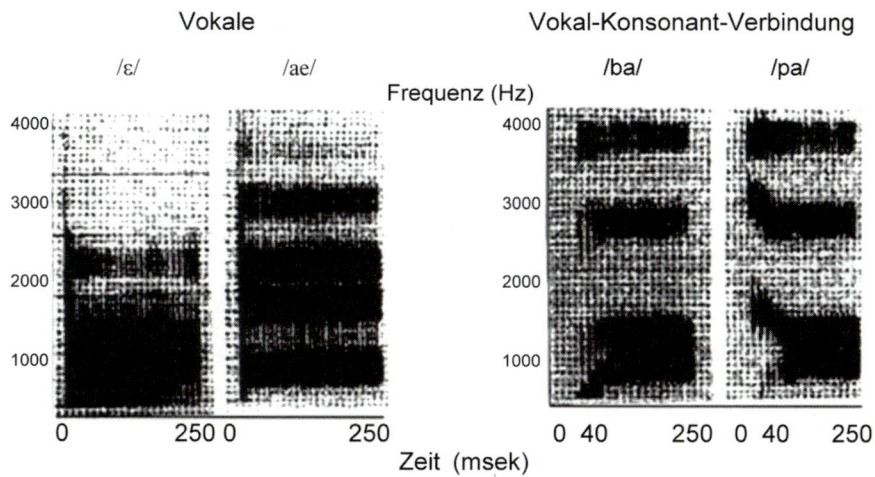

Abb. 10.8: Klangspektrum von zwei ähnlichen Vokalen und zwei Konsonant-Vokal-Verbindungen. Die Vokale unterscheiden sich in den Formanten. /ba/ und /da/ unterscheiden sich nur in den ersten 40 ms

Trägt man Konsonanten und Vokale in ein Diagramm aus Lautstärke (in dB) und Tonhöhe (in Hz) ein, so ergibt sich ein Sprachfeld (▶ Abb. 10.10). Man kann gut erkennen, dass die Lauterkennung vor allem im Tonhöhenbereich zwischen 250 Hz und 400 Hz ein gutes Hörvermögen erfordert, aber auch, dass hochfrequente

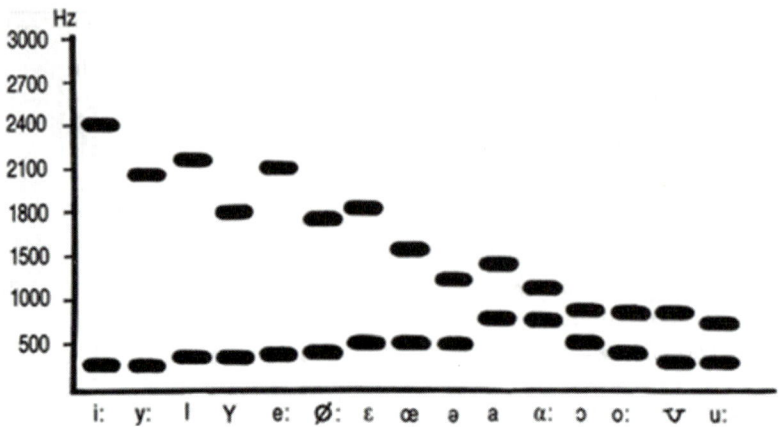

Abb. 10.9: Formant 1 und 2 (F1, F2) für die Klangfarben 15 deutscher Vokale

Konsonanten (z. B. Zischlaute) nur bei sehr gutem Hören hoher Frequenzen erkennbar sind. Die Lautstärke, die für Spracherkennung notwendig ist, liegt zwischen 30 und 70 dB.

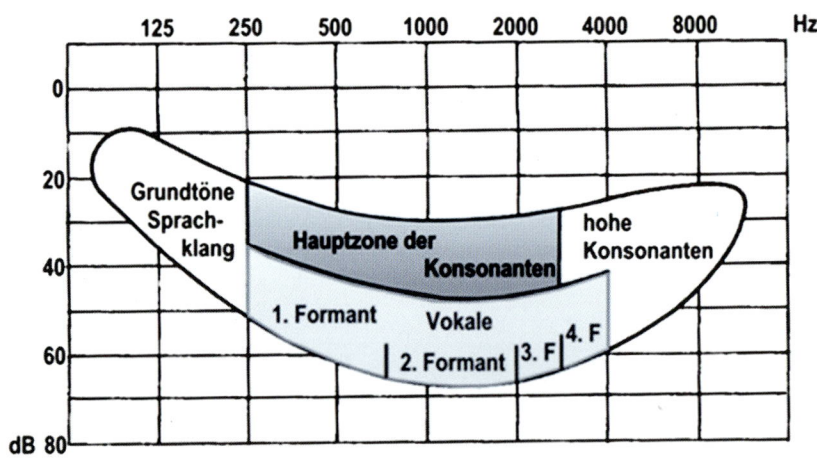

Abb. 10.10: Sprachfeld im Audiogramm: Lautstärkepegel [dB] gegen Tonhöhe [Hz]

10.3.3 Die normale Sprachentwicklung

Die Chronologie des normalen kindlichen Spracherwerbs soll an dieser Stelle nur skizziert werden. Sie wird andernorts ausführlich erläutert (Szagun, 2007; Tracy, 2007; Zollinger, 1997; Ruberg & Rothweiler, 2012), wobei allerdings außerordentlich unterschiedliche Erklärungen vorherrschen und noch keine allgemein gültige Theorie für den Spracherwerb vorliegt. Selbst die beobachtbaren sprachlichen Äußerungen werden aus den unterschiedlichen theoretischen Perspektiven verschieden interpretiert, so werden bereits die ersten Wörter z. B. mal als Ausdruck eines grammatischen Satzes, mal als Ausdruck eines kommunikativen, keineswegs grammatischen Bedürfnisses, mal als Nachahmung von Lautmustern interpretiert. Oben haben wir schon gesehen, wie auf der Basis eines rechtshemisphärisch-dominanten prosodischen Wahrnehmungssystems im 6.–12. Lebensmonat Konsonant-Vokalketten (»da-da-da-da«, »baba«) und erste zweisilbige Worte (»Mama«, »Wau-wau«, »Auto«) erlernt werden, unter Beachtung der prosodischen Regeln. Am Ende des zweiten Lebensjahrs erreicht der Wortschatz etwa 200 Worte (mit einer hohen interindividuellen Variabilität) und erste Zwei- (»Mama schlafen«) oder sogar Dreiwortäußerungen.

Die Wortschatzzunahme, die stete Verlängerung der Äußerungen, das Beherrschen grammatischer Strukturen und die Verbesserung der Aussprache gehen parallel zu Differenzierungen in anderen Entwicklungsbereichen wie Motorik, Emotion, Sprache und Kognition. Am Ende des 4./5. Lebensjahres sind in aller Regel die grundlegenden sprachlichen Strukturen erworben.

Dies gilt auch für Kinder, die mehrsprachig aufwachsen, so wie für die meisten Kinder in der ganzen Welt. Werden die Sprachen in ausreichendem Umfang und in guter Qualität angeboten, dann können Kinder von Anfang an zwei Sprachen gleichzeitig (simultaner Zweitspracherwerb bzw. Bilingualismus) ohne Schwierigkeiten erlernen. Auch zeitlich versetzt nacheinander (sequentieller oder sukzessiver Zweitspracherwerb) ist ein Zweitspracherwerb gut möglich, allerdings müssen dabei bestimmte Rahmenbedingungen gegeben sein. Wie der erschreckend hohe Anteil an unzureichend Deutsch sprechenden Erstklässlern in Deutschland zeigt, sind diese in Deutschland nicht hinreichend gegeben, sodass der sequenzielle Zweitspracherwerb sich als sehr problematisch erweist.

Die Beziehung zwischen Sprache und Denken kann hier nicht ausgeführt werden, dazu sei auf die einschlägigen Lehrbücher verwiesen (z. B. Weinert & Grimm, 2008). Festzuhalten gilt, dass es sowohl Theorien gibt, bei denen davon ausgegangen wird, dass die Sprache dem Denken vorausgehe (z. B. die Ansätze des linguistischen Determinismus nach Sapir und Whorf), oder dass umgekehrt die Denkentwicklung Voraussetzung für die Sprache sein würde (z. B. Piaget). Bei einer Vielzahl von Theorien wird von einer gegenseitigen Beeinflussung von Sprache und Kognition (bzw. Sprechen und Denken) ausgegangen, die in sehr unterschiedlicher Weise diese Wechselwirkung modellieren (z. B. Vygotzki, 2002; Tomasello, 2010). Eine besondere Annahme ist in der von Chomsky begründeten Tradition linguistischer Ansätze zu sehen: Hier sind Sprache und Kognition zwei unabhängig voneinander sich entwickelnde Systeme (Kany & Schöler, 2014).

Die Ergebnisse der Neurowissenschaften können die unterschiedlichen Annahmen zum Spracherwerb und der Beziehung zwischen Sprache und Kognition sowie die Frage nach den Anteilen genetischer und sozialer Faktoren nicht entscheiden, aber sie können einige empirische Beiträge liefern. Sehr wohl bestehen Bezüge und Feedbackfunktionen zwischen der gesprochenen Sprache, der Sprachwahrnehmung und der mimischen Motorik. So beeinflussen der Gesichtsausdruck des Sprechenden und seine Mund- und Lippenbewegungen (visuelle Wahrnehmung) das Sprachverständnis (Ito, Tiede & Ostry, 2009), die taktile Wahrnehmung hilft dabei, den

Luftstrom von aspirierten Lauten (p, t) gegenüber weicheren Konsonanten (b, d) zu unterscheiden (Gick & Derrick, 2009) und das Erlernen der genauen motorischen Artikulationsmodelle unterstützt das gleichzeitige auditive Feedback (Lipski, Unger, Grice & Meister, 2011). Es zeichnet sich auch ab, dass wir grammatische Strukturen durch Erfahrung und Lernprozesse erwerben, nicht primär jedoch durch ein spezielles, angeborenes Sprachmodul (Liu & Holt, 2011), wie dies heute aber noch viele linguistische Theorien in der Tradition von Chomsky postulieren (z. B. Tracy, 2007). Zu unserer Vorstellung über die neuronale Verarbeitung von Sprache gehört auch unser Wissen über die zeitliche Verarbeitung von Sprache, die wir schon im Zusammenhang mit der Konsonantenerkennung kennengelernt haben. Eine verlangsamte Lautverarbeitung wäre dann die Ursache für eine gestörte Reizverarbeitung, die zusätzlich bei Störgeräuschen und falschen Betonungsregeln zu einer SES führen kann. Tatsächlich konnten Tallal und Mitarbeiter schon in den 1970er Jahren zeigen, dass viele Kinder mit SES als Zeichen für eine verlangsamte Sprachverarbeitung eine verlängerte Ordnungsschwelle hatten. Sie konnten zwei aufeinanderfolgende Töne nur dann unterscheiden, wenn der zeitliche Abstand der Töne mindestens eine bestimmte Länge aufwies (Tallal, 1993). Merzenich und Tallal (1996) konnten ferner zeigen, dass die Kinder mit Hilfe eines PC-gesteuerten Programms eine Verbesserung der Lauterkennung erreichen konnten. Die Ergebnisse ließen sich jedoch von anderen Arbeitsgruppen nicht replizieren.

Eine andere neuronale Funktion, die bei der Entstehung einer SES ein zentraler Faktor zu sein scheint, ist die Kapazität des Arbeitsgedächtnisses. Man kann sich gut vorstellen, dass eine eingeschränkte Kapazität des Arbeitsgedächtnisses Ursache sein kann für Schwierigkeiten beim Erlernen mehrsilbiger Worte, beim Erlernen von rhythmischen Abfolgen, beim Erfassen gesprochener Sätze, bei der Bildung von Grammatik, d. h. dass das Arbeitsgedächtnis eine sehr wichtige Basis für das expressive und rezeptive Regelwerk darstellt. Die meisten Forschungsergebnisse erlauben aber kein Bild von einer einzigen oder von sehr wenigen Kernursachen für eine SES. Vielmehr sind wohl die verschiedenen Funktionsdefizite die Ursache für die Fehlfunktion grundlegender informationsverarbeitender Strukturen und Prozesse, insbesondere der phonologischen Schleife im Arbeitsgedächtnis.

Ähnlich wie bei der visuellen Wahrnehmung (▶ Kap. 9.3) zeichnet sich auch bei der Hörverarbeitung ein neuronales Netzwerk mit zwei Verarbeitungswegen ab. Auch hier unterscheiden wir zwischen einem oberen und einem unteren Verarbeitungspfad. Der obere Pfad (»dorsal stream«) verbindet die links-dominanten Artikulationszentren des Gyrus präzentralis und des Broca-Zentrums und die sensomotorischen Zentren im Scheitellappen (besonders: Gyrus postzentralis) beidseitig mit den Hör- und Sprachzentren des Schläfenlappens. Der untere Pfad (»ventral stream«) verknüpft die beidseitigen Hör- und Sprachzentren des Schläfenlappens mit linksdominanten Zentren für das Lexikon und die Semantik. Vereinfacht könnte man auch sagen, dass der obere Pfad unbekannte Wörter auf Lautebene dekodiert und die Lautbildung mit der Artikulation verbindet, während der untere Pfad die gehörten oder gedachten Laute dem Lexikon und der Bedeutung zuweist und bekannte Wörter im lexikalischen Gedächtnis speichert (Hickock & Poeppel, 2007; Sauer, Kreher, Schnell, Kümmerer & Kellmeyer, 2008).

10.3.4 Die verzögerte und die gestörte Sprachentwicklung

Etwa 15–20 % aller Kinder weisen deutliche Schwächen in der Sprachentwicklung auf. Darüber hinaus haben 5–7 % aller Kinder eine Sprachentwicklungsstörung (SES). Wie kann man nun frühzeitig eine gestörte Sprachentwicklung von einer schwachen oder verzögerten Sprachentwicklung unterscheiden und was kann man vorbeugend tun, um eine verzögerte oder eine gestörte Sprachentwicklung zu vermeiden? Für das Alter von 24 Monaten hat man den Begriff der »Spätsprecher« (*Late Talker*) eingeführt, wenn ein Kind bis zu diesem Zeitpunkt einen Wortschatz von weniger als 50 Wörtern erreicht und noch keine Zweiwortsätze bilden kann. Das sind etwa 20 % aller Kinder. Diese Gruppe könnte eine Risikogruppe sein, wobei wir uns darüber bewusst sind, dass die Reduktion der Differenzierung auf nichts als den Wortschatzerwerb ein grobes Konstrukt ist und dass die Variabilität hinsichtlich Tempo und Aufbau sprachlicher Strukturen sehr hoch ist. Dennoch ist deutlich geworden, dass diese Gruppe intensiv zu beobachten ist, weil die meisten Kinder, die später eine SES haben werden, aus dieser Gruppe hervorgehen.

> **Der verspätete Sprachbeginn (Rothweiler & Kauschke 2007)**
>
> Im Alter von 24 Monaten:
>
> - Wortschatz von weniger als 50 Wörtern
> - keine Zweiwort-Sätze
>
> Ein verspäteter Sprachbeginn
>
> - ist keine Diagnose,
> - ist nur Feststellung eines Entwicklungsstandes: der Wortschatzentwicklung,
> - muss nicht behandelt werden,
>
> **aber!**
>
> - kann gefördert werden,
> - muss beobachtet und nach drei bis spätestens sechs Monaten neu beurteilt werden,
> - muss dann von Fachleuten frühzeitig überprüft werden. Sie können erkennen, welche Spätsprecher eine SES bekommen werden.

Im Alter von 36 Monaten wird sich die Sprachentwicklung bei einem Drittel der Kinder, die mit 24 Monaten einen verspäteten Sprachbeginn hatten, normalisiert haben (Kauschke & Siegmüller, 2006). Ein weiteres Drittel zeigt deutliche Zeichen einer SES und braucht jetzt eine Förderung und/oder eine Therapie. Das letzte Drittel bleibt eine Beobachtungsgruppe, die eine besonders langsame und schwache Sprachentwicklung aufweist, sich später normalisieren kann oder zur spät manifesten SES wird. Man nennt sie die »Spätblüher« (*Late Bloomer*). Woran erkennt man nun eine Sprachentwicklungsverzögerung mit 36 Monaten? Charakteristisch sind ein eingeschränkter aktiver Wortschatz, das Fehlen von komplexen Sätzen, eine falsche Wortstellung im Satz und die falsche Stellung des Verbs (Grimm & Skowronek, 1993). Eine Sprachentwicklungsstörung kann also in der Regel erst frühestens mit drei Jahren diagnostiziert werden, es sei denn, dass das Kind sich gar nicht verständlich machen kann und darunter leidet. Sie ist definiert durch eindeutige zeitliche und inhaltliche Abweichungen von der Norm. Dabei weichen die Sprachproduktion, oft aber auch das Sprachverständnis meist auf mehreren linguistischen Ebenen (phonetisch-phonologisch, lexikalisch-semantisch, morphologisch-syntaktisch, pragmatisch) von der Altersnorm ab (Neumann et al., 2009). Unklar bleibt bislang, ob die Gruppe der Kinder mit scheinbar spontan aufgeholter Sprachentwicklung und die Gruppe der Kinder mit verzögerter oder schwacher Sprachentwicklung Variationen der Normalverteilung darstellen (Szagun, 2019) oder ob dies Kinder sind, die nur scheinbar aufholen (»illusionäres Aufholen«) und damit hohe Risiken für spätere Lern- und Verhaltensstörungen haben (Penner et al., 2003).

Die Diagnostik der Sprachentwicklungsverzögerung und der Sprachentwicklungsstörung im Alter bis zu drei Jahren ist also überwiegend auf eine Frage der Wortschatzproduktion reduziert worden.

Bei der Sprachstandsdiagnostik werden verschiedene Methoden (Befragung, Beobachtung, Elizitation) und entsprechende Verfahren eingesetzt, die für unterschiedliche Altersbereiche mehr oder weniger gut geeignet sind. Bei jüngeren Kindern bis zu zwei, drei Jahren werden oft die Eltern oder andere Beziehungspersonen befragt, so z. B. mit den Elternfragebögen ELFRA (Grimm & Doil, 2006) oder FRAKIS (Szagun, Stumper & Schramm, 2009) oder den in vielen Sprachen mittlerweile vorliegenden SBE-2-KT (v. Suchodoletz & Sachse, 2009) oder SBE-3-KT (v. Suchodoletz, Kademann & Tippelt, 2009). Für Kinder ab drei Jahren liegen bereits standardisierte und normierte Verfahren vor, wie z. B. der SETK 3–5 (Grimm, Aktas & Frevert, 2015), bei denen die Kinder bestimmte Aufgaben zu lösen haben, die Antworten werden ihnen dabei entlockt (elizitiert). Neben dem Einsatz von solchen standardisierten und normierten Elizitationsverfahren stellt die Beobachtung immer noch eine wichtige diagnostische Informationsquelle dar. Zur Unterstützung kann man dabei auf Beobachtungsinventare zurückgreifen, wie z. B. SELDAK (Mayr & Ulich, 2019). Eine ausführliche Beschreibung und Bewertung von sprachdiagnostischen Methoden und Verfahren findet sich im »Fokus Sprachdiagnostik. Leitfaden zur Sprachstandsbestimmung« (Kany & Schöler, 2010).

10.3.5 Frühe Sprachförderung

In den Kindertageseinrichtungen in Deutschland werden nahezu flächendeckend präventive und kurative Sprachfördermaßnahmen eingesetzt, die entweder von dem pädagogischen Fachpersonal oder besonderen Sprachförderkräften durchgeführt werden. Mit diesen Sprachförderungen in den Kindertageseinrichtungen sollen die sprachlichen Voraussetzungen für Kinder ohne ausreichende Kenntnisse in der deutschen Sprache geschaffen werden, damit sie auch an den Bildungsangeboten der Grundschule partizipieren können. (Zu einem detaillierten Überblick über die Sprachfördermaßnahmen in der Kindertageseinrichtung s. Ruberg & Rothweiler, 2012)

Die Ziele einer frühen sprachlichen Förderung sind nach Adler (2011):

- Sprach- und Kommunikationsangebote und sprachliche Anregung durch erwachsene Sprachvorbilder zur Unterstützung des Spracherwerbs zu geben,
- Beginnende Verzögerungen zu erkennen, aufzuhalten oder abzuschwächen,
- Schulvorbereitend zu wirken.

Die Fördermaßnahmen werden in der Regel in Gruppen durchgeführt. Zusätzlich zu den direkt am Kind ansetzenden Maßnahmen werden auch flankierende Maßnahmen entwickelt und eingesetzt, bei denen die Eltern in ihrer sprachlichen Kompetenz gefördert werden sollen, wie z. B. durch das Rucksack-Projekt (www.rucksack-griffbereit.de) oder das Heidelberger Elterntraining (Buschmann, 2017). Dabei sind die Ziele und Zielgruppen sehr unterschiedlich: Mit dem Rucksack-Projekt werden in erster Linie Eltern mit einem Migrationshintergrund angesprochen, mit dem Heidelberger Elterntraining sollen insbesondere Eltern mit sprachentwicklungsverzögerten oder -gestörten Kindern trainiert werden.

Einige wichtige Voraussetzungen und Methoden einer guten Sprachförderung sind von Ward (1999) beschrieben worden:

- Verlangsamte Sprache
- Reduzierte Komplexität von Sprache
- Zeit in ruhigem Raum verbringen, Spiele mit laut-leise
- Wiederholungen
- Anbieten von Reimen und Sprachspielen
- Benennungsaktivitäten
- Erhöhung der selektiven Aufmerksamkeit, z. B. Variation von Hintergrundgeräusch
- Nachahmung von Umgebungsgeräuschen, um Freude und Interesse des Kindes an sprachlichen Lauten zu steigern (ritualisierte Lautgebung und Imitationsrituale)
- Ausschaltung oder Minderung eines leichten Hörverlusts (bedingt durch Mittelohrerkrankungen).

Neuere Arbeiten haben Zweifel daran aufkommen lassen, ob die zeit- und personalaufwändige programmatische Förderung im Kindergarten effektiv ist, und zwar unabhängig von der angewandten Methode (Schöler & Roos, 2011). Man könnte vermuten, dass Transferwirkungen unspezifischer Fördermethoden nicht zu erwarten sind. Es gibt zumindest »keinerlei Hinweise darauf, dass ein allgemeines Wahrnehmungs-, Denk- oder motorisches Training einen direkten Transfer in den Sprachbereich aufweist« (Weinert, 2002). Motorik und Musik fördern die Sprachentwicklung als solche nicht, allenfalls in Verbindung mit Sprache, und leider gar nicht bei Kindern mit gestörter Sprachentwicklung. Wahrscheinlich liegt der Schlüssel für eine erfolgreiche Förderung in einer intensiven Schulung von pädagogischen Fachkräften über die Sprachentwicklung. Dafür sprechen Ergebnisse des Sprachförderprogramms PRÄSES (Siegmüller & Fröhling, 2003) und eine eigene Untersuchung (Sonnenberg, 2006). Denn im Gegensatz zu der häufig vorgetragenen

Hypothese, dass Erzieherinnen die Sprachkompetenz der Kinder in ihren Gesprächen aufnehmen und berücksichtigen, fanden Albers (2009) und Simon und Sachse (2011, 2013), dass das sprachliche Verhalten von Erzieherinnen eher durch den Kontext bestimmt wird. Es zeigte sich, dass ein Vorschultraining in einer Kindertagesstätte nur zu kurzen und wenig komplexen Antworten der Kinder führte, die nicht adäquat aufgenommen und weitergeführt wurden. Erst während einer anschließenden offenen Gesprächssituation standen initiierendes und responsives Sprachverhalten der erwachsenen Bezugsperson wieder in angemessenem Verhältnis zum Alter und zu den Fähigkeiten der Kinder.

Als wichtige strukturelle Faktoren für den Erfolg von Sprachförderung in der Gruppe sehen wir:

- Intensivierte Ausbildung von Spracherzieherinnen (Simon & Sachse, 2013)
- Erzieherinnen als sprachbewusste Vorbilder: Zeitintensive und aktive Teilnahme des Kindes am Dialog, Sprache durch aktives Sprechen des Kindes fördern
- Handlungsbegleitende Sprache
- Themen aus dem Kindergartenalltag oder aus den Interessen der Kinder aufnehmen
- Sprachförderin muss den Kindern bekannt sein
- Gruppengröße max. 6 Kinder

Wir konnten bereits nach sechs Monaten signifikante Verbesserungen im Sprachtest (SETK 3–5) nachweisen. Darüber hinaus zeigen alle Untersuchungen über die Wirkung von Sprachförderung, dass vor allem die mehrsprachig erzogenen Kinder von diesem Angebot profitieren.

Welche Kinder sollten nun im Kindergarten gefördert werden und welche sollten eine Sprachtherapie erhalten? Für die pädagogische Sprachförderung kommt man zu folgenden Richtlinien (s. Kasten).

> **Sprachförderung in der Kindertagesstätte**
>
> - Förderung von Kindern mit Spracherwerb mit verzögertem Spracherwerb,
> - Förderung der Wahrnehmung von Lauten,
> - Erlernen der Betonungsregeln von Wörtern,
> - Erlernen der inhaltlichen Unterscheidung von Wörtern,
> - Erlernen eines korrekten Satzbaus,
> - Förderung mehrsprachig aufwachsender Kinder ohne Sprachentwicklungsstörung, aber mit Sprachentwicklungsverzögerung in der deutschen Zweitsprache,
> - Förderung des Spracherwerbs bei Kindern mit schwierigen sozialen Bedingungen,
> - Förderung von Kindern mit mangelhafter Sprachanregung.

Ein erheblich verzögerter Sprachbeginn und ein verzögertes Voranschreiten der Sprachentwicklung nach Einsetzen der Sprache muss ärztlich und sprachtherapeutisch abgeklärt werden, um zu entscheiden, ob Therapie oder Pädagogik zuständig sind. Diagnosen, die eine Stimm-, Sprech- oder Sprachtherapie begründen, sind im

Heilmittelkatalog der Krankenversicherungen festgelegt (www.gkv-spitzenverband. de/krankenversicherung/ambulante_leistungen/heilmittel/heilmittelrichtlinie/heil mittel-richtlinie.jsp, Zusammenfassung im folgenden Kasten).

> **Indikationen für eine Sprachtherapie**
>
> 1. Störungen der Stimme (Organische, Funktionelle oder Psychogene Störungen der Stimme, z. B. Stimmbanderkrankungen, Heiserkeit nach Operationen oder bei neurologischen Erkrankungen)
> 2. Störungen der Sprache
>   2.1 Störungen der Sprache vor Abschluss der Sprachentwicklung (z. B. Sprachentwicklungsstörung, Sprachstörung bei Behinderungen, genetischer Erkrankung)
>   2.2 Störungen der Artikulation (z. B. bei Hörstörungen, Anomalien der Zähne oder des Kiefers, Störungen des Muskelgleichgewichts)
>   2.3 Störungen der Sprache bei hochgradiger Schwerhörigkeit oder Taubheit (angeboren oder erworben)
>   2.4 Störungen der Sprache nach Abschluss der Sprachentwicklung (bei schweren Erkrankungen des Nervensystems)
>   2.5 Störungen der Sprachmotorik (z. B. bei Zerebralparese, neurologischen Krankheiten)
> 3. Störungen des Redeflusses (meist: Stottern)
> 4. Störungen der Stimm- und Sprechfunktion (z. B. neurologisch bedingtes Näseln, bei Kieferspalte, Hals-Nasen-Ohrenkrankheiten)
> 5. Störungen des Schluckaktes (meist: Erkrankungen des Nervensystems)

10.4 Prävention

10.4.1 Die phonologische Bewusstheit: Eine Vorläuferfähigkeit

Phonologische Bewusstheit im engeren Sinne stellt die Fähigkeit dar, die kleinsten Einheiten der gesprochenen Sprache zu erkennen und ihre Position in einem Wort zu bestimmen (z. B. Anlaute erkennen, aus Lauten ein Wort bilden). Die meisten Kinder erwerben diese Fähigkeit erst während und durch den Schriftspracherwerb. Die *phonologische Bewusstheit im weiteren Sinne* hingegen entsteht in der Regel unbewusst und spontan im Vorschulalter. Damit wird die Fähigkeit bezeichnet, größere sprachliche Einheiten (z. B. Silben zu klatschen, Wörter in einem Satz oder Reimpaare zu erkennen) wahrzunehmen und zu benennen. Die Grundlagen der phonologischen Bewusstheit im weiteren Sinne werden schon im Mutterleib und im frühen Säuglingsalter erworben, wenn wichtige Funktionen der auditiven Wahrnehmung erlernt werden. Die phonologische Bewusstheit stellt eine wichtige Vorläuferfähigkeit für den Schriftspracherwerb dar.

Die meisten Versuche, im Vorschulalter Risikofaktoren für eine Störung des Schreib- und Leseerwerbs mit einem Screening-Verfahren zu bestimmen, beruhen auf der Überprüfung der phonologischen Vorläuferfähigkeiten, z. B. Anlauterkennung, Reimpaare erkennen, Synthese von Einzellauten zu einem Wort, Ergänzung von fehlenden Lauten zu einem Wort, Silben klatschen. Das in Deutschland am häufigsten benutzte Verfahren zur Identifizierung von Risikokindern im Vorschulalter ist das Bielefelder Screening zur Früherkennung von Lese-Rechtschreibschwierigkeiten (BISC; Jansen et al., 2002). Dieses Screening trägt auch dem Umstand Rechnung, dass für den Schreib-Leseerwerb ein intaktes Erkennen von Buchstabenelementen und eine gute visuelle Aufmerksamkeit notwendig sind. Es enthält daher Subtests zum raschen Benennen von Bildobjekten und zum Unterscheiden von Wortbildern. Dennoch ist dieses Screening leider recht ungenau und erzeugt viele falsch-positive und falsch-negative Ergebnisse (Rosenkötter, 2004; Marx & Weber, 2006).

10.4.2 Prävention von Lese-Rechtschreibschwierigkeiten

Da es gut erprobte Übungsverfahren gibt, die das Erlernen von Vorläuferfähigkeiten des Schreibens und Lesens im Vorschulalter ermöglichen, sollten solche Programme mit allen Kindern im letzten Jahr vor der Einschulung durchgeführt werden. Dann werden auch solche Kinder, die in der Früherkennung fälschlicherweise nicht als Risikokinder erkannt wurden, nicht von dem Förderprogramm ausgeschlossen. Zudem unterbleibt die Teilung einer Kindergruppe in förderbedürftige »Risikokinder« und deren Diskriminierung gegenüber »normalen« Kindern. Besonders profitieren Kinder, die zweisprachig aufwachsen, und Kinder mit Schwächen in der Sprachentwicklung von solchen Programmen. Das Ziel dieser Programme ist die Prävention von Lese-Rechtschreibschwierigkeiten durch das Erlernen von Vorläuferfähigkeiten:

1. Phonologische Bewusstheit,
2. Erlernen und Erkennen von einigen Buchstaben,
3. Buchstaben-Laut-Verknüpfung (Graphem-Phonem-Korrespondenz).

Für eine individuelle Förderung von Kindern mit Schwächen in der phonologischen Bewusstheit stehen zahlreiche Materialien zur Verfügung, vor allem zur Geräuschlokalisation und -identifikation, zur Verbesserung der Lautunterscheidung und zum Rhythmisieren und Silbenerkennen. Es gibt auch einige Therapie und Übungs-CDs: Audiolog, Detektiv Langohr, Audio etc.

In der Gruppenförderung haben sich vor allem das Würzburger Programm »Hören, Lauschen, Lernen« (Küspert & Schneider, 2018) und eine Variante, das Programm »Hören, Sehen, Verstehen« (Rosenkötter, Groschwald & Karle, 2007), als vorbeugende Maßnahme etabliert. Kinder, die am Ende der Kindergartenzeit mindestens sechs Monate lang täglich an diesen Programmen in einer Kleingruppe teilnehmen, haben deutlich weniger Lese-Rechtschreibschwierigkeiten in der ersten und der zweiten Grundschulklasse. Besonders wichtig ist dabei, den strukturierten

10.4 Prävention

Aufbau der Förderung beizubehalten und die täglichen Übungseinheiten regelmäßig umzusetzen. Nach den Übungen zur Förderung der phonologischen Bewusstheit werden die Vorläuferfähigkeiten zur Erkennung und Speicherung von Buchstaben und die Prinzipien der Buchstaben-Laut-Verknüpfung erarbeitet. Der Erfolg ist beeindruckend und nachhaltig: In einer eigenen, noch nicht veröffentlichen Untersuchung bei 100 Kindern zeigt sich gegenüber der ebenso großen Kontrollgruppe, dass die Schreib- und Leseleistungen am Ende der ersten und am Ende der zweiten Klasse wesentlich besser sind.

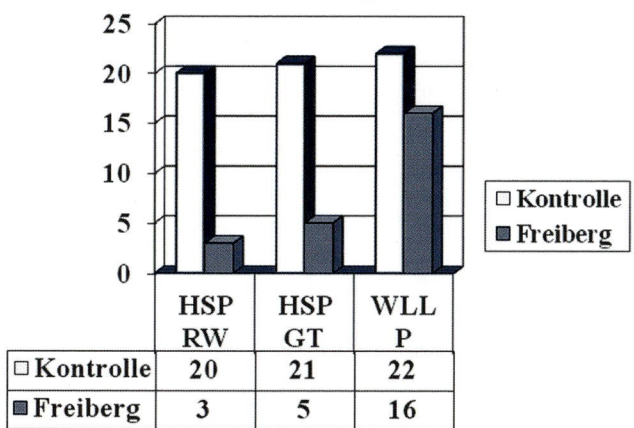

Abb. 10.11: Ergebnisse der Prävention von Lese-Rechtschreibschwierigkeiten: Hamburger Schreibprobe (HSP 1 und 2) und Würzburger Leise Leseprobe (WLLP) am Ende der ersten Klasse (Interventionsgruppe »Freiberg« und Kontrollgruppe: jeweils N = 100). Zahl der Kinder mit PR < 15 im Subtest »Richtig geschriebene Wörter« (RW) und »Graphemtreffer« (GT) und im Lesetest

Kinder, die sechs Monate lang an dem Präventionsprogramm teilgenommen hatten, waren den Kindern aus der nicht geförderten Kontrollgruppe weit überlegen: Am Ende der ersten Klasse hatten von ihnen nur 3 % schlechte Leistungen (unter Prozentrang 15) im Untertest »Richtig geschriebene Wörter« aus dem Schreibtest Hamburger Schreibprobe. 5 % von ihnen hatten schlechte Leistungen im Untertest »Graphemtreffer« des gleichen Schreibtests. In der »Würzburger Leiseleseprobe«, einem Gruppenlesetest, schnitten 16 % schlecht ab. Die Kontrollkinder waren ihnen weit hinterher: Jedes fünfte Kind hatte am Ende der 1. Klasse entweder mangelhafte Schreib- oder Leseleistungen. Die Ergebnisse am Ende der zweiten Klasse waren identisch.

Das zeigt, dass eine frühe Förderung von Vorläuferfähigkeiten des Schreibens und Lesens die Bildungschancen der Kinder wesentlich verbessert. Man kann zwar die Genetik der LRS nicht überwinden, aber die Grundlagen des Schreiben- und Lesenlernens können für viele Kinder auf ein sicheres Fundament gestellt werden. Erstaunlicherweise ließen sich die Ergebnisse der Würzburger Arbeitsgruppe von Schneider auch hinsichtlich der Nachhaltigkeit bestätigen. Die Überlegenheit der Kinder aus der Interventionsgruppe war nachhaltig, mindestens bis an das Ende der 2. Klasse.

10.5 Lese-Rechtschreibstörung

Weltweit haben Kinder und Erwachsene in allen Ländern, unabhängig von der Sprache, allenfalls abhängig von der Art der jeweiligen Schrift, in 3-11 % eine bedeutsame Störung des Erlernens von Lesen und Schreiben (Galuschka & Schulte-Körne, 2016). Die Begriffe Schreib-Lesestörung, Lese-Rechtschreibstörung (LRS) und Legasthenie sind gleichbedeutend. Die Diagnosekriterien einer Legasthenie sind in der Internationalen Klassifikation für Krankheiten (ICD 10) festgelegt.

> **Diagnose einer umschriebenen Störung des Lesens und des Schreibens nach ICD 10 (leicht verkürzt)**
>
> a) Die individuell mit standardisierten Tests gemessenen Schreibleistungen (bzw. Tests für Lesegenauigkeit) liegen wesentlich unter denen, die aufgrund des Alters, der Intelligenz und der altersbezogenen Bildung zu erwarten wären.
> b) Die Störung behindert deutlich die schulischen Leistungen und das Verfassen geschriebener Texte.
> c) Es liegt keine schwere Hör- oder Sehstörung und keine neurologische Erkrankung vor.

Gegenüber dieser Diskrepanzdiagnostik (Schreib- und/oder Leseleistungen versus Intelligenz) gibt es zu Recht zahlreiche Vorbehalte: Gibt es dann eine LRS auch bei hochbegabten oder lernbehinderten Kindern? Wie wirkt sich die Wahl des Intelligenztests aus? Ist die Schreibleistung wirklich unabhängig von der sozialen Komponente von Bildung? Welchen Einfluss haben die Lehrer und die Lernmethoden? Auf der einen Seite ist die Lese-Rechtschreibstörung als Krankheit von der WHO anerkannt, auf der anderen Seite wird eine Legastheniebehandlung nicht von den Krankenkassen finanziert. Ganz sicher ist die Legasthenie aber kein primär pädagogisch verursachtes Problem.

Neuropsychologisch haben Kinder mit LRS individuell unterschiedliche Schwierigkeiten in drei Funktionsbereichen:

- Eine Störung von Teilbereichen der auditiven Wahrnehmung, besonders der phonologischen Bewusstheit.
- Eine Störung der visuellen Erkennung, der Speicherung und des Abrufens von Buchstaben und Wörtern,
- Eine Störung der Buchstaben-Laut-Verknüpfung (Graphem-Phonem-Korrespondenz).

Die Legasthenie wird als eine »spezifische Lernstörung« bezeichnet. Das bedeutet, dass nicht alle Bereiche des Lernens gestört sind, sondern spezifisch nur das Schreiben und Lesen. Das Besondere ist, dass Kinder mit Legasthenie visuelle Muster,

10.5 Lese-Rechtschreibstörung

Bilder und Strukturen genauso so gut wie andere Kinder erkennen können, aber im visuellen Erkennen und Erlernen von Buchstaben, Silben und Wörtern und in der Buchstaben-Laut-Verknüpfung große Schwierigkeiten haben. Die Tatsache, dass eine Legasthenie nicht an einen sozialen Status oder an eine niedrige Intelligenz gebunden ist und dass sie oft familiär gehäuft auftritt, hat schon frühzeitig daran denken lassen, dass es genetische Ursachen für die Entstehung gibt:

1. Bei etwa 50 % aller Kinder mit Legasthenie gibt es einen Verwandten ersten Grades, der auch eine Schwäche des Schreibleseerwerbs hatte. Bei mehr als 30 % der Eltern liegt ebenfalls eine Schreib-Lesestörung vor.
2. Das Geschlechtsverhältnis in der Vorkommenshäufigkeit (Jungen : Mädchen = 6 : 1) lässt sich in dieser Eindeutigkeit nicht mit sozialen oder pädagogischen Einflüssen begründen.
3. Die Zwillingsforschung zeigt: Ist bei eineiigen Zwillingen ein Zwilling Legastheniker, so wird der andere Zwilling in 80 % ebenfalls eine Legasthenie haben.
4. Genetische Untersuchungen belegen, dass es mehrere Genorte für Legasthenie gibt (z. B. auf den Chromosomen 1, 2, 3, 6, 15, 18) (Schumacher et al., 2006; Scerri & Schulte-Körne, 2010). Das erklärt auch, dass in manchen Familien besonders die phonologische Bewusstheit betroffen zu ist, während in anderen Familien das Erlesen von Wörtern beeinträchtigt ist.

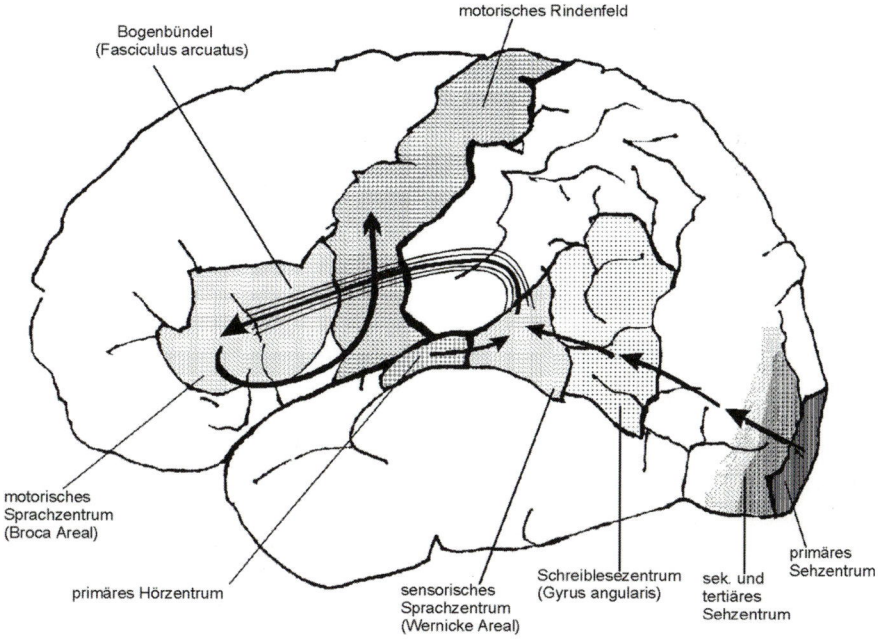

Abb. 10.12: Blick von der Seite auf das linke Großhirn: Verarbeitungswege eines gelesenen oder eines gehörten Wortes bis zum Nachsprechen

Die Abbildung 10.12 zeigt, welchen Weg das gehörte und das gelesene Wort im Gehirn nehmen. Das gehörte Wort wird im primären Hörzentrum (auch in den sekundären und tertiären Sprachzentren, s. o.) und im sensorischen Sprachzentrum analysiert. Soll es nachgesprochen werden, gehen die Informationen über das Bogenbündel zum motorischen Sprachzentrum und zum motorischen Rindenfeld vor der Zentralrinne (Gyrus präzentralis). Das gelesene Wort erreicht hingegen über den Sehnerv und die zentrale Sehbahn die Sehzentren des Hinterlappens. Dort erfolgt zunächst nur die Analyse der graphischen Merkmale: Ob die Konturen der graphischen Zeichen senkrecht stehen, leicht geneigt sind oder ob sie Rundungen enthalten. In den nachgeschalteten sekundären und tertiären Arealen der Sehrinde werden sie dann auf weitere Erkennungsmerkmale hin untersucht: auf Farben, auf die Zeitdauer der Präsentation, auf räumliche Zuordnung, auf den Kontrast zum Umfeld, auf Wiedererkennungsmerkmale und auf Ähnlichkeiten mit verwandten grafischen Zeichen. Erst nach der Weiterleitung an eine bestimmte Hirnwindung, das Schreiblesezentrum (Gyrus angularis), wird geklärt, ob es sich um Zeichen handelt oder um Buchstaben. Wir verfügen also über ein spezielles Hirnrindenareal, das in der Lage ist, Buchstaben von anderen Zeichen zu unterscheiden und sie auf die Verknüpfung mit den Sprachzentren vorzubereiten. Erst nach der Verarbeitung im Gyrus angularis können die erkannten Zeichen mit den korrespondierenden Lauten verbunden werden. Dies ist die Arbeit, die das Schreiblesezentrum zusammen mit dem sensorischen Sprachzentrum und dem primären Hörzentrum leisten muss. Beide befinden sich im Schläfenlappen (Temporallappen) des Großhirns.

Die Darstellung des Großhirns mit Blick auf die linke Seite ist nicht zufällig, denn bei 80 % aller Menschen (auch bei den meisten Linkshändern) hat sich der linke Schläfenlappen auf die Verarbeitung von Sprache spezialisiert, sowohl der gesprochenen als auch der geschriebenen Sprache. Im Laufe der Menschheitsentwicklung hat diese Spezialisierung dazu geführt, dass bei den meisten Menschen der linke Schläfenlappen größer und zellreicher geworden ist. Die Spezialisierung des Schläfenlappens führte entwicklungsgeschichtlich zu einer Asymmetrie in der Morphologie und einer spezialisierten Asymmetrie in den Funktionen. In den Zentren der gegenüberliegenden rechten Seite hingegen werden sprachliche Äußerungen vor allem nach ihren prosodischen Merkmalen analysiert: nach Stimmhöhe, nach Sprachmelodie, nach dem Rhythmus der Sprache. Bei Menschen mit Legasthenie zeigt sich bei Gehirndarstellungen mit der Kernspintomographie (MRT) sehr oft eine unphysiologische Symmetrie des Schläfenlappens. Die Tatsache, dass bei vielen Legasthenikern eine Symmetrie der Schläfenlappen besteht, könnte einen Teil der Lateralisations-Schwierigkeiten bei Legasthenikern erklären. Zusätzlich weist das Gehirn von Legasthenikern oft verkleinerte Hirnwindungen (Mikropolygyrie) auf.

Untersuchungen der letzten Jahre zeigen, dass auch das Kleinhirn von Legasthenikern Besonderheiten aufweist: Anteile der hinteren Kleinhirnrinde scheinen verändert, der rechte Vorderlappen und die Pars triangularis verkleinert zu sein. Erstaunlicherweise steht sogar das anatomische Ausmaß dieser Verkleinerung in Korrelation zum Schweregrad der Legasthenie, vor allem scheint bei stärkeren Kleinhirnveränderungen das rasche Benennen von Buchstaben betroffen zu sein.

Einige Forschungsarbeiten deuten darauf hin, dass bei Legasthenikern das großzellige (magnozelluläre) System der Sehbahn geschädigt ist. Möglicherweise sind dadurch Verschiebungen im Farbsehen und eine Störung der Bewegungswahrnehmung erklärbar.

Wegweisend für die Erforschung der organischen Grundlagen der Legasthenie waren die neuroanatomischen Arbeiten des amerikanischen Neuroanatomen Galaburda. Er und seine Mitarbeiter untersuchten 1985 die Gehirne verstorbener Legastheniker. Ihre mikroskopischen Untersuchungen beschrieben spezifische Veränderungen, die bei keiner anderen Erkrankung oder Entwicklungsstörung in dieser Weise je gesehen worden waren: zahlreiche winzige Zellnester, die krankhaft veränderte Zellformen (Zelldysplasie) aufwiesen (Galaburda et al., 1985). Diese Zellnester entwickeln sich wohl (aufgrund genetischer Induktion?) wenige Wochen vor der Geburt. Sie liegen an der Oberfläche des Großhirns. Dort ist in winzigen Partien die normale Architektur der Rinde gestört und unterbrochen. Man fand diese Dysplasien gehäuft in der Hirnwindung des Schreiblesezentrums, im Schläfenlappen des Großhirns und im Bereich der Kniehöcker. Die Kniehöcker sind eine besonders wichtige Region, weil hier die unabhängig voneinander verlaufenden Bahnen des Sehens und des Hörens eng beieinander liegen: Die Sehbahn sendet ihre Informationen über den Sehnerv in das primäre Sehzentrum des Hinterhauptshirns, während die Hörbahn aus dem Hörnervenkern des Stammhirns nach oben zur Hörrinde des Schläfenlappenhirns aufsteigt. Eine Zellschädigung in diesem Bereich würde vielleicht erklären, warum bei Legasthenikern sowohl die Überleitung und Verarbeitung visueller als auch auditiver Reize geschädigt ist. Das Ausmaß und die genaue Lokalisation dieser Zelldysplasien sind nach den Untersuchungen von Galaburda individuell sehr unterschiedlich.

Dass Kinder mit Legasthenie häufig Schwierigkeiten haben, Laute miteinander zu verschmelzen oder fehlende Laute zu ergänzen, ist seit den Arbeiten von Angermaier mit dem »Psycholinguistischen Entwicklungstest« (Angermaier, 1977) bekannt. Ihm fiel auf, dass Legastheniker in den Subtests »Laute verbinden« und »Wörter ergänzen« Schwierigkeiten hatten. Auch die Unterscheidung zwischen hohen und tiefen Tönen (Frequenzunterscheidung) oder das Nachklatschen von rhythmischen Sequenzen gelingt Legasthenikern schlecht. Besonders häufig lassen sich Defizite in der Lautunterscheidungsfähigkeit, in der Störschall-Nutzschall-Filterfähigkeit und im beidohrigen Hören, vor allem im dichotischen Hören, nachweisen. Kein Legastheniker hat jedoch Defizite in all diesen Bereichen, sondern individuell unterschiedlich in verschiedenen Funktionen und unterschiedlichen Schweregraden. EEG-Untersuchungen, elektrophysiologische Untersuchungen, fMRT und elektromagnetische Untersuchungen zeigen eine große Zahl veränderter auditiver Funktionen und Besonderheiten in der Verarbeitung akustischer Stimuli.

10.6 Zusammenfassung

Auditive Wahrnehmung ist die Aufnahme, Weiterleitung und Verarbeitung akustischer Signale.

Wahrnehmungsleistungen

- Lautheitsempfindung (subjektive Empfindung für laut-leise)
- Lautstärkeunterscheidung (Unterscheidung unterschiedlicher Lautstärken)
- Tonhöhenunterscheidung (Unterscheidung hoch-tief)
- Tonlängenunterscheidung (Unterscheidung kurz-lang)
- Lautunterscheidung (Unterscheidung von Lauten)
- Zeitliche Verarbeitung akustischer Reize (Konsonanten- und Lückenerkennung)
- Zeitliche Ordnung, Identifikation von Serialität
- Auditive Wahrnehmung sprachlicher Reize
- Richtungshören
- Beidohriges Hören
- Trennung von Nutz- und Störschall
- Zeitliche Auflösung
- Wiedererkennen akustischer Muster
- Wahrnehmung von reduzierten oder konkurrierenden akustischen Signalen, Ergänzung unvollständiger Klanggestalten

Die *phonologische Bewusstheit im engeren Sinne* bezieht sich auf den bewussten Umgang mit den kleinsten Einheiten der gesprochenen Sprache, den Lauten. Sie entwickelt sich meist erst im Zusammenhang mit dem Schriftspracherwerb.

Unter *phonologischer Bewusstheit im weiteren Sinne* versteht man die Wahrnehmung der gröberen sprachlichen Einheiten wie Wörter im Satz und Silben in Wörtern, das Erkennen von Reimen und Silben. Sie entwickelt sich in der Regel spontan, d. h. ohne äußere Anleitung schon im Vorschulalter.

Vorläuferfähigkeiten des Schriftspracherwerbs

1. Erlernen der phonologischen Bewusstheit
2. Erkennen, Speichern und Wiedergeben von Buchstaben
3. Verknüpfung der Buchstaben-Zeichen mit den korrespondierenden Lauten

Weiterführende Literatur

Adler, Y. (2011). *Kinder lernen Sprache(n). Alltagsorientierte Sprachförderung in der Kindertagesstätte.* Stuttgart: Kohlhammer.

.Burger-Gartner, J. & Heber, D. (2016). *Auditive Verarbeitungs- und Wahrnehmungsstörungen bei Vorschulkindern: Diagnostik und Therapie.* Dortmund: Modernes Lernen.

Dehaene, S. (2012). *Lesen. Die größte Erfindung der Menschheit und was dabei in unseren Köpfen passiert.* München: Knaus.

Kany, W. & Schöler, H. (2010). Fokus: *Sprachdiagnostik: Leitfaden zur Sprachstandsbestimmung im Kindergarten* (2., erw. Aufl.). Berlin: Cornelsen Scriptor.

Rosenkötter, H. (2003). *Auditive Wahrnehmungsstörungen.* Stuttgart: Klett-Cotta.

Rosenkötter, H. (2007). Neurologische Grundlagen der Legasthenie. In H. Schöler & A. Welling (Hrsg.), *Handbuch der Sonderpädagogik, Bd. 1 Sonderpädagogik der Sprache* (S. 419–431). Göttingen: Hogrefe.
Schulte-Körne, G. & Galuschka, K. (2019). *Lese-/Rechtschreibstörung (LRS)*. Göttingen: Hogrefe.
Tracy, R. (2008). *Wie Kinder Sprachen lernen. Und wie wir sie dabei unterstützen können*. Tübingen: Francke.
Zollinger, B. (2015). *Die Entdeckung der Sprache*. Bern: Haupt.

10.7 Lärm und Geräuschempfindlichkeit

10.7.1 Lärm

Definition

Als Lärm werden akustische Ereignisse wie Geräusche, Töne oder Stimmen bezeichnet, die durch ihre Lautstärke und ihre akustischen Eigenschaften gesundheitsschädigend oder störend wirken.

Ob man Geräusche als Lärm wahrnimmt, hängt aber auch von unserer Stimmung, von unseren Gewohnheiten und von der Vigilanz ab. Hohe Töne werden in aller Regel als unangenehmer empfunden als tiefe. Aber auch schon relativ leise Schallereignisse mit 60 dB können subjektiv als störend empfunden werden, z. B. bei Tätigkeiten, die hohe Konzentration erfordern oder im Schlaf. Hinzu kommt, dass Geräusche persönlich bewertet werden: Geräusche, die man mag, scheinen uns auch bei hohen Lautstärken nicht als störend, Geräusche, die man nicht mag, gelten schon bei kleinen Lautstärken als störend. Kirchenglocken werden seltener als zu laut bezeichnet als z. B. ein laufender Motor vor dem Haus. Eine besonders hohe Geräuschempfindlichkeit ist auch Symptom einiger Erkrankungen: Depression, Hirnhautentzündung (Meningitis), prämenstruelles Syndrom, HNO-Erkrankungen wie Tinnitus, Trommelfellperforationen/Paukenhöhlendrainage und einzelne genetische Erkrankungen wie z. B. das Williams-Beuren-Syndrom. Die Betroffenen empfinden selbst geringe Geräusche schon als eingreifend und gesundheitsschädigend.

10.7.2 Lärmschädigung und Innenohr

Lärm kann unwiederbringliche Gesundheitsschäden verursachen: Bei zehnstündigem Diskobesuch wöchentlich kommt es zu einem Hörverlust von durchschnittlich 30 dB, und bei einem Schallpegel von 100 dB in der Disko werden 60 % aller Besucher Hörschäden davontragen (Wissenschaftlicher Beirat der Bundesärztekammer, 1999; Bundesumweltamt, 2009). Fatal ist die Tatsache, dass Lärm die Haarzellen des Innenohrs unwiederbringlich schädigt. Haarzellen regenerieren nicht. Aber auch Lärm am Arbeitsplatz kann Hörschäden verursachen, nicht nur bei Arbeiten am Presslufthammer, sondern auch am Arbeitsplatz, im Kindergarten und in der Schule.

Messungen der Hochschule Oldenburg ergaben, dass in Kindergärten sehr häufig Lautstärkepegel von 80 dB und sogar höher herrschen, in Schulklassen 70 dB (Schick, Klatte & Meis, 2000). Das sind Lautstärken, bei denen nach den Verordnungen der Arbeitsplatzsicherheit ein Hörschutz getragen werden müsste.

10.7.3 Lärm in der Umwelt

Lärm verursacht nicht nur Hörschäden bei hohen Lautstärken. Auch bei geringeren Schalldruckpegeln kommt es zu gesundheitlichen Beeinträchtigungen, wahrscheinlich durch Ausschüttung von Stresshormonen der Nebenniere (Kortisol, Adrenalin). 17 % aller Bundesbürger fühlen sich durch Verkehrslärm belastet, 7 % durch Fluglärm. Die Auswertung von Krankenkassendaten in einer Studie zu Gesundheitsrisiken durch Fluglärm ergab für Flughafenanlieger ein erhöhtes Risiko für sämtliche Herz-Kreislauferkrankungen, für Schlaganfall und für koronare Herzkrankheiten (Bartsch, 2009). Dabei steigt das Erkrankungsrisiko schon bei relativ geringer Fluglärmbelastung, und zwar besonders bei Nachtflügen. Um die besonders empfindlichen Bevölkerungsgruppen (Kinder, Ältere, chronisch Kranke) zu schützen, empfehlen Fachleute vorsorglich Grenzwerte von 55 dB tagsüber und 45 dB nachts (Kaltenbach, Maschke & Klinke, 2008).

10.7.4 Lärm in der Kita

Lärm ist im Gegensatz zu Schall keine physikalische Größe, sondern ein Schallereignis, das auch von der Art der Lärmquelle und von subjektiver Empfindung geprägt ist. In großen hallenden Räumen erreicht der Lärm oft solche Lautstärkepegel, dass die gesprochene Sprache schlecht verstanden wird. Lärm maskiert die Sprache. Darunter leiden in besonderem Maße

- geräuschempfindliche Kinder,
- Kinder mit schlechter Filterfähigkeit, die Sprache als Nutzschall nicht gut aus dem Störschall herausfiltern können, und
- Kinder mit Lautunterscheidungsschwächen.

Diese Kinder wirken dann, als seien sie sozial schlecht integrierbar oder unkonzentriert. Lärm als akustisches Hindernis stellt auch für Kinder mit Deutsch als Zweitsprache und Kinder mit Mittelohrkrankheiten eine besondere Belastung dar, da der Lärm das Sprachverständnis gerade dieser Kinder erschwert.

Aber nicht nur den Kindern schadet der Lärm, sondern auch den Kita-Fachkräften und Lehrkräften. Mit der Zeit leidet ein Gutteil von ihnen unter Ohrgeräuschen (Tinnitus) und Hörstörungen, manche klagen über Erschöpfung und Kopfschmerzen und letztlich auch über Stimmbanderkrankungen, wenn sie versuchen, sich mit lauter Stimme Gehör zu verschaffen (Oelze, 2014).

10.7.5 Was kann man gegen Lärmbelästigungen tun?

Im Wesentlichen gibt es vier Möglichkeiten, auf Belästigungen durch Lärm zu reagieren:

1. Hintergrundgeräusche wie Musik und Fernsehen reduzieren oder vermeiden.
2. Bei ungünstigen Hallbedingungen kann die Raumakustik durch bauliche Maßnahmen verändert werden (Einbau einer Akustikdecke, Rigips, Sonatech, Ecophon, BER-Deckensysteme). Die DIN-Norm 18 041 legt die »Hörsamkeit in kleinen bis mittelgroßen Räumen« fest. Leider gilt sie nur für Neubaumaßnahmen.
3. In Ausnahmefällen kann man das Tragen von Schaumstoffohrstöpseln, vom Hörgeräteakustiker angefertigte Gehörschutz-Otoplastiken oder den Gebrauch eines MP3-Players/IPods mit Kopfhörer als Schutzmaßnahme anwenden.
4. Die Erfahrung von Stille muss immer wieder eingeführt werden und Ruhe in Gruppensituationen Wert geschätzt werden. Die Sprach- und Schreilautstärke von Erwachsenen und Kindern ist drastisch zu reduzieren. Über selbstgebastelte Zeichen (z. B. eine Stopp-Hand am Holzstiel), eine Lärmampel (www.paedboutique.de/laermampel.php) oder ein Sound Ear (www.soundear.de) können die Kinder eine visuelle Rückmeldung erhalten, ob ihre Lautstärke noch »im grünen Bereich« liegt.

10.7.6 Geräuschüberempfindlichkeit (Hyperakusis)

Die Lautheitsempfindung ist eine Funktion der auditiven Wahrnehmung und Verarbeitung. Viele Menschen haben eine subjektive Unlustempfindung gegenüber Geräuschen, Tönen, Sprache, die als zu laut wahrgenommen werden. Man spricht dann von einer Hyperakusis (Rosenkötter, 2003).

Symptome der Hyperakusis

- Furcht vor Haushaltsgeräten, Motoren, Maschinen, Tierstimmen
- Ablehnung von Menschen mit lauter Stimme
- Rasche Erschöpfung in auditiv anstrengenden Situationen
- Beeinträchtigung der Hörwahrnehmung
- Vermeidung von Gesprächen in Anwesenheit mehrerer Personen
- Vermeidung lauter Alltagssituationen (Zirkus, Konzert, Bahnhof, etc.)
- Übertönen der Störgeräusche
- Soziale Sekundärreaktionen: Ablehnung und Vermeidung lärmbelasteter Situationen (Schule, Kindergarten, hallende Räume, laute Umgebung)

Die Hörüberempfindlichkeit (Hyperakusis) kommt bei 5 bis 9 % der Schulkinder vor, bei Säuglingen sicher viel häufiger. Die Ursache ist meist nicht zu klären. Die häufigste Form ist eine (oft familiär gehäufte) Veranlagung (Rosenkötter, 1999). Aber auch alle Kinder, deren Mittelohrerkrankung mit Paukenröhrchen behandelt wird, sind geräuschempfindlich. Besonders stark sind Kinder mit Erkrankungen aus dem Autismus-Spektrum und Kinder mit Zerebralparese betroffen. Das tägliche Leben dieser Kinder ist in kaum nachvollziehbarer Weise beeinträchtigt. Geräuschempfindlichkeit kann auch ein Begleitsymptom bei Sprachstörungen, beim Stottern, bei Lese-Rechtschreibstörungen oder bei Aufmerksamkeitsstörungen (ADHS) sein. Bei einer seltenen genetischen Erkrankung, dem Williams-Beuren-Syndrom, ist die Hyperakusis ein notwendiges Symptom.

Von der Hyperakusis gegenüber lauten Hintergrundgeräuschen ist die Hyperakusis gegenüber Knallgeräuschen abzugrenzen. Dabei kommt es zu angstbesetzten, manchmal panikartigen Reaktionen auf nicht vorhersehbare Knallgeräusche (Silvesterknaller, Faschingspistolen, Knallen von Luftballons etc.).

Die Diagnose einer Hyperakusis wird audiometrisch durch eine Bestimmung der Unbehaglichkeitsschwelle gestellt. Das ist diejenige Lautstärke, bei der Töne oder ein Schmalbandrauschen als unangenehm empfunden werden. Die Unbehaglichkeitsschwelle liegt bei einer Untersuchung mit Sinustönen bei 80 dB, bei Untersuchung mit einem Schmalbandrauschen bei 70 dB, bei Vorschulkindern jeweils um 10 dB niedriger. Die Behandlung ist relativ leicht mit einem Hörtraining möglich. Dabei hören die Kinder drei Monate lang täglich gefilterte Musik über einen Kopfhörer. Bei geräuschbelasteten Situationen, z. B. bei Autoreisen, dürfen die Kinder Musik mit Kopfhörer hören (weitere Informationen zum Hörtraining ▶ Kap. 10).

Kinder mit Störschall-Nutzschall-Filterschwäche und Kinder mit Hyperakusis profitieren auch von den bewussten Hilfestellungen ihrer Kita-Fachkräfte und ihrer Lehrkräfte, wie im folgenden Kasten beschrieben wird.

> **Hilfestellung im Kindergarten und im Unterricht**
>
> Wie Kita-Fachkräfte und Lehrkräfte Lärmbelastungen verringern und Kindern mit Hyperakusis oder Hörempfindlichkeiten zum guten Hören verhelfen können:
>
> - Wichtige Informationen in der Nähe des Kindes und ihm zugewandt geben.
> - Kind sitzt in der Nähe der pädagogischen Fachkraft, vordere Reihen/am Rand.
> - Kind sitzt bei einem ruhigen Nachbarn oder allein, Rückzug in ruhige Schutzecke erlauben.
> - Bei unterschiedlicher Hörfähigkeit der beiden Ohren das bessere dem Sprecher zuwenden.
> - Bei Gruppengesprächen in der Mitte zwischen den Kindern ihnen zugewandt sitzen.
> - Auf Gesprächsdisziplin achten: langsames Sprachtempo, gute Betonungen, Satzlänge und Wortwahl kontrollieren, mit Gestik unterstützen.
> - Wichtige Inhalte auch visuell darbieten.
> - Gruppenarbeit/Freiarbeit bedeuten erschwerte Bedingungen aufgrund des erhöhten Lärmpegels.
> - In ausreichender Lautstärke sprechen.

- Arbeitsanweisungen deutlich sprechen.
- Akustisches Umfeld prüfen: Decken und Vorhänge als Schallschlucker aufhängen.

10.7.7 Zusammenfassung

Lärm ist schädlich für Kinder. Er beeinträchtigt die auditive Wahrnehmung (Filterschwäche, Geräuschüberempfindlichkeit, Lautunterscheidungsfähigkeit) und die Sprachwahrnehmung. Es besteht die Gefahr einer vorzeitigen Degeneration der Haarzellen mit der Konsequenz einer partiellen Innenohrschwerhörigkeit, die irreversibel ist. Lärm ist auch schädlich für Kita-Fachkräfte in ihren Gruppen und für Lehrkräfte in ihren Klassen. Lärmbelästigungen erhöhen das Tinnitus-Risiko und aktivieren Stressreaktionen durch Adrenalin- und Kortisolausschüttungen. Ebenso erhöht Lärm das Risiko von sekundären Herzkreislauferkrankungen, Kopfschmerzen und Schlafstörungen. Wenn Personen dauerhaft gegen den Lärm ansprechen, kann das zu Stimmbandreizungen und -erkrankungen führen.

Lärm stellt für Kinder und Jugendliche mit Geräuschüberempfindlichkeit (Hyperakusis) eine besonders schwere Belastung dar.

Sich dieser negativen Folgen von Lärm bewusstzuwerden und pädagogische Gegenmaßnahmen und raumakustische Verbesserungen vorzunehmen, schafft Abhilfe und beugt den aufgezählten Risiken vor.

Weiterführende Literatur

Hellbrück, J., Guski, R. & Schick, A. (2010). Schall und Lärm. In V. Linneweber, E.-D. Lantermann & E. Kals (Hrsg.), *Spezifische Umwelten und umweltbezogenes Handeln* (S. 3-44). Göttingen: Hogrefe.
Rosenkötter, H. (2003). *Auditive Wahrnehmungsstörungen*. Stuttgart: Klett-Cotta.
Schick, A., Klatte, M., Meis, M. & Nocke, C. (Hrsg.). (2003). *Hören in Schulen. Beiträge zur Psychologischen Akustik*. Oldenburg: Bibliotheksund Informationssystem der Universität Oldenburg.

11 Taktil-kinästhetische Wahrnehmung

11.1 Wahrnehmungssysteme

Mit der taktil-kinästhetischen Wahrnehmung verarbeiten wir die Sinnesreize des Tastens, Spürens und Fühlens. Goldstein (2015) nennt das Erkennen durch die Hautsinne und die Haltungssinne das haptisch-somatische System. Er zählt dazu

- Die Hautsinne: das somato-sensorische System,
- Die Haltungssinne: die Position des Körpers und des Kopfes im Raum (Körperschema) (in Zusammenarbeit mit dem Gleichgewicht: vestibuläres System),
- Der Tiefensinn: die Stellung der Gliedmaßen (kinästhetisches oder propriozeptives System),
- Der Kraftsinn.

Wir verfügen in der Haut, den Sehnen, den Muskeln und den Gelenken, aber auch in den inneren Organen über eine Gruppe verschiedener Rezeptoren, die diese vielfältigen Wahrnehmungen erfassen und weiterleiten. In diesem Kapitel werden die neuronalen Grundlagen dieser Wahrnehmungen, die Verarbeitungsprozesse und Einflüsse auf das motorische Lernen geschildert.

1. Die Hautsinne (somato-sensorisches System) liefern Informationen über Größe, Form, Materialbeschaffenheit, und über Temperatur und Schmerz. Sie dienen der Exploration der Umwelt, und sie haben eine Schutzfunktion.
    - Taktile Wahrnehmung: Wahrnehmung des Tastens und Berührens und Druck- und Kraft-Wahrnehmung,
    - Temperaturwahrnehmung: bei Erwärmung oder Abkühlung der Haut gegenüber der normalen Oberflächentemperatur,
    - Schmerzwahrnehmung:
        - Oberflächenschmerz: Der Schmerzsinn schützt vor Gefahren, Verletzung, Knochenbrüchen, Verbrennungen und Überlastung,
        - Tiefenschmerz der Muskeln und Gelenke,
        - Schmerz der inneren Organe.
2. Das kinästhetische (oder propriozeptive) System gibt Rückmeldungen über die Position oder die Bewegungen unserer Gliedmaßen, besonders der Finger und des Rumpfes. Außerdem wird damit die Kraft geregelt, die bei der Kontraktion der Muskelfasern aufgebracht wird (Kraftsinn). Daraus entwickelt sich ein Körperschema. Das kinästhetische System bezieht seine Informationen aus Rezeptoren in

Gelenkkapseln, Sehnen und Muskeln. Diese Informationen betreffen den Spannungs- oder Entspannungszustand der Muskeln und den Dehnungszustand der Bänder, Sehnen und Fasern in Gelenkkapseln. Dadurch ist es möglich, Bewegungen in der Kraftdosierung und in der Richtung genau zu steuern und die wechselnde Position eines Körperteils im Raum zu bestimmen.
3. Der Gleichgewichtssinn (vestibuläres System) wird in Kapitel 12 beschrieben.

Das taktil-kinästhetische System stellt ein Regulationssystem dar, das Haltung und Kontrolle von Bewegung ermöglicht. Solche Rückmeldungsschleifen greifen so eng ineinander, dass einzelne Funktionen schwierig voneinander abgrenzbar sind. Zudem spielen sich diese untergeordneten Prozesse unbewusst ab. Daher verwundert es nicht, wenn Störungen der taktil-kinästhetischen Wahrnehmung oft wie eine Störung der motorischen Koordination wirken. Überschneidungen mit umschriebenen motorischen Entwicklungsstörungen sind nicht selten und diagnostisch schwer abzugrenzen: Das Dilemma von Henne und Ei.

Wie wichtig ein früher Haut- und Körperkontakt sein kann, zeigen die Erfahrungen der Neugeborenen-Medizin: Schon seit vielen Jahren ist die Känguru-Methode eingeführt worden. Dabei liegen die Früh- oder Neugeborenen täglich für etwa eine Stunde bäuchlings auf der nackten Brust eines schräg sitzenden Elternteils. Dadurch verbessern sich die Atmung der »Frühchen« und ihre Herztätigkeit, sie trinken besser, werden früher entlassen und haben eine bessere sprachliche, soziale und emotionale Entwicklung.

11.2 Rezeptoren

Verschiedene Rezeptoren in der Haut, in den Muskeln und in den Gelenken sind bekannt, von denen einige beschrieben werden sollen:

1. Merkel-Zellen: Sie sitzen in der Oberhaut und registrieren vor allem Druck (▶ Abb. 11.1).
2. Meissner-Körperchen: Sie sind in der Lederhaut in Nähe zur Oberhaut lokalisiert und registrieren u. a. leichte Berührungen und vermitteln ein Gefühl von Zittern (▶ Abb. 11.1).
3. Ruffini-Körperchen: Die Zellen besitzen verzweigte Nervenfasern, die in der Haut, im Bindegewebe und in Sehnen aufliegen und von einer Kapsel umhüllt sind. Sie geben Rückmeldung über Dehnung von Haut, Gelenkkapselfasern, Bindegewebe und Sehnengewebe (▶ Abb. 11.2).
4. Pacini-Körperchen: Zwiebelschalenartige Kapseln umhüllen die Nervenendigung. Sie sitzen in der tiefen Haut, in Gelenken und in inneren Organen (werden auch Vater-Pacini-Körperchen genannt). Diese Nervenzellen vermitteln das Gefühl von lange anhaltendem Druck, aber auch von rasch wiederkehrenden Druckreizen wie z. B. bei Vibration (▶ Abb. 11.3).

11 Taktil-kinästhetische Wahrnehmung

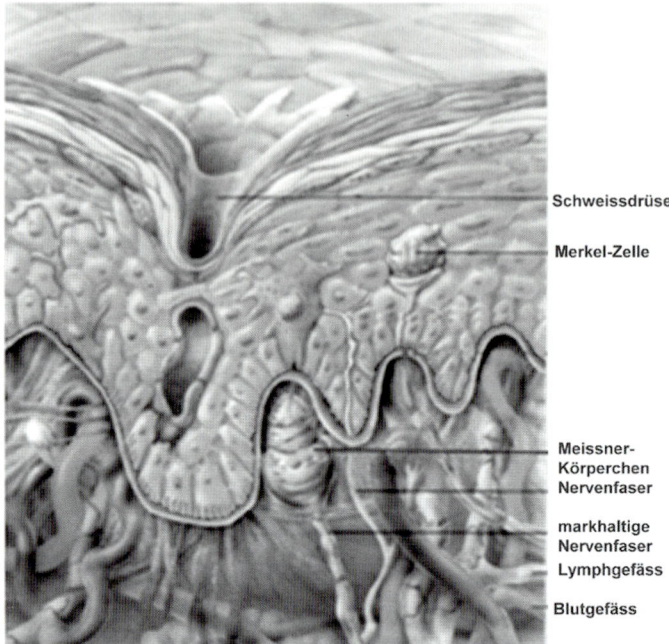

Abb. 11.1: Hautausschnitt: Merkel-Zellen in der Oberhaut und Meissner-Körperchen in der Lederhaut

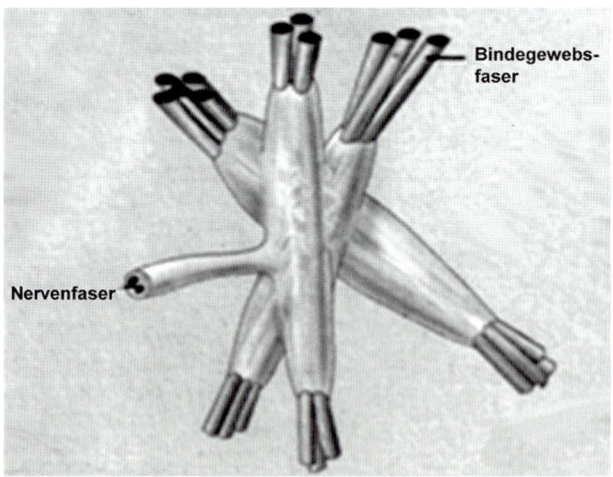

Abb. 11.2: Ruffini-Körperchen umhüllt Bindegewebsfasern

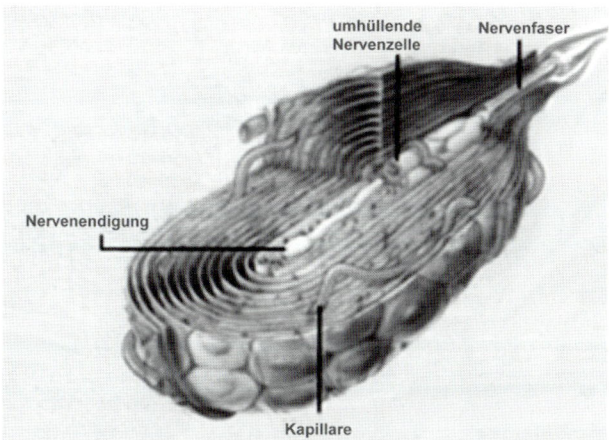

Abb. 11.3: Pacini-Körperchen mit kapselartigem Aufbau. Das Nervenende wird von einer anderen Nervenzelle umgeben.

5. Golgi-Sehnenorgan: Dies befindet sich am Übergang von Muskel zu Sehne und gibt Informationen über den Spannungszustand (▸ Abb. 11.4).
6. Temperatursensoren (Thermorezeptoren): Sie sprechen auf Änderung der Temperatur an. Es gibt Kalt- und Warmsensoren. (Nebenbemerkung: neben der Temperaturwahrnehmung in der Haut gibt es noch einen Wärmesensor im Hypothalamus, der die Körpertemperatur regelt, z. B. bei Unterkühlung oder bei Fieber).
7. Schmerzrezeptoren (Nocirezeptoren): Dies sind Nervenzellen, die auf starken Druck, starke Temperaturschwankungen und besonders starke Verschiebungen der Haut reagieren.

Als Beispiel für die Genauigkeit des taktilen Systems sei die Unterscheidungsfähigkeit für zwei dicht beieinander liegende Berührungen genannt: die *Zweipunktschwelle*. Das ist der kleinste Abstand zweier Berührungspunkte auf der Haut, die gerade noch als zwei Punkte wahrgenommen werden können. Wenn man eine Büroklammer so verbiegt, dass die beiden Enden nur 3 mm voneinander entfernt sind, und wenn man beide Enden gleichzeitig auf die Haut setzt, so kann man an manchen Stellen des Körpers beide Berührungspunkte fühlen, an anderen Stellen hingegen nicht. Die Frage, ob man beide Klammerenden spürt, hängt von der individuellen Berührungswahrnehmung ab, aber auch von der Dichte der taktilen Sensoren in der Haut. So beträgt die Zweipunktschwelle an der Handinnenfläche und am Handrücken, vor allem aber an den Fingerspitzen nur 3–10 mm, an der Unterseite des Unterarms vielleicht schon 12 mm und am Oberarm und am Rücken evtl. 30 mm.

Wie gelangt nun die Information von den Haut-, Muskel- oder Gelenkrezeptoren zum Gehirn? Ähnlich wie die vom Gehirn absteigenden motorischen Bahnen des Rückenmarks, die über periphere Nerven die Muskulatur erreichen, gibt es Nervenfasern, die das sensible Signal über periphere Nervenbahnen zum Rückenmark senden und durch Rückenmarksbahnen zum Gehirn aufsteigen. Die peripheren Nerven treten in der *hinteren Spinalwurzel* in das Rückenmark ein, und die

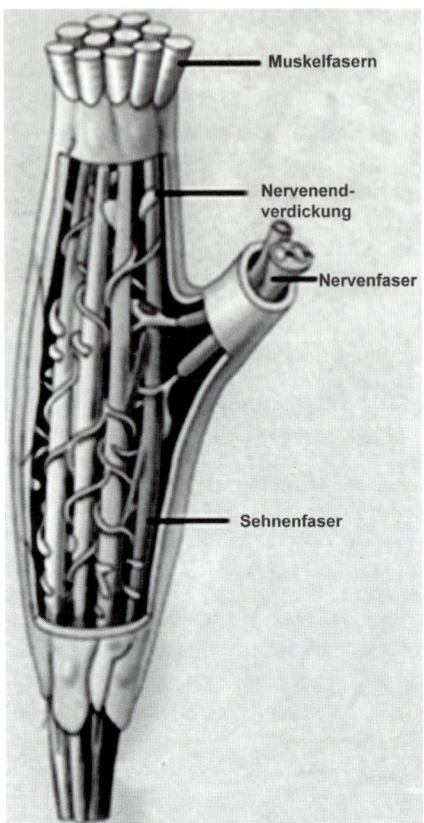

Abb. 11.4: Golgi Sehnenorgan umgibt mit mehreren Nervenenden viele Sehnenfasern am Ende eines Muskels

Hinterstrangbahnen des Rückenmarks leiten die Signale der Berührungswahrnehmung, der Temperatur- und Schmerzwahrnehmung über die mittlere *Schleife* (Lemniscus medialis) zum *Thalamus* (Zwischenhirn) (▶ Abb. 11.5).

Nach einer synaptischen Umschaltung gelangen sie zum *sensorischen Kortex* des Scheitellappens, einer Hirnwindung hinter der Zentralfurche (Gyrus postzentralis). Hier werden die Signale ausgewertet und der Steuerung von Motorik zur Verfügung gestellt (▶ Abb. 11.6).

11.2 Rezeptoren

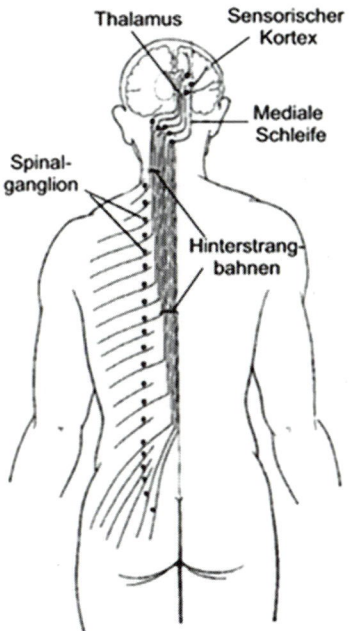

Abb. 11.5: Periphere sensible Nerven, afferente Rückenmarksbahn (Hinterstrangbahn), Thalamus und sensorischer Kortex (Gyrus postzentralis)

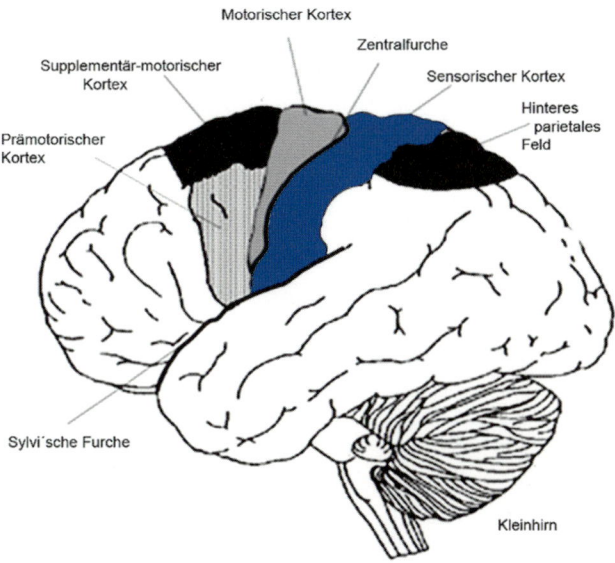

Abb. 11.6: Linke Großhirnhemisphäre: Lage des sensorischen Kortex (Gyrus postzentralis) im Parietallappen (Scheitellappen) und seine Beziehung zu den motorischen Rindenfeldern

11.3 Funktionen der taktil-kinästhetischen Wahrnehmung

Worin bestehen nun die Funktionen der taktil-kinästhetischen Wahrnehmung?

- Steuerung von Haltung und Bewegung, auch von Abwehr und Flucht,
- Schutz vor Verletzung und Überlastung,
- Passive Taktilität: Erfassung der Berührungsintensität (Stärke oder Schwäche einer Berührung) und eines Berührungscharakters (z. B. Unterscheidung zwischen spitz und stumpf), Berührungslokalisation, taktile Größen- und Formunterscheidung, Empfindung eines Gewichts
- Aktive Taktilität (Haptik): Positionsempfindung (z. B. von Gliedmaßen), aktive Abtasten von Objekten
- Steuerung von Nähe und Entfernung zu Objekten und Personen.
- Koordination von Gleichgewicht und Haltung im Raum (zusammen mit der vestibulären Wahrnehmung),
- Zeitliche Ordnung von Vorher und Danach von Berührung,
- Bestimmung einer vollzogenen oder gedachten Bewegung, z. B. unter oder über ein Versteck oder ein Hindernis.
- Regulation von Druck, Zug und Kraftsteuerung der Finger und Hände bei handmotorischen Aufgaben, beim Halten oder Bewegen, bei den motorischen Anteilen von Malen und Schreiben,
- Erfahrung der Form und Position von gemalten Figuren oder geschriebenen Zahlen und Buchstaben durch den Tastsinn und durch die Funktionen der visuellen Wahrnehmung und der visuomotorischen Koordination,
- Vorstellung der Form der körperlich ausgeführten Gestalt eines Buchstabens in der visuellen Vorstellung. Die Zuordnung zu einem Laut erfordert aber die gleichzeitige Aktivierung des gesprochenen oder innerlich gehörten Lautes.
- Zugang zu Emotionen bei Berührung durch andere Menschen, fest oder sanft, schlagend oder streichelnd.

11.4 Taktil-kinästhetische Wahrnehmungsstörungen

Symptomatik

Zu den Symptomen einer gestörten taktilen Empfindung gehören *Über- und Unterempfindlichkeit* (taktile Hyper- und Hyposensibilität) gegenüber Druck und Berührung, eine gestörte Lokalisation und eine Störung der zeitlichen Erkennung des Stimulus. Das Kind reagiert oft verwirrt oder mit Abwehr. Bei Störungen der Sensorik im Mundbereich kann es bei Säuglingen, kleinen Kindern und behinderten

11.4 Taktil-kinästhetische Wahrnehmungsstörungen

Kindern zu Ess- und Fütterstörungen kommen, wenn sie überempfindlich auf feste Nahrungsbestandteile an der Mund- und Zungenschleimhaut reagieren. Bei Unterempfindlichkeit kann ein Kind taktile Reize schlecht diskriminieren. Berührungsüber- und unterempfindlichkeit können als Verhaltensstörung missdeutet werden. Mangelhafte taktile Erfahrungen, wechselhafte Haltungs- und Bewegungssicherheit und sekundäre Störung der Interaktion können die Folge sein.

Kinder mit gestörter Tiefenwahrnehmung zeigen eher Bewegungsarmut, mangelhafte motorische Koordination, Schwächen in der Kraftdosierung, Dyspraxie, mangelhaftes Gefahrenbewusstsein, Lageunsicherheit, Schwächen im Körperschema und im Körperbewusstsein (Rosenkötter, Kühne, Kull & Weyhreter, 2007).

Hinweise auf eine Störung der taktil-kinästhetischen Wahrnehmung
(Groschwald & Rosenkötter, 2016)

Das Kind

- äußert Unbehagen bei der Körperpflege (z. B. wehrt sich oder weint beim Haare schneiden, Nägel schneiden, Gesicht waschen, eincremen)
- bevorzugt langärmelige Kleidung, wenn es warm ist, oder kurze Ärmel und kurze Hose, wenn es kalt ist
- vermeidet das Barfußlaufen, z. B. im Gras oder auf Sand
- reagiert besonders empfindlich auf Berührungen oder beim An- und Ausziehen, besonders im Bereich des Kopfes, der Hände und der Füße
- reibt oder kratzt sich an Körperstellen, an dem es berührt wurde
- möchte gerne besonders fest berührt, gekratzt, gerieben, massiert, gedrückt werden statt zart berührt oder gestreichelt zu werden
- weicht Wasserspritzern aus
- empfindet zärtliche Berührungen als unangenehm, meidet sie oder wehrt sie ab
- meidet die körperliche Nähe anderer Menschen
- ermüdet schnell beim Einhalten verschiedener Körperpositionen/Haltung
- lehnt sich oft an oder stützt sich auf
- reagiert empfindlich auf zu locker oder zu fest sitzende Kleidung
- scheint nicht zu bemerken, wenn die Hände voller Schmutz sind
- findet Sand, Lehm/Ton oder Schmutz an den Händen besonders unangenehm und wäscht oder reibt den Sand oder Schmutz schnell wieder ab
- berührt oder ergreift Objekte oder Personen häufig ohne erkennbaren Grund
- kann Berührungen schlecht lokalisieren
- kann Schmerz schlecht lokalisieren
- kann Gegenstände schlecht ertasten
- empfindet Temperaturveränderungen auffallend stark oder gering
- kann Oberflächenstrukturen nicht gut voneinander unterscheiden (z. B. rau von glatt)
- kann Gewichte nicht gut voneinander unterscheiden (leicht – schwer)
- kann Körperpositionen nicht gut nachmachen

- neigt bei Überempfindlichkeit der Fußsohlen zu Zehenspitzengang
- stößt sich oft an Personen oder Möbeln
- kann Bewegungen nicht gut dosieren, z. B. plötzlich abstoppen oder die Richtung einhalten oder gezielt wechseln (in der Kraft oder in der Bewegungsrichtung oder im Bewegungsausmaß).

Diagnostik

In der diagnostischen Beurteilung können folgende Funktionen untersucht werden: Berührungslokalisation, Berührungsintensität, Zweipunktdiskrimination, taktile Form- und Größenunterscheidung, Temperatur- und Schmerzwahrnehmung, Position von Extremitäten, besonders der Finger, Kraft, Raum-Lage-Wahrnehmung und vestibuläre Funktionen, Graphästhesie.

Zur Diagnostik der taktil-kinästhetischen Wahrnehmung bei Kindern von 3;6 bis 6 Jahren steht z. B. der TAKIWA-Test von Kiese-Himmel (2003) zur Verfügung. Damit werden folgende Funktionen geprüft: Berührungslokalisation, Zwei-Punkt-Diskrimination, Form- und Oberflächenbeschaffenheit von Objekten (Stereognosie), Zeigen des Fingers, der einfach oder mehrfach berührt wurde (uni- und dihaptische Fingeridentifikation), Druckempfindlichkeit, Fähigkeit, auf die Haut geschriebene Buchstaben und Zahlen zu erkennen, ohne sie zu sehen (Graphästhesie).

Vor allem in der Ergotherapie gibt es einige diagnostische Verfahren, in denen somatosensorische und vestibuläre Funktionen beurteilt werden. Diese Verfahren sind meist nicht normiert bzw. die Normierung ist veraltet, geben aber taugliche Kategorien zur Beobachtung. Dazu gehören der *Sensory Integration and Praxis Test* (SIPT, 4;0 –8;11 Jahre; Ayres, 1989), der *Test of Sensory Functions in Infants* (TSFI, 4–18 Monate; DeGangi & Greenspan, 1989) und der *Southern California Sensory Integration Test* (SCIT, 4;0 –8;11 Jahre; Ayres, 1985).

Förderung und Therapie

Die Förderung und Therapie taktil-kinästhetischer Wahrnehmungsstörungen ist nie eine isolierte Behandlung der Wahrnehmungsfunktionen, sondern Bestandteil einer umfassenderen Behandlung. Das in der Therapie, besonders in der Ergotherapie, am häufigsten angewandte Behandlungskonzept ist die *Sensorische Integrationstherapie*, die auf die amerikanische Entwicklungspsychologin Ayres (2016) zurückgeht. Sie führte motorische Störungen und Lernstörungen auf sensorische Probleme zurück und postulierte ein hierarchisches System der sensorischen Entwicklung als Basis für die motorische und kognitive Entwicklung. Die moderne SI-Therapie sieht als zentrale Aufgaben die Förderung sensorischer Leistungen im Hinblick auf Anpassungsleistungen und Alltagsaktivitäten, die Eigenaktivität des Kindes, Partizipation und Beratung des Umfeldes (Eltern, Pädagogen).

Weitere wichtige Konzepte außerhalb der Ergotherapie finden wir in der Psychomotorik, in der Förderung und Behandlung von Fein- und Graphomotorik, in der Hippotherapie und in pädagogischen Konzepten zur Förderung der Körperwahrnehmung, der Übung von Handlungsabläufen im Alltag und in der sonderpädagogischen Gruppenförderung. Einen besonderen Stellenwert, vor allem in der Behandlung behinderter Kinder, hat die Wahrnehmungsförderung nach Félicie Affolter (2006). Die Schweizer Psychologin entwickelte ein Konzept (»Geführte Interaktionstherapie«), bei dem alltägliche Handlungsabläufe gemeinsam mit dem Therapeuten ausgeführt werden. Ähnlich wie Ayres geht sie davon aus, dass der Tastsinn die ersten Erfahrungen der Welt vermittelt und sich daher aus einer Störung der taktilen Wahrnehmung nachfolgend andere Störungen der Wahrnehmung und sogar des Spracherwerbs entwickeln können. Dieses Konzept entspricht nicht mehr dem heutigen Wissensstand. Dennoch haben diese Therapieformen einen Stellenwert in der Behandlung entwicklungsgestörter und behinderter Kinder.

Förderung der taktil-kinästhetischen Wahrnehmung im engeren Sinne bezieht sich auf:

- Temperatur: Wahrnehmung verschiedener Temperaturen (kalt-warm) (Vorsicht: Es geht nicht um den Schmerz bei eiskalt oder heiß!)
- Berührungsstärke: Was drückt stark? Wie fühlt sich ein schwacher Druck an?
- Berührungslokalisation: Wo habe ich den Druck gespürt? (am Handrücken oder am Handgelenk?)
- Berührungsqualität: Was habe ich gespürt? (spitz-stumpf)
- Druckstärke: Wie stark muss ich drücken, um eine Zitrone zu quetschen, eine Feder zu bewegen, eine Kugel zu bewegen?
- Bewegungsausprägung: Wie stark muss ich mein Bein anspannen, um einen Ball zu kicken, meinen Arm beugen, um ein Brett zu heben?
- Körperschema: Mit geschlossenen Augen: Wo liegt mein Arm? Welcher Finger wurde berührt?

Das Nachdenken über taktil-kinästhetische Wahrnehmung soll auch Anlass sein, die Raumgestaltung und Spiel- und Arbeitsmaterial in Kita und Schule zu überdenken (siehe dazu Groschwald & Rosenkötter, 2016).

11.5 Zusammenfassung

Unter dem Begriff des taktil-kinästhetischen Systems werden sehr unterschiedliche Wahrnehmungsfunktionen zusammengefasst:

1. Die Hautsinne (somato-sensorisches System)
   - Tast-, Berührungs- und Druck-/Kraft-Wahrnehmung (taktile Wahrnehmung)
   - Temperaturwahrnehmung
   - Schmerzwahrnehmung:
     – Oberflächenschmerz

- Tiefenschmerz der Muskeln und Gelenke
- Schmerz der inneren Organe
2. Das propriozeptive bzw. kinästhetische System
3. Der Gleichgewichtssinn (vestibuläres System)

Einige typische sensorische Rezeptoren sind die Merkelschen Zellen, die Meissner-Körperchen, die Ruffini-Körperchen, die Pacini-Körperchen, der Golgi-Sehnenapparat, die Schmerz- und die Temperaturrezeptoren und das Vestibularorgan.

Die taktil-kinästhetische Wahrnehmung dient in erster Linie der Steuerung von Haltung und Bewegung und der Steuerung von Druck, Zug und Kraft in der Hand- und Körpermotorik. Eine Störung der taktil-kinästhetischen Wahrnehmung verursacht Störungen der hand- und körpermotorischen Koordination und des Gleichgewichts und möglicherweise eine Reihe von Sekundärsymptomen, die manchmal in Schwierigkeiten mit Über- und Unterempfindlichkeit eingeteilt werden.

Diagnostische Methode ist in erster Linie die Beobachtung, evtl. ergänzt durch Tests. Förder- und Therapiemaßnahmen finden sich in Ergotherapie, Hippotherapie und Psychomotorik.

Weiterführende Literatur

Affolter, F. D. (2006). *Wahrnehmung, Wirklichkeit und Sprache.* Villingen-Schwenningen: Neckar.
Ayres, A. J. (2016). *Bausteine der kindlichen Entwicklung. Sensorische Integration verstehen und anwenden* (Original i. moderner Neuaufl.). Heidelberg: Springer.
Goldstein, E. B. (2015). *Wahrnehmungspsychologie. Der Grundkurs.* Heidelberg: Springer.
Groschwald, A. & Rosenkötter, H. (2016). Vom Wahrnehmen zum Lernen. Freiburg: Herder.
Karch, D., Freitag, H., Kiese-Himmel, C., Braunreuther, S., Lawrenz, B., Rosenkötter, H., Schroeder, A. und Schuh, D. (2017). Qualitätspapier zur Wahrnehmung und zentralen Verarbeitung von Sinnesreizen (einschließlich der Wahrnehmungsstörungen). Zugriff am 29.11.2019. Verfügbar unter: www.dgpp.de/cms/media/download_gallery/DGPP-Leitlinie-AVWS-2015.pdf

12   Gleichgewicht

Der Gleichgewichtssinn (vestibuläres System) ist das dritte System der Körperwahrnehmung. Er arbeitet als eine Empfindung der Schwerkraft und schützt den Körper vor dem Fallen. Er erkennt die Lage von Kopf und Körper im Raum (Körperhaltung) und kontrolliert die Bewegung, die Beschleunigung und die Orientierung im Raum.

Das vestibuläre System erhält seine Signale von den beiden Gleichgewichtsorganen, die beidseits neben dem Innenohr in der Schädelbasis liegen. Ein Vestibularorgan besteht aus drei Bogengängen mit Ausweitungen (Ampullen) und zwei Ausbuchtungen: das große und das kleine Vorhofsäckchen. Auf dem Boden der Ampullen und der Vorhofsäckchen sitzen Zellen mit feinen Sinneshaaren (Haarzellen), die jede Veränderung der Kopflage und Beschleunigungen des Kopfes registrieren. Beide Vestibularorgane verfügen über drei Bogengänge, die im Winkel zueinander aufgestellt sind und dadurch Veränderungen in allen räumlichen Hauptachsen signalisieren. Die Nervenfasern des Gleichgewichtsorgans sammeln sich im Gleichgewichtsnerv (*Nervus vestibularis*), der neben dem Hörnerv zu seinen Kerngebieten im Hirnstamm zieht und von dort aus zum Kleinhirn, zu den Kerngebieten der Augenmuskeln und zum Rückenmark (▶ Abb. 12.1).

Das Gleichgewicht wird aber nicht nur vom vestibulären System gesteuert, sondern auch visuell, auditiv und kinästhetisch. Das bedeutet, dass für die Steuerung von Kopf- und Körperhaltung auch die visuelle Orientierung im Raum wichtig ist und außerdem das Richtungshören und die kinästhetischen Informationen, die wir von den Rezeptorsystemen der Muskulatur und der Gelenkkapseln bekommen. Die Fähigkeit, ständig über die Position der Gliedmaßen informiert zu sein und aktive und passive Bewegungen wahrzunehmen, nennt man *Tiefensensibilität*. Daran sind die Rezeptoren in Muskeln, Sehnen und Gelenken beteiligt (*Propriorezeptoren*).

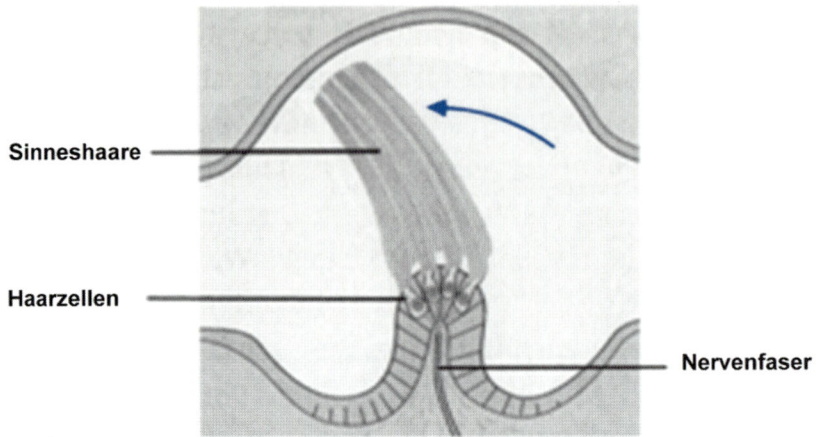

Abb. 12.1: Bogengangsampulle im Vestibularorgan: Durch Richtungsänderung des Kopfes lenkt die Lymphflüssigkeit im Gleichgewichtsorgan die Sinneshaare in einer Richtung aus (blauer Pfeil). Dadurch wird in der Haarzelle ein elektrisches Signal ausgelöst und über die Nervenfaser zum Gleichgewichtsnerv weitergeleitet.

12.1 Funktionen der vestibulären Wahrnehmung

Sie regeln die Stellung, die Bewegung und die Kraftdosierung. Eine besondere Bedeutung hat dabei das Kleinhirn als eine wichtige zentrale Schaltstation aller Reize, die für die Gleichgewichtskontrolle notwendig sind.

Vestibuläre Wahrnehmungsstörung

Bei Störungen des vestibulären Systems können Schwierigkeiten in der Haltungskontrolle und bei Lageveränderungen auftreten, aber auch Unsicherheiten beim Hochnehmen, Schaukeln, Wiegen und bei anderen passiven Bewegungen, mangelnde Bewegungsfreude, Unsicherheit oder Vermeidung von Roller- und Fahrradfahren, Verlust der Orientierung nach raschen Bewegungen (Drehen und Karussellfahren werden als »schwindelerregend« wahrgenommen).

> **Hinweise auf eine Störung der vestibulären Wahrnehmung**
>
> - Der Säugling weint rasch, wenn er rasch aufgehoben oder gedreht wird.
> - Der Säugling kann später als andere Kinder die Rumpfhaltung beim Sitzen kontrollieren.
> - Der Säugling mag nicht hochgeworfen und wieder aufgefangen werden.

- Das Kind mag ungern schaukeln.
- Das Kind lehnt sich beim Sitzen oder Stehen auffallend häufig an Personen oder Möbeln an.
- Das Kind mag nicht balancieren, steigt oft vom Balancierbalken ab oder braucht beim Balancieren viele Ausgleichsbewegungen.
- Das Kind braucht im Einbeinstand ungewöhnlich ausladende Ausgleichsbewegungen von Rumpf und Extremitäten.
- Dem Kind wird ungewöhnlich schnell schwindelig, wenn es im Kreis tanzt.
- Das Kind mag sich nicht schnell drehen.
- Das Kind versucht beim Klettern oder Balancieren, sich durch rudernde oder ausfahrende Bewegungen der Arme zu stabilisieren.
- Das Kind kann sich beim Hinfallen schlecht abstützen.
- Das Kind mag ungern von Möbeln oder Abhängen heruntersteigen.
- Das Kind klagt über Übelkeit beim Autofahren oder auf einem Karussell.

Bei Erkrankung oder Ausfall des vestibulären Systems resultiert Drehschwindel oder Fallneigung. Aber auch andere Wahrnehmungssysteme können zu Schwindel und Gleichgewichtsstörungen beitragen: Wenn die visuelle Orientierung durch Müdigkeit, Alkohol oder Medikamente keinen Fixpunkt mehr bietet, wenn durch eine Mittelohrentzündung das Hören erschwert ist und die Richtungsorientierung beeinträchtigt wird oder wenn durch eine Muskelerkrankung, durch eine spastische Zerebralparese oder durch Entwicklungsstörungen der Regelkreis zwischen Sensorik und Motorik beeinträchtigt ist. Kein gutes Gleichgewicht halten zu können, kann also sehr verschiedene Ursachen haben.

12.2 Förderung und Therapie

Die Angst vor dem Abgrund oder auf dem Balancierbalken kann man in kleinen Schritten verringern, Erfolge verstärken und darauf achten, immer nur an den Rand der Angstschwelle zu gehen. Geduld und regelmäßige Wiederholungen ohne Veränderung der Ausgangssituation sind notwendig. Wenn Kinder die notwendigen Voraussetzungen erfüllen, hat sich eine Hippotherapie/Reittherapie bewährt. Seekrankheit und Übelkeit beim Autofahren lassen sich hingegen kaum wegtrainieren. Sie verringern sich manchmal im Laufe des Lebens oder nach Einnahme bestimmter Medikamente.

Wenn ein Baby vestibulär überempfindlich ist und mit einer Kontaktstörung reagiert, sollte es überwiegend ruhig und in aufrechter Haltung dicht am Körper getragen werden (Jansen & Streit, 2014). Wenn das Baby gleichzeitig taktil überempfindlich ist, sollen Berührungen, küssen oder streicheln vorsichtig und unter guter Beobachtung der Reaktionen dosiert werden. Vestibulär unterempfindliche Kinder werden hingegen oft als zunächst unauffällig beschrieben. Später wollen sie jedoch immer getragen, geschaukelt oder spazieren gefahren werden. Sie wippen selbst heftig und können von Schaukeln und Tanzen nicht genug bekommen. Manchmal kippt dann die Stimmung am Abend in Unruhe und Schreien. Eine schrittweise Gewöhnung an stärkere oder schwächere Gleichgewichtsreize und die Absprache dieser Schritte mit den Eltern ist der wichtigste Teil der Förderung.

In der Therapie, in der Kita und auf dem Spielplatz bieten sich Möglichkeiten zum Klettern, Rutschen, Balancieren, Wippen, Reiterspiele, Schaukeln in einem Vogelnest oder auf einem Autoreifen, Balancieren auf einer Bordsteinkante oder dem Hüpfen von Stein zu Stein. Auch ein Laufrad, Roller, Pedalos oder Stelzen fördern den Gleichgewichtssinn ebenso wie Balancieren auf der Linie, auf einem Seil, vorwärts- und rückwärtsgehen mit geschlossenen Augen, Schaukeln, beidbeiniges oder einbeiniges Hüpfen über eine Linie, Ausprobieren des Ein-Bein-Standes oder Ballspiele.

13 Gedächtnis

13.1 Langzeitgedächtnis

»Wenn Sie sich an irgendetwas aus diesem Buch erinnern sollten, so wird es daran liegen, dass Ihr Gedächtnis sich nach der Beendigung der Lektüre ein wenig verändert hat«, sagt der Nobelpreisträger und Gedächtnisforscher Kandel (2009) und das wünsche ich mir für dieses Buch auch. Nicht alles, aber vieles von dem, was wir in unserem Leben erlebt haben, wird in unserem Langzeitgedächtnis bewahrt, sogar ganze Episoden werden gespeichert. Neben diesem *episodischen und biografischen Gedächtnis* unseres inneren Tagebuchs verfügen wir auch über ein Sachwissen (»Hunde gehören zu den Säugetieren«): das *semantische Gedächtnis*. Diese beiden Gedächtnissysteme im Langzeitgedächtnis werden als *deklaratives Gedächtnis* zusammengefasst. Wir können uns aber auch ohne viel »Nachdenken« und »Überlegen« (unbewusst) daran erinnern, wie bestimmte, einmal erlernte motorische und kognitive Prozesse ablaufen (Schwimmen, Fahrradfahren, Vokabeln lernen): Im *prozeduralen Gedächtnis* werden Fertigkeiten gespeichert. Neben diesen drei Systemen kennen wir Phänomene, die die Erinnerung an Bekanntes erleichtern und bahnen: das *Priming*. So fallen uns zu dem Wort Kirsche noch die Worte Baum und Kern und zu einem bestimmten amerikanischen Landschaftsbild der Name einer Zigarettenmarke ein. Wir erinnern uns an einen Stimulus als das Resultat einer früheren Erfahrung. Das geschieht auch mit einer assoziativ beschleunigten Bearbeitung eines Wortes durch ein »nahe liegendes« vorangegangenes Wort.

Wir speichern jedoch nicht jeden Eindruck, den uns die Sinnesorgane in jeder Sekunde des Lebens vermitteln, sondern nur solche, die für das Überleben und die Befriedigung persönlicher Anliegen wichtig sind, und solche, die uns außergewöhnlich berührt haben. Auf den Zusammenhang zwischen Emotionen und Gedächtnis werden wir im Kapitel 16 zurückkommen. »Die Gefühle sind die Wächter unserer Erinnerung«, sagt Markowitsch (2005, 2009). Die Erinnerung an Gefühle und Erlebnisse, die vom Fühlen beeinflusst sind, an Glück, Stress, Angst und Trauma werden im Gehirn vom limbischen System gespeichert. Dazu gehören besonders der *Hippokampus* und die *Mandelkerne (Amygdala)*. Im limbischen System werden vor allem semantische und episodische Eindrücke verarbeitet. Das limbische System bewertet auch alle einlaufenden Informationen und vergleicht sie mit vorhandenen Gedächtnisspuren. Spannende, aufregende oder gar traumatisierende Erinnerungen hinterlassen tiefe Erinnerungsspuren, die oft unauslöschlich eingegraben werden. Werden im Hippokampus, über die Mandelkerne vermittelt, immer wieder implizit gespeicherte Erinnerungen an Traumata verarbeitet, können posttraumatische

Symptome, z. B. Flash-Backs, über viele Jahre hinweg durch geringfügige Stimuli ausgelöst werden.

Der Hippokampus gilt als die wichtigste Speicherstruktur des Langzeitgedächtnisses. Das prozedurale Gedächtnis wird durch ständiges Wiederholen konsolidiert. Neue Synapsen werden gebildet, im Gyrus dentatus des Hippokampus sogar neue Neuronen, ein Vorgang, der im Gehirn einmalig ist. Denn die Teilungsfähigkeit der Hirnzellen ist eigentlich spätestens bei Geburt beendet. 1997 wurde bei Mäusen und 1998 beim Menschen nachgewiesen, dass auch erwachsene Tiere und Menschen im Hippokampus neue Nervenzellen bilden können. Vielleicht können Lernvorgänge sogar nur dann ungestört ablaufen, wenn im Hippokampus ständig neue Neurone nachwachsen (Spitzer, 2002).

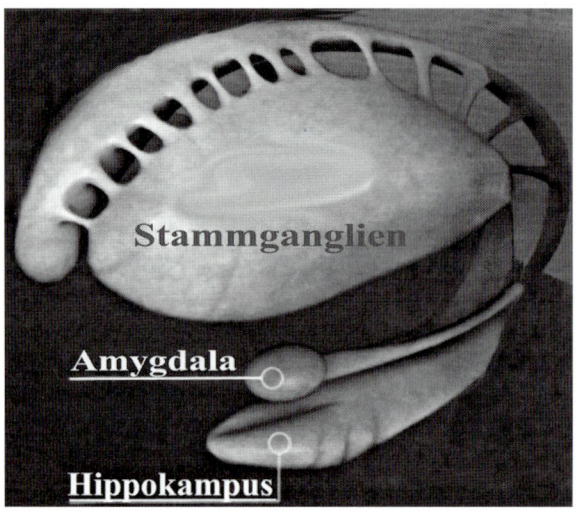

Abb. 13.1: Die Mandelkerne (Amygdala) und der Hippokampus sind Teile des limbischen Systems. Der Mandelkern speichert Sinneseindrücke in Zusammenhang mit Gefühlen und löst Angstreaktionen aus. Der Hippokampus speichert langfristig und leitet wichtige Informationen an das Großhirn weiter. Die Stammganglien (Basalganglien) sind bei der Steuerung von Bewegungen beteiligt.

Im Großhirn werden gespeicherte Informationen in der linken oder der rechten Hemisphäre abgelegt, und zwar besonders im Stirnhirn und im Schläfenlappen: linksseitig eher semantische Inhalte (Fakten, Daten, Worte, Begriffe, Satzstrukturen), rechtsseitig eher emotionale und episodische Inhalte (Gefühle, akustische und optische räumliche Eindrücke, bildhafte Erinnerungen, biographische Ereignisse). Das Kleinhirn wirkt dabei modulierend mit. Das Großhirn speichert die Eindrücke, die wir aus unseren Sinnesorganen aufnehmen, entweder im deklarativen oder in unserem prozeduralen Langzeitgedächtnis. Basalganglien (auch Stammganglien genannt), motorische Zentren und wohl auch das Kleinhirn sind für das prozedurale Gedächtnissystem zuständig. Ihnen kommt eine wichtige Entscheidungsfunktion zu: Wie findet nämlich die Selektion zwischen wichtigen, zu speichernden und unwichtigen, nicht zu speichernden Informationen statt? Dieser Filter kommt wahrscheinlich durch eine Zusammenarbeit zwischen einem Teilgebiet der Basalganglien, dem Globus pallidus, und der vordersten Hirnwindung des Stirnhirns zustande (McNab & Klingberg, 2008).

Im Prinzip können alle Neuronen speichern, alle Nervenzellen sind zu Gedächtnisleistungen in der Lage, aber sie funktionieren nicht wie eine Karteikarte, sondern wie ein kleiner Bestandteil einer größeren Gruppe von Zellen, die jede Information in immer wechselnder Zusammenarbeit an verschiedenen Stellen speichern: Der Anblick eines Apfels aktiviert Zellen der visuellen Rinde, die auf die Farben grün, rot oder gelb, die Form oval, rund und den Formeindruck kugelig reagieren, aber auch auf Zellen, die einen süßen oder sauren Geschmack assoziieren oder einen bestimmten Geruch, vielleicht auch an eine gewisse Erinnerung bei der Apfelernte oder ein Erlebnis beim Kauf von Äpfeln aktivieren. So entsteht ein allgemeines und ein sehr persönliches Netzwerk von jeweils zusammenarbeitenden Neuronen. Ähnliche Netzwerke mag es dann für Birnen und Pflaumen geben, die im übergeordneten Netzwerk »Obst« zusammengeschlossen sind und Gemeinsamkeiten und Abgrenzungen gegenüber dem übergeordneten Netzwerk für Gemüse erlauben.

Wie gelangen nun Informationen in das Langzeitgedächtnis? Jede Information, die unsere Nervenzellen stimuliert, verändert die elektrische Ladung der Neuronen und aktiviert innerhalb von Sekundenbruchteilen energieverbrauchende Prozesse in der Zelle. Daran sind der Neurotransmitter Serotonin und der Energieträger cAMP beteiligt. Ist der Reiz stark genug oder wird er wiederholt, so werden in der Zelle Eiweiß abbauende Enzyme (Proteinkinasen) aktiviert und Eiweiße ab- und aufgebaut (Proteolyse) (Spatz, 1996). Verändert sich der Eiweißstoffwechsel vieler zusammenarbeitender Zellen gleichzeitig, so hinterlässt dies für Minuten bis Stunden Spuren der Veränderung in der Zelle, also ein molekulares Gedächtnis. Langfristig können solche Veränderungen auch das Erbmaterial betreffen. Proteine und Gene können bei Verstärkungsprozessen synaptische Veränderungen hervorrufen (Kandel, Schwarz & Jessel, 1995). So werden flüchtige Gedächtnisinhalte durch das Protein Creb gefestigt, das durch Bindung an spezielle DNA-Sequenzen Gene ein- und ausschalten kann. Synapsenverstärkende Proteine verteilen sich daraufhin im Neuron (Fields, 2005).

Um sicherzustellen, dass Informationen bleibende Speicherorte finden und von dort zuverlässig abgerufen werden können, werden sie in neuronalen Netzen im Hippokampus mittels eines Proteins, dem NogoA, fixiert (Delekate, Zagrebelky, Kramer, Schwab & Korte, 2011). Die Proteinsynthese findet wahrscheinlich nicht nur in der Nähe des Zellkerns, sondern auch in den Dendriten statt. Das könnte die Grundlage für den Umbau, Abbau oder die Neubildung von Synapsen sein. Eine solche lokale Veränderung der Proteinzusammensetzung in den Nervenzellen wäre eine Möglichkeit, wie diese Zellen »lernen« und die so gespeicherten Informationen wieder abrufen könnten.

Eine weitere Form des Gedächtnisses, das epigenetische Gedächtnis, wird in einem neuen, spannenden Forschungsfeld in der Molekularbiologie bearbeitet, in der »*Epigenetik*« (siehe z. B. www.mpg.de/11396064/epigenetik-vererbung). Epigenetische Marker sind Bausteine, die nicht in den Aminosäuresequenzen, den Eiweißbausteinen der DNA, eingebaut sind, sondern auf ihr und entlang der DNA platziert sind. Ihre Aufgabe ist es, die Gene wie ein Schalter an- und auszuknipsen. Mit der epigenetischen Programmierung des kindlichen Genoms kann erstmals auch die Speicherung positiver und negativer Kindheitserlebnisse erklärt werden. Wir verstehen nun auch besser, wie Verhalten auch in die Folgegeneration hinein geprägt werden kann. Über eine lange Zeit haben wir uns gefragt, woher Mütter und Väter ihr unbewusstes Wissen nehmen, in welchem Abstand zu ihrem Gesicht sie ihren Säugling am besten halten sollen, wie sie mit ihm erste Dialogerfahrungen machen können, wie sie ihm durch unbewusstes Vormachen zeigen, dass er den Mund bei der Annäherung eines Löffels öffnen soll. In experimentellen Tierstudien konnte nun nachgewiesen werden, in welchem Ausmaß mütterliche Fürsorge für ihre Jungen die kindliche Hormonausschüttung in der Stresshormonachse von Hypothalamus, Hypophyse und Nebennierenrinde beeinflusst. Aber auch frühkindliche Vernachlässigung und Missbrauch hinterlassen ihre tiefen Spuren im Hippokampus, in der Stresshormonachse und im epigenetischen Gedächtnis.

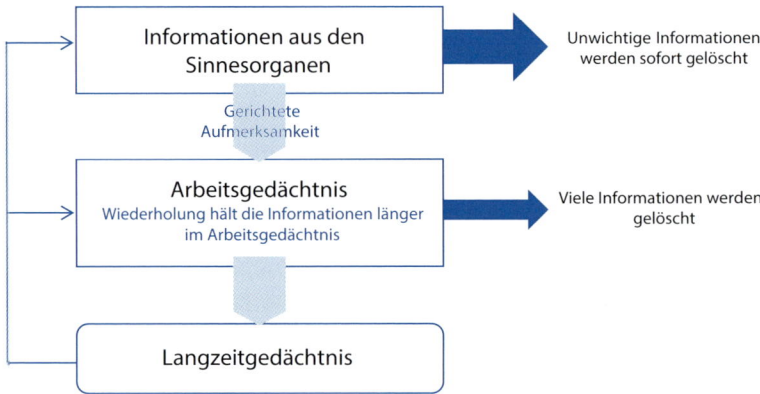

Abb. 13.2: Informationen werden gelöscht oder im Arbeits- und Langzeitgedächtnis (LZG) aufgenommen und gespeichert. Aus dem LZG können sie für das Arbeitsgedächtnis bereitgestellt werden und sie können die Reizaufnahme beeinflussen.

13.2 Arbeitsgedächtnis

Neben dem Langzeitgedächtnis verfügen wir über weitere Gedächtnisarten: eines, das Informationen nur wenige Millisekunden nach dem Ereignis speichert (Sensorisches Gedächtnis oder Wahrnehmungsgedächtnis) und eines, das über wenige Sekunden bis Minuten speichert (früher Kurzzeitgedächtnis genannt, heute Arbeitsgedächtnis) (▶ Abb. 13.2). Da die Strukturen und die Funktionsweisen aller Gedächtnisformen unterschiedlich sind, verwundert es auch nicht, dass der Übergang von der einen in eine andere Form nicht immer gelingt.

Das bekannteste Modell des Arbeitsgedächtnisses stammt von dem britischen Psychologen Alan Baddeley (2003) und besagt, dass das Arbeitsgedächtnis aus einer »zentralen Exekutive« und drei Hilfssystemen besteht, auf die alle Informationen verteilt werden:

- Die phonologische Schleife speichert etwa zwei Sekunden lang die Laute der gehörten Sprache. Die Dauer der Speicherung kann durch inneres Nachsprechen (Rehearsal) verlängert werden.
- Der visuell-räumliche Notizblock speichert eine alters- und intelligenzabhängige Menge an visuellen und räumlichen Informationen.
- Der episodische Puffer dient dazu, sowohl phonologische als auch visuelle Informationen zu Untergruppen zusammenzufassen und damit die Speicherkapazität zu erhöhen.

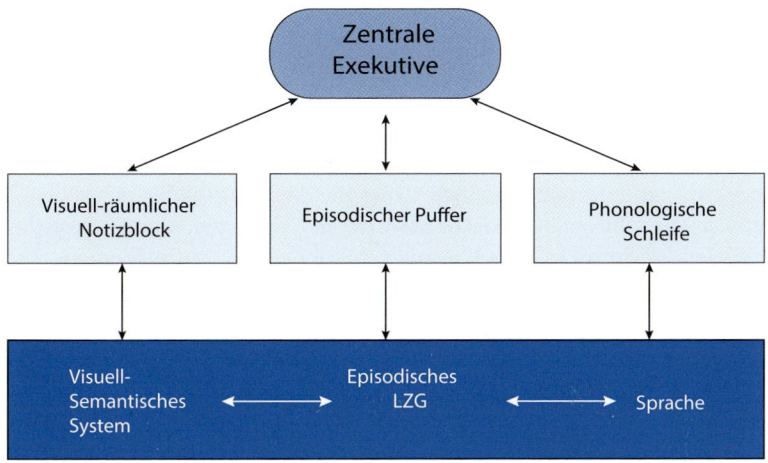

Abb. 13.3: Modell des Arbeitsgedächtnisses nach Baddeley (2003)

Baddeley (2003) geht auch davon aus, dass es die zentrale Exekutive ist, die Informationen aus dem Langzeitgedächtnis abruft und zur Bearbeitung zur Verfügung stellt sowie der Kontrolle von Emotionen dient und mittels derer Entscheidungen getroffen werden.

Wie lassen sich nun die Kapazität und die Verarbeitung im Arbeitsgedächtnis verbessern? Eine Möglichkeit ist das Wiederholen. Im Arbeitsgedächtnis sind drei Formen der Wiederholung möglich:

- Erhaltendes Wiederholen (Rehearsal): Die zu speichernde Information wird durch Wiederholung im Arbeitsgedächtnis länger gehalten (z. B. Zahlenketten durch inneres Nachsprechen wiederholen). Diese Strategie ist aber störanfällig und begrenzt.
- Elaborierende Wiederholung: Anreicherung der zu speichernden Information mit bereits bekannten Informationen. Dadurch wird eine Verbindung zwischen

Arbeitsgedächtnis und Wissen aus dem Langzeitgedächtnis hergestellt (z. B. Ableitung eines Wortes aus einer Fremdsprache, Zuordnung nach bestimmten Merkmalen). Diese Strategie ist gut geeignet, den Übertrag vom Arbeitsgedächtnis in das Langzeitgedächtnis zu bahnen.
- Chunking (»Chunks« könnte man mit Klumpen übersetzen): Zusammenfügen von kleinen Informationseinheiten zu Informationsgruppen, z. B. durch rhythmisierendes Sprechen, durch Reimbildung, durch Zusammenziehen von mehreren Lauten zu einem Wort, durch Kategorisieren des Lernstoffs in Gruppen. Das Chunking erlaubt es, die Kapazitätsgrenze des Arbeitsgedächtnisses in gewisser Weise »auszuhebeln«, indem das Chunking mehr Informationen pro Informationseinheit erlaubt. Dadurch kann bei gleichem Umfang an speicherbaren Informationseinheiten mehr Informationen gespeichert werden. Das Arbeitsgedächtnis von Erwachsenen hat eine Kapazität von 7 ± 2 Informationseinheiten. Das entspricht einer gleichen Anzahl an zufällig aneinander gereihten Buchstaben. Das Arbeitsgedächtnis von Erstklässlern umfasst ca. 3 bis 4 Informationseinheiten. Man kann jedoch viel mehr Buchstaben speichern, wenn die Buchstaben in Form von sinnhaften Wörtern zusammengestellt sind.

Eine andere Möglichkeit, die das Lernen erleichtert, ist die Verknüpfung von visuellen mit phonetischen Informationen, z. B. sich Gehörtes bildhaft vorzustellen oder eine gesehene Zahl zu sprechen und sich dabei die Menge visuell vorzustellen. Einige Faktoren, die zu schlechten Gedächtnisleistungen beitragen, sind: Vermeidung von Auswendiglernen, Lärm, kurze Schlafdauer, Alkohol, Drogen und Medienmissbrauch.

Vielfach diskutiert wird die Frage, inwiefern Beeinträchtigungen des Arbeitsgedächtnisses auch zu Beeinträchtigungen in anderen psychischen Funktionen führen. So wird in manchen Theorien zu Sprachentwicklungsstörungen behauptet, dass ein Defizit im phonologischen Arbeitsgedächtnis Teilursache für die Entstehung einer Sprachentwicklungsstörung sei. Allerdings ist diese Behauptung umstritten. Denn bei Arbeitsgedächtnisproblemen könnte es sich auch nur um eine Begleitstörung der Sprachstörung handeln bzw. die unzureichende Sprachentwicklung ihrerseits könnte zu schwachen Gedächtnisleistungen führen (Kiese-Himmel, 2008). Kaum bestritten bleibt die Tatsache, dass geringe Gedächtnisleistungen den Aufbau eines Wortschatzes sehr erschweren, wahrscheinlich im Wechselspiel mit Defiziten in prosodischen Leistungen auch den Aufbau einer komplexen Grammatik. Allgemein anerkannt ist auch, dass Sprachentwicklung und Gedächtnisfunktionen in einem Wechselspiel stehen, bei dem die Gedächtnisleistungen zu Beginn der Sprachentwicklung eine besonders wichtige Rolle beim Aufbau von Wortschatz und grammatischen Regelsystemen spielen.

In Abbildung 13.4 sind die verschiedenen Gedächtnissysteme anhand des Mehrspeichermodell von Atkinson und Shiffrin (1968) veranschaulicht.

Ziel des Lernens ist es, Informationen zu erfassen, in vorhandenes Wissen zu integrieren und im Langzeitgedächtnis zu speichern sowie die Informationen dort abrufbereit zu halten. Wenn Wahrnehmungsobjekte im Langzeitgedächtnis rasch erkannt werden und die Aufmerksamkeit sehr schnell auf sich ziehen können, sprechen wir von *Automatisierung*. Auf die Automatisierung werden wir im Kapitel 14 noch einmal zurückkommen.

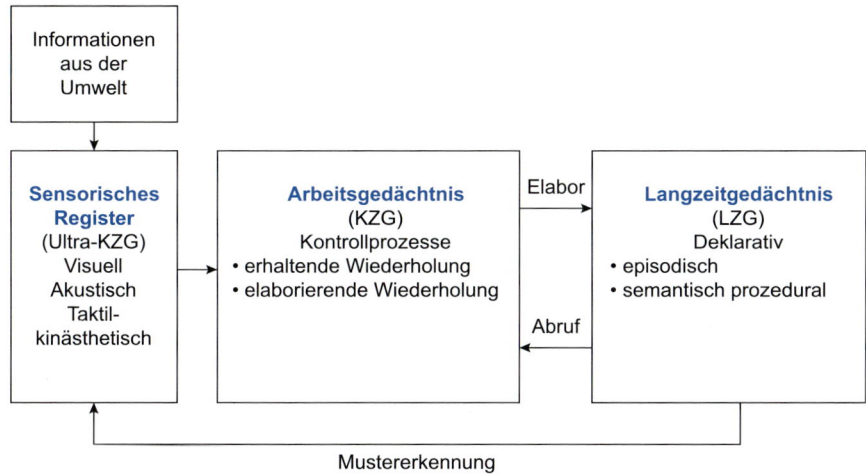

Abb. 13.4: Das Mehrspeichermodell des Gedächtnisses (nach Atkinsson & Shiffrin, 1968)

13.3 Diagnostik von Gedächtnisleistungen

Das Arbeitsgedächtnis ist in seiner Kapazität je nach Alter, Übung und kognitiven Fähigkeiten sehr begrenzt. Die individuell erfassbare Kapazität des Arbeitsgedächtnisses wird auch als Gedächtnisspanne bezeichnet und in vielen diagnostischen Verfahren überprüft. Für die Gedächtnisspanne ist die maximale Kapazität des Arbeitsgedächtnisses und vor allem die Zunahme der Verarbeitungsgeschwindigkeit und der Einsatz von Kontrollprozessen verantwortlich, wie insbesondere das »innere Nachsprechen« (Rehearsal) im phonologischen Arbeitsgedächtnis, vielleicht auch ein »inneres Sehen« im visuell-räumlichen Arbeitsgedächtnis. Alle gängigen Verfahren überprüfen nur die Gedächtnisspanne, nicht jedoch den Transfer in das Langzeitgedächtnis oder die Kapazität des Langzeitgedächtnisses. Es sei daher ausdrücklich darauf hingewiesen, dass Kinder mit Schwächen im Arbeitsgedächtnis nicht unbedingt auch Schwierigkeiten im Langzeitgedächtnis haben müssen.

Mit den folgenden diagnostischen Verfahren sollen Funktionen des Arbeitsgedächtnisses erfasst werden. Dabei werden als Gedächtnisinhalte entweder Zahlenfolgen, sinnvolle Sätze oder sinnlose Wörter herangezogen.

Methoden zur Prüfung des Arbeitsgedächtnisses

Die folgenden Tests werden zur Erfassung der Leistungsfähigkeit des Arbeitsgedächtnisses benutzt. Dabei werden als Gedächtnisinhalte entweder Zahlenfolgen, sinnvolle Sätze oder sinnlose Wörter herangezogen. Bei der Nutzung von sinnvollen

Wörtern oder Sätzen kann eine Person auf Informationen aus dem Langzeitgedächtnis zurückgreifen und damit die Kapazität ihres Arbeitsgedächtnisses erhöhen. Deshalb werden diese Tests benutzt zu prüfen, ob Personen auf solche Informationen zurückgreifen. Bei der Nutzung von zufälligen Zahlenfolgen und sinnlosen Wörtern kann die Person nur auf aktuell gespeicherte Information im Arbeitsgedächtnis zurückgreifen. Daher werden diese Tests dazu benutzt, die reine Aufnahmekapazität des Arbeitsgedächtnisses zu prüfen:

Diagnostik mit zufälligen Zahlenfolgen:

- »Zahlen nachsprechen« in der Kaufman Assessment Battery for Children (K-ABC) (Melchers & Melchers, 2015)
- »Zahlen Nachsprechen« im WISC (Petermann & Petermann, 2011)
- »Wiedergeben von Zahlenfolgen« im Heidelberger Auditiven Screening in der Einschulungsuntersuchung (HASE) (Schöler & Brunner, 2008)

Diagnostik mit sinnlosen Wörtern:

- »Phonologisches Arbeitsgedächtnis für Nichtwörter« im Sprachentwicklungstest für drei- bis fünfjährige Kinder (SETK 3–5) (Grimm, Aktas & Frevert, 2015)
- Mottier-Test (Renner, Rothermel & Krampen, 2001; Welte, 1981)
- »Pseudowörter Nachsprechen« im Bielefeld Screening zur Früherkennung von Lese-Rechtschreibschwierigkeiten (BISC) (Jansen et al., 2002)
- »Nachsprechen von Kunstwörtern« im HASE (Schöler & Brunner, 2008)

Diagnostik mit sinnvollen Wörtern oder Sätzen:

- »Nachsprechen von Sätzen« im HASE (Schöler & Brunner, 2008)
- »Gedächtnisspanne für Wortfolge« im SETK 3–5 (Grimm et al., 2015)

13.4 Symptomatik von Gedächtnisproblemen

Die Funktionen des Arbeitsgedächtnisses sind für aktives Lernen und Abrufen von Gelerntem aus dem Langzeitgedächtnis wichtig. Es hat sich gezeigt, dass sich die Gedächtniskapazität auf mehrere wichtige Entwicklungsbereiche auswirkt: Wortschatz, Grammatik, Lesen, Schreiben, Rechnen (Hasselhorn & Grube, 2003). Gedächtnisprobleme können sich aber auch unspezifisch in verschiedenen Alltagsbereichen auswirken. Hinweise für solche Schwächen im Gedächtnis sind (Lepach & Petermann, 2007; Groschwald & Rosenkötter, 2016):

- Das Kind behält Informationen nur unvollständig, falsch oder in verkürzter Form.
- Das Kind fragt häufig nach, wirkt vergesslich.
- Das Kind führt Aufforderungen zu Handlungen oft unvollständig oder nur mit Nachfragen aus.
- Das Kind braucht viele Wiederholungen, die trotzdem oft nicht zum Erfolg führen.
- Das Kind scheint bereits bekannte Informationen wieder als neu zu erleben.
- Das Kind berichtet trotz normaler sprachlicher Fähigkeiten kaum über Erlebnisse, es mag ungern nacherzählen.
- Hinweise erleichtern das Erinnern nicht.

Die Reaktionen des Umfeldes sind oft durch Verständnislosigkeit, Hilflosigkeit und Abwehr gekennzeichnet. Die betroffenen Kinder verstärken daraufhin ihre Rückzugstendenzen oder reagieren mit Schwierigkeiten in der sozialen Adaptation.

> Gedächtnisstörungen sollten unbedingt von anderen Entwicklungsstörungen abgegrenzt werden. Gedächtnisstörungen sind oft Teil einer Sprachentwicklungsstörung, Wortfindungsstörung, Lernstörung, Aufmerksamkeitsstörung.

Gedächtnisstörungen kommen sehr häufig bei hirnorganischen Erkrankungen vor (Stoffwechselkrankheiten, Hirntumor, Schädelhirntrauma), aber auch bei psychisch kranken und bei traumatisierten oder vernachlässigten Kindern.

13.5 Förderung und Therapie

Die Darstellung der komplexen, ineinander greifenden Gedächtnisfunktionen legt nahe, dass ein isoliertes Üben von Teilfunktionen kaum effizient ist. Dementsprechend gibt es auch mit einer Ausnahme, dem Gedächtnistraining »Reminder« für Kinder von 7 bis 14 Jahren (Lepach & Petermann, 2009), kein ausgewiesenes Instrument zur Therapie von Gedächtnisschwächen.

> Allein mit dem Üben von Zahlen- oder Wortfolgen lässt sich das Arbeitsgedächtnis selten erweitern. Vielmehr kommt es darauf an, die Wissensbasis zu erweitern, verbesserte Gedächtnisstrategien einzuführen und die gerichtete Aufmerksamkeitsleistung und Lernmotivation optimal zu halten. Fast schon eine gesellschaftliche Aufgabe wäre es, die negative Einstellung zum Auswendiglernen abzubauen, und eine ständige pädagogische und therapeutische Aufgabe ist es, Gedächtnisleistungen als einen Teil jeglicher Lernleistung zu sehen und zu beachten. Dazu gehören Strategien des Lernens unter konstanten, verlässlichen Bedingungen, gewollte und regelmäßige Wiederholungen, der unterstützende

> Einsatz von Liedern, Rhythmik, Versen, Reimen und Fingerspielen. Darüber hinaus nutzen Gedächtnisstrategien der Elaboration und des Chunkings, bei denen es u. a. um die Verknüpfung von Handlungsketten mit begleitender Sprache, um die Verknüpfung neuer mit bekannten Informationen und um die strukturierte Organisation von Wortbedeutungen, Wortfeldern und Überbegriffen geht.

13.6 Zusammenfassung

Gedächtnis ist neben der Wahrnehmung, der Aufmerksamkeit und der emotionalen Steuerung eine der wichtigsten Grundlagen des Lernens. Die bedeutsamste Gedächtnistheorie ist das Mehrspeichermodell, das eine Unterteilung in ein sensorisches Gedächtnis, ein Arbeits- und ein Langzeitgedächtnis postuliert. In der Gedächtnistheorie von Baddeley (2003) wird das Arbeitsgedächtnis als ein aktives System betrachtet, welches eine zentrale Exekutive und die Teilsysteme phonologische Schleife, episodischer Puffer und visuell-räumlicher Notizblock enthält. Das Langzeitgedächtnis ist durch verschiedene Gedächtnisformen charakterisiert, nämlich durch ein deklaratives und ein prozedurales Gedächtnis. Das deklarative Gedächtnis unterteilt sich wiederum in ein semantisches und ein episodisches Gedächtnis. Das prozedurale Gedächtnis ist uns typischerweise nicht bewusst.

Deklaratives (explizites) Gedächtnis

- rasch einsetzbar, prinzipiell erklärbar (deklarierbar); das Wissen, dass etwas so oder so ist
    - Episodisch: Episoden der Biographie, Erinnerungen an Begebenheiten und Ereignisse
    - Semantisch: Fakten, Bilder, Töne, Wortbedeutungen

Prozedurales (implizites) Gedächtnis

- bildet sich unbewusst, optimal einsetzbar in den Verhaltenszusammenhängen, in denen es gespeichert war, langsam und unflexibel, erleichtert die Ausführung komplizierter motorischer und kognitiver Fähigkeiten; das Wissen, wie etwas geht
- Abläufe, z. B. automatisierte Bewegungsabläufe wie Gehen, Rad fahren, mit der Gabel essen

Priming, Perzeptuelles Gedächtnis: Erleichtern der Erinnerung durch vorauslaufende Hinweisreize

Formen der Wiederholung

- Erhaltendes Wiederholen (Rehearsal): Wiederholung der Information im Arbeitsspeicher
- Elaborierende Wiederholung: Anreicherung der erhaltenen neuen Information mit bereits bekannten Informationen
- Chunking: Zusammenschleifen von Informationen zu sinnhaften Einheiten, um mehr Informationen pro Informationseinheit speichern zu können.

Weiterführende Literatur

Bermeitinger, C. & Baess, P. (2018). Wissen und Gedächtnis. In J. Strohmer (Hrsg.), *Psychologische Grundlagen für Fachkräfte in Kindergarten, Krippe und Hort* (S. 51-62). Bern: Hogrefe.
Hoffmann, J. & Engelkamp, J. (2016). *Lern- und Gedächtnispsychologie*. Berlin: Springer.
Gruber, T. (2018). *Gedächtnis* (2., überarb. Aufl.). Berlin: Springer.
Kandel, E. R. (2009). *Auf der Suche nach dem Gedächtnis: Die Entstehung einer neuen Wissenschaft des Geistes*. München: Goldmann. [auch als DVD]
Markowitsch, H. J. (2017). *Das Gedächtnis: Entwicklung, Funktionen, Störungen* (3. Aufl.). München: Beck.

14 Aufmerksamkeit

Wenn das Gehirn große Informationsmengen parallel verarbeiten muss, dann stellt sich die Frage: Wie kann erreicht werden, dass das Verhalten durch

- die richtige Information
- zur richtigen Zeit
- in der richtigen Reihenfolge
- auf die richtigen Objekte gelenkt wird?

Fährt beispielsweise ein Autofahrer auf einer Straße, könnte seine Aufmerksamkeit darauf gerichtet sein, auf Hausnummern zu achten, um das Haus mit der Nummer 36 zu finden. Seine Konzentration könnte auch zum Ziel haben, spielende Kinder vorsichtig zu umfahren oder einen langsamen Radfahrer zu überholen. Dann müsste er Geschwindigkeit und Entfernungen abschätzen. Schließlich fällt ihm unbeabsichtigt ein Haus auf, das ein Flachdach und eine leuchtend rote Tür hat. Wenn er an kuriosen Häusern interessiert ist, fühlt er sich vielleicht abgelenkt, achtet aber weiter auf die spielenden Kinder und vergleicht gleichzeitig die rote Tür mit den Türen der anderen Häuser. Seine Aufmerksamkeit verleiht ihm die Fähigkeit, gleichzeitig oder nacheinander verschiedene Reize (Farben, Formen, Entfernungen, Größen) wie durch ein Brennglas in das Zentrum seiner Bewusstheit heranzuholen und die verschiedenen Reize miteinander zu vergleichen.

> Der Scheinwerfer der Aufmerksamkeit beleuchtet die Eigenschaften der Reize und stellt sie in Beziehung zueinander. Gleichzeitig werden sie mit im Gedächtnis gespeicherten Informationen verglichen.

Woher wüsste der Autofahrer sonst, wo er Schilder mit Hausnummern suchen sollte? In seinem Gedächtnis ist abgespeichert, dass sie meist neben dem Eingang hängen. Er vergleicht auch das Flachdach mit anderen Dachformen, an die er sich erinnern kann, und wird bei einiger Erfahrung sicher sein, dass Gebäude mit einem Flachdach auch Häuser sind, selbst wenn sich deutsche Häuser in der Regel mit geneigten Dachflächen präsentieren. Kleine Kinder haben diese Erfahrung vielleicht noch nicht gemacht und stutzen, wenn sie ein Haus »ohne Dach« sehen. Ihre Aufmerksamkeit lenkt sie unbewusst zu dem Thema »Hausformen« oder lässt sie bewusst fragen, ob dieses »Haus« überhaupt ein Haus sei. Daraus wird auch deutlich, dass Aufmerksamkeit kein isoliertes »Phänomen« und keine isolierte Hirnfunktion darstellt, sondern zusammen mit der Wahrnehmung, dem Gedächtnis und unseren Vorkenntnissen zur Bewältigung von Alltagsleistungen und zur Bewältigung von kognitiven Komplexleistungen dient.

Schneider und Shiffrin beschrieben 1977 in ihrer Theorie der Informationsverarbeitung zwei unterschiedliche Formen von Aufmerksamkeit: Einerseits können wir auf erlernte und automatisierte Elemente und Abläufe zurückgreifen, ohne viel Speicherplatz, Aufmerksamkeit und Energie zu verbrauchen, z. B. beim Gehen oder beim Lenken und Bremsen eines Autos. Erlernte Handlungsmuster sind im Langzeitgedächtnis abgelegt. Sie sind relativ stabil, nicht so variabel, aber verlässlich. Andererseits können kontrollierte Prozesse, die eine gerichtete Aufmerksamkeit erfordern, sehr rasch eingesetzt werden und sind variabel. Sie haben aber eine begrenzte Kapazität, da sie auf das Arbeitsgedächtnis angewiesen sind, und sie erfordern ständige Kontrolle.

Bei der gerichteten Aufmerksamkeit lassen sich nach Schneider und Shiffrin (1977) nochmals zwei Formen unterscheiden: Eine geteilte Aufmerksamkeit brauchen wir, wenn wir zwei Sprechern gleichzeitig zuhören wollen oder beim Autofahren auf Hausnummern und spielende Kinder gleichzeitig achten müssen. Die fokussierte Form der Aufmerksamkeit ist dann notwendig, wenn wir aus störenden oder irrelevanten Hintergrundstimuli einen Nutzreiz »heraushören« wollen. Man könnte hier auch von einer Filterfunktion der Aufmerksamkeit sprechen. Es lassen sich also verschiedene Formen der Aufmerksamkeit differenzieren:

- Ungerichtete Aufmerksamkeit (alertness): allgemeine Reaktionsbereitschaft und Wachheit, meist unbewusst, nur bei spezieller Reizdarbietung (z. B. Warnreiz) auch bewusst.
- Gerichtete (selektive oder fokussierte) Aufmerksamkeit: Fähigkeit, die Aufmerksamkeit auf einen Reiz zu richten und sich nicht durch Störreize ablenken zu lassen (Konzentrationsfähigkeit). Die gerichtete Aufmerksamkeit zielt auf einen externen Stimulus oder auf die bewusst gesteuerte Auswahl auf eines von mehreren Wahrnehmungsobjekten. Eine Beeinträchtigung zeigt sich vor allem durch erhöhte Ablenkbarkeit.
- Geteilte Aufmerksamkeit: Mehrere Wahrnehmungsobjekte können gleichzeitig parallel bewältigt werden. Teils bewusst, teils unbewusst.
- Langfristige Aufmerksamkeit: Aufrechterhalten der Aufmerksamkeit entweder bei hochstimulierenden Situationen (Daueraufmerksamkeit) oder auch bei eintönigen Anforderungen über einen längeren Zeitraum (Vigilanz).

14.1 Symptomatik und Diagnostik der Aufmerksamkeitsstörung

Menschen benötigen die oben genannten Formen der Aufmerksamkeit zur erfolgreichen Lebensbewältigung. Bei manchen Personen sind aber diese Aufmerksamkeitsformen nicht voll funktionsfähig. Dann spricht man von Aufmerksamkeitsstörungen. Sie werden in der »Internationalen Klassifikation der Krankheiten« (International Classification of Diseases, ICD-10, in der deutschen Version online unter www.dimdi.de) als »Aufmerksamkeitsdefizitsyndrom« (Attention Deficit Syndrome) ohne (ADS) oder mit Bewegungsunruhe (Hyperkinetik, Hyperaktivität) (ADHS) bezeichnet. Im englischen Sprachraum wird synonym auch die Bezeichnung AD(H)D (Attention Deficit Hyperactivity Disorder) gebraucht.

> **Definition**
>
> Die Diagnose einer Aufmerksamkeitsstörung basiert in erster Linie auf einer Beobachtung der Kernsymptome:
>
> - Verringerte Daueraufmerksamkeit und/oder verringerte gerichtete Aufmerksamkeit
> - Erhöhte Ablenkbarkeit
> - Vermehrte Impulsivität
> - Motorische Unruhe (eher bei Jungen)
> - Schwierigkeiten in der Selbstorganisation (eher bei Mädchen)

Diagnosekriterien für eine Aufmerksamkeitsstörung von Kindern nach ICD 10

Für die Diagnostik einer Aufmerksamkeitsstörung unterteilt man die Diagnosekriterien nach den Kontexten, in denen sie beobachtet werden können, und zwar in den häuslichen Kontext des Kindes einerseits und andererseits den vorschulischen und schulischen Kontext. Beim häuslichen Kontext zieht man die Beobachtungen der Eltern heran, bei den schulischen Kontexten die der Kita-Fachkräfte oder Lehrkräfte.

Diagnosekriterien für den häuslichen Kontext. In Bezug auf Alter und Entwicklungsstand nachweisbare *Abnormität von Aufmerksamkeit und Aktivität zu Hause*, gekennzeichnet durch mindestens drei dieser Aufmerksamkeitsschwierigkeiten:

1. Kurze Dauer spontaner Aktivitäten
2. Mangelnde Ausdauer beim Spielen
3. Überhäufiges Wechseln zwischen verschiedenen Aktivitäten
4. Stark beeinträchtigte Ausdauer bei der Bewältigung von Aufgaben, die von Erwachsenen gestellt werden
5. Ungewöhnlich hohe Ablenkbarkeit während schulischer Arbeiten wie Hausaufgaben oder Lesen
6. Ständige motorische Unruhe (rennen, hüpfen, Füße wippen etc.)
7. Bemerkenswert ausgeprägte Zappeligkeit und Bewegungsunruhe während spontaner Beschäftigungen
8. Bemerkenswert ausgeprägte Aktivität in Situationen, die relative Ruhe verlangen (wie z. B. Mahlzeiten, Reisen, Besuche, Gottesdienst)
9. Schwierigkeiten, sitzen zu bleiben, wenn es verlangt wird.

Diagnosekriterien für den (vor-)schulischer Kontext. In Bezug auf Alter und Entwicklungsstand nachweisbare *Abnormität von Aufmerksamkeit und Aktivität im Kindergarten oder in der Schule* (falls zutreffend). Gekennzeichnet durch mindestens drei dieser Aufmerksamkeitsschwierigkeiten:

1. Außergewöhnlich geringe Ausdauer bei der Bewältigung von Aufgaben
2. Außergewöhnlich hohe Ablenkbarkeit, d. h. häufiges Zuwenden zu externen Stimuli
3. Überhäufiger Wechsel zwischen verschiedenen Aktivitäten, wenn mehrere zur Auswahl stehen
4. Extrem kurze Dauer von spielerischen Beschäftigungen
5. Beständige und exzessive motorische Unruhe (Rennen, Hüpfen, Füße wippen etc.) in Situationen, in denen freie Aktivität erlaubt ist
6. Bemerkenswert ausgeprägte Zappeligkeit und motorische Unruhe in strukturierten Situationen
7. Extrem viele Nebenaktivitäten bei der Erledigung von Aufgaben
8. Fehlende Fähigkeit, auf dem Stuhl sitzenbleiben zu können, wenn es verlangt wird.

Für eine Diagnose ist es wichtig, dass einige Symptome vor dem 7. Lebensjahr und in zwei oder mehr Bezugssystemen (z. B. Kita, Schule, Freizeit oder Zuhause) auftreten. Sie müssen eine Beeinträchtigung im sozialen Bereich (Beziehungen zu Kindern und Erwachsenen, Teilhabe) oder Lernleistungsbereich mit sich bringen und dürfen nicht durch ein anderes psychisches Störungsbild besser erklärbar sein. Die Diagnose eines AD(H)S sollte in der Regel nicht vor dem fünften Lebensjahr gestellt werden, Verhaltensauffälligkeiten können aber selbstverständlich beschrieben werden. Oft beginnen sie schon in der frühen Kindheit. Störungen des Sozialverhaltens sind nicht zwingend vorhanden. Wenn sie jedoch gleichzeitig auftreten, sind sowohl Förderung und Behandlung als auch die Langzeitprognose schwieriger.

Die vermehrte *Impulsivität* bringt eine Sprunghaftigkeit im Denken und Handeln und emotionale Ausbrüche mit sich, kann aber auch mit Begeisterungsfähigkeit und Kreativität verknüpft sein. Häufig sind durch die Impulsivität Schwierigkeiten in der sozialen Anpassung vorprogrammiert, die sekundär zu Störungen der Sozialentwicklung führen können.

Eine genaue Bestimmung der Grenze zwischen »normal« und »aufmerksamkeitsgestört« darf man nicht erwarten, da es sich um Verhaltensbeschreibungen handelt. Testverfahren bilden die Alltagsprobleme nicht ab, sie unterstützen allenfalls die Diagnose, aber können sie weder ausschließen noch sicher bestätigen. Die Diagnose eines Aufmerksamkeitsdefizit-Syndroms (ADS oder bei Hyperaktivität ADHS) ist also eine subjektive Einschätzung und Gewichtung, zumal wenn der Arzt, der die Diagnose stellt, das Kind in der schwierigen Lebenssituation nicht sieht und Ärzte und Psychologen in der »Laborsituation Praxis« im Grenzfall unsicher bleiben müssen. Er braucht daher zusätzliche Informationen zur Erfassung der Leitsymptome durch die Eltern, die Verwandten und die pädagogischen Fachkräfte. Unterstützend und hilfreich können dabei Fragebögen sein, mit denen Eltern und Kita-

Fachkräfte/Lehrkräfte entlang der Leitsymptome strukturiert befragt werden. Neben der Subjektivität der Beantwortung liegen für viele Fragebögen keine validen Grenzwerte vor (Schulte-Körne, 2008). Als Beispiel ist der älteste und bekannteste Fragebogen von Conners (1969; Deimel, Schulte-Körne & Remschmidt, 1997) wiedergegeben (▶ Tab. 14.1). Neben der organischen Untersuchung, die u. a. zum Ausschluss organischer oder genetischer Erkrankungen wichtig ist, spielt die Erhebung der kognitiven Fähigkeiten eine besondere Rolle. Zur Messung der Intelligenz stehen verschiedene Verfahren zur Verfügung, die im Kapitel 8 aufgeführt worden sind. Neuropsychologische Testverfahren zur Erfassung der Aufmerksamkeitsleistungen liegen zwar vor, bergen aber zahlreiche Unzulänglichkeiten. Für Kinder ab fünf Jahren ist der KiTAP (Zimmermann & Fimm, 2005) geeignet, die Normstichproben sind allerdings sehr klein. Hinzu kommt, dass die Testergebnisse häufig nicht in Übereinstimmung zur Anamnese und zu den Ergebnissen der Fragebogentests stehen.

> **Diagnostik von Aufmerksamkeitsstörungen**
>
> Für die Diagnostik einer Aufmerksamkeitsstörung sind die folgenden Verfahren gängig:
>
> - Anamnese durch einen psychologischen oder ärztlichen Experten oder Expertin
> - Klinische Untersuchung, Beobachtung des Verhaltens
> - Fragebogentests
>   - DISYPS-III (Diagnostik-System für psychische Störungen nach ICD-10 und DSM-IV für Kinder und Jugendliche – III) (Döpfner & Görtz-Dorten, 2017)
>   - ADHS-KJ (ADHS-Diagnostikum für Kinder und Jugendliche (Petermann & Petermann, 2019)
>   - CBCL 1 ½ – 5 (Child Behaviour Checklist, Deutsche Fassung) (Achenbach, 2000)
>   - SDQ (Strengths and Difficulties Questionnaire: Fragebogen zu Stärken und Schwächen) (Klasen et al., 2000; Woerner, Becker, Friedrich et al., 2002)
> - Aufmerksamkeitstests
>   - Durchstreichtest für Fünfjährige FTF-K im BUEVA (Esser & Wyschkon, 2016)
>   - d2-Aufmerksamkeits-Belastungstest (Brickenkamp, 2002)
>   - Testbatterie zur Aufmerksamkeitsprüfung (TAP, KiTAP) (Zimmermann & Fimm, 2005)
>   - CPT (Continuous Performance Test) (Knye, Roth, Westhus & Heine, 2003)
>   - Test of Everyday Attention for Children (TEA-Ch, dt. Adaptation) (Horn & Jäger, 2008).

Tab. 14.1: Der Conners-Fragebogen: ein einfacher Fragebogen für Eltern und Lehrer zur Einschätzung des kindlichen Verhaltens im Alltag (Conners, 1969; Deimel, Schulte-Körne & Remschmidt, 1997)

		gar nicht	etwas	deutlich	sehr häufig
1	unruhig, dauernd in Bewegung				
2	erregbar, impulsiv				
3	stört andere Kinder				
4	beendet angefangene Aufgaben nicht				
5	zappelig				
6	leicht ablenkbar				
7	Forderungen und Wünsche sollen sofort erfüllt werden, rasch enttäuscht, kann nicht warten				
8	weint rasch				
9	abrupte Stimmungsschwankungen				
10	neigt zu Wutausbrüchen und unvorhersagbarem Verhalten				

14.2 Differentialdiagnose und Komorbidität

Eine Störung der Aufmerksamkeitssteuerung entsteht oft auf dem Boden einer familiären Veranlagung (▶ Kap. 14.3). Ein Aufmerksamkeits-Defizit-Syndrom (ADS) kann aber auch dadurch verursacht werden, dass die Mutter während der Schwangerschaft Alkohol, Nikotin und andere Drogen eingenommen hat. In schweren Fällen kann es dabei zu einem Fetalen Alkoholsyndrom kommen, das meistens mit einer Aufmerksamkeitsstörung, aber noch weiteren gravierenden Beeinträchtigungen einhergeht. Aufmerksamkeitsstörungen können aber auch in Folge einer Bindungsstörung oder einer genetischen Erkrankung entstehen.

Krankheiten mit Symptomen des AD(H)S

Eine Aufmerksamkeitsstörung muss von den folgenden anderen Störungen unterschieden werden, auch wenn sie z. T. ähnliche Symptome aufweisen (Banaschewski, Döpfner & Grosse, 2017):

- Fragiles-X-Syndrom

- Fetales Alkoholsyndrom
- Autismus-Spektrum-Störung
- Schilddrüsenüberfunktion
- Epilepsie
- Drogenmissbrauch
- Posttraumatische Belastungsstörung
- Angststörung

Zusätzlich zu der Grunddiagnose AD(H)S können gleichzeitig andere Krankheitsbilder oder Entwicklungsstörungen auftreten. Man spricht dann von einer Komorbidität. Gerade in Zeiten, in denen bei jeder psychischen Auffälligkeit unkritisch ein ADS vermutet wird, ist es besonders wichtig, Komorbiditäten oder gar die Erstrangigkeit einer anderen Entwicklungsstörung wie z. B. eine allgemeine Lernstörung oder eine geistige Behinderung zu erkennen.

Komorbidität des AD(H)S

Aufmerksamkeitsstörungen können auch mit den folgenden Störungen einhergehen:

- Depression
- Angststörung
- Störung der Affektregulation
- Zwangsstörung
- Störung des Sozialverhaltens
- Intelligenzminderung
- Unter- oder Überforderung
- Ticstörung
- Umschriebene Entwicklungsstörungen in den folgenden Bereichen: Grafomotorik, Schulisches Lernen (Leserechtschreibstörung, Rechenschwäche).

14.3 Ursachen der Aufmerksamkeitsstörung

Aufmerksamkeitsstörungen kommen bei Jungen fünfmal häufiger vor als bei Mädchen. Verwandte ersten Grades haben ein zwei- bis achtfach erhöhtes Risiko, ebenfalls betroffen zu sein. Dies weist auf eine genetische Komponente hin.

Es besteht der Verdacht, dass das Risiko für ADHS durch genetische Besonderheiten im Stoffwechsel von Botenstoffen (Neurotransmitter) wie Dopamin und Serotonin erhöht ist, die für die Steuerung der Aufmerksamkeit wichtig sind.

14.3 Ursachen der Aufmerksamkeitsstörung

Im Modell von Teicher, Andersen, Navalta, Polcari und Kim (2002) wird ein vor allem durch Dopamin gesteuertes Aufmerksamkeitssystem, von einem vorwiegend von Noradrenalin vermittelten System unterschieden. Dopamin hilft dabei, die extrapyramidale Motorik zu steuern (▶ Abb. 14.2). Es leitet die Befehle des Nervensystems an die Muskulatur weiter. In besonderer Menge wird dieser Botenstoff in den Basalganglien produziert und findet sich in einer Nervenzellenansammlung im Hirnstamm, der Substantia nigra (schwarze Substanz) und im Streifenkörper, dem Corpus striatum. Die Dopamin-gesteuerten Prozesse im limbischen System gelten als ein Belohnungssystem, bei dessen Unterfunktion Antriebsarmut und Lustlosigkeit auftreten können. Serotonin ist an der Regulation der Körpertemperatur und der Wahrnehmung von Empfindungen beteiligt und beeinflusst die Bewusstseinslage, Stimmungen und Antrieb. Die Wirkung von Medikamenten, die die Aufmerksamkeit verbessern sollen, sog. Stimulantien wie Amphetamin oder Methylphenidat, liegt auch in der Steigerung der Konzentration von Dopamin und Serotonin im Synapsenspalt zwischen den Signal übertragenden Neuronen.

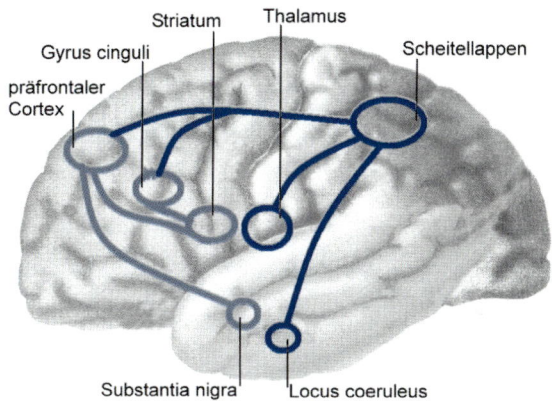

Abb. 14.2: Das Dopamin gesteuerte (hellblau) und das Noradrenalin gesteuerte (blau) Aufmerksamkeitssystem

Kinder mit Aufmerksamkeitsstörungen regulieren ihre Emotionen schlecht, können Enttäuschungen kaum aushalten und sind übererregbar und ungeduldig. Das Noradrenalin gesteuerte Aufmerksamkeitssystem befindet sich überwiegend im Scheitelllappen. Es arbeitet mit dem Neurotransmitter Noradrenalin. Das Medikament Atomoxetin erhöht in diesem System die Konzentration von Noradrenalin. Normalerweise beantwortet das limbische Belohnungssystem, zu dem der vordere cinguläre Kortex, Teile der Basalganglien und der Thalamus gehören, einen Belohnungsreiz durch Ausschüttung von Dopamin. Fehlt dieser Neurotransmitter, so wirken Belohnungen zu schwach oder haben zum falschen Zeitpunkt gewährte Belohnungen nicht den gewünschten Effekt.

Genetische Faktoren stehen in Wechselwirkung mit Umweltfaktoren. Für die Entstehung eines ADHS sind oft schädigende Stoffe in der Schwangerschaft (Alkohol,

Nikotin, andere Drogen) von Bedeutung. Nach der Geburt könnten Ursachen in einem erhöhten Bleigehalt im Trinkwasser, in künstlichen Farbstoffen in der Nahrung oder in Abbauprodukten von Weichmachern in Kunststoffen liegen. Auch Störungen der Mutter-Kind-Bindung und sozioökonomische Faktoren der Familie wurden gehäuft in Studien über Gen-Umwelt-Interaktionen als Risikofaktoren identifiziert (Banaschewski, Döpfner & Grosse, 2017). Kinder, die eine Aufmerksamkeitsstörung entwickeln, sind manchmal von Geburt an übererregbar und haben Schwierigkeiten, ihre Ruhe und ihren Schlaf zu finden. Ihr Schreien im frühen Säuglingsalter, ihr hastiges Essen und ihr unregelmäßiger Schlaf-Wach-Rhythmus könnten auf eine »Frühkindliche Regulationsstörung« hinweisen (Wolke, Rizzo & Woods, 2002).

Kernspintomographie bei ADHS

Mit Kernspinuntersuchungen konnte man bei Jugendlichen und Erwachsenen, bei denen eine Aufmerksamkeitsstörung bestand, Veränderungen in den Regionen finden, die den beiden Aufmerksamkeitssystemen zugeordnet werden. Darüber hinaus fanden sich sehr kleine Veränderungen auch in anderen Teilen der Hirnrinde und im Kleinhirn. Die Art der funktionellen und morphologischen Veränderungen und ihre Verteilung im Gehirn weist Ähnlichkeiten mit dem Tic-Syndrom/Tourette-Syndrom und mit Zwangserkrankungen auf (Vloet, Neufang, Herpertz-Dahlmann & Konrad, 2006). Eine vermehrte Durchblutungsaktivität zeigte sich in Regionen, die mit visueller, räumlicher und motorischer Verarbeitung assoziiert sind. Nicht zufällig treten Zwangsstörungen und Tics bei Kindern mit Aufmerksamkeitsstörungen manchmal parallel auf (Komorbidität). Oft werden die Befunde der funktionellen Kernspintomographie (fMRT) genutzt, um in der Diskussion um die Entstehung eines ADS auf die morphologischen Korrelate zu verweisen. Bislang ist aber nicht geklärt, ob es sich bei den hirnorganischen Veränderungen, die durch die bildgebenden Analyseverfahren diagnostiziert werden, nicht nur um eine momentane Darstellung eines hirnorganischen Befunds handelt, die durchaus veränderlich ist. Erste Ergebnisse von Verlaufsstudien weisen darauf hin, dass zumindest Teile der hirnorganischen Veränderungen, wie sie durch bildgebende Analyseverfahren diagnostiziert werden, unter erfolgreicher Therapie reversibel sein können.

14.4 Aufmerksamkeit und Medien

Ein oft diskutierter Teilaspekt bei der Entstehung eines ADS ist die Mediennutzung. Ist es wirklich die Nutzung der Medien oder ist es das entsprechende Fehlen sinnvoller Beschäftigungen? In einer Arbeit von Christakis, Zimmerman, DiGiuseppe und McCarty (2004) mit fast 1300 Kindern zeigte sich, dass in den USA Kinder im Alter von einem Jahr durchschnittlich 2,2 Std. täglich fernsahen, im Alter von drei Jahren 3 ½ Std. täglich. Solch ein Konsum an visueller Beeinflussung erhöhte das

Risiko für das Entstehen eines ADS um 28 %. Mit sieben Jahren hatten 10 % der Kinder Aufmerksamkeitsprobleme, und zwar in Abhängigkeit von der Dauer des Fernsehkonsums mit ein und drei Jahren. 30 % der Kinder hatten ein Fernsehgerät in ihrem Zimmer. Auch andere Untersuchungen zeigen, dass ein Fernsehkonsum von mehr als zwei Stunden täglich bei kleinen Kindern und ein eigenes Fernsehgerät im Zimmer später gravierende Auswirkungen haben können: soziale Probleme, höheres Körpergewicht, Lernschwierigkeiten, aggressives Verhalten und eben Aufmerksamkeitsschwierigkeiten. Inzwischen lässt sich die Frage einer sinnvollen Mediennutzung bei Kindern nicht mehr auf den Fernsehkonsum beschränken.

14.5 Therapie von Aufmerksamkeitsstörungen

Die Behandlung des AD(H)S ist äußerst aufwändig und individuell an die bestehenden sozialen Bedingungen anzupassen. Einen gleichen »Königsweg« für alle Kinder kann es angesichts der höchst unterschiedlichen Ausgangspositionen und des nur unvollständig abgrenzbaren Störungsbildes nicht geben. Daher werden im Folgenden mögliche Therapiemaßnahmen aufgelistet. Die Reihenfolge stellt keine Wertung dar.

- Psychoedukation: Aufklärung, Zusammenarbeit und Beratung von Eltern, von Kindern und Jugendlichen und von pädagogischen Fachkräften, Gruppenberatung für Eltern (z. B. Wackelpeter und Trotzkopf: Hilfen für Eltern bei ADHS-Symptomen, hyperkinetischem und oppositionellem Verhalten) (Döpfner, Schürmann & Lehmkuhl, 2011)
- Psychologische und kinder- und jugendpsychiatrische Psychotherapie, vor allem Verhaltenstherapie als Einzeltherapie
- Gruppentherapie
  – Therapieprogramm für Kinder mit hyperkinetischem und oppositionellem Problemverhalten THOP (Döpfner, Schürmann & Frölich, 2019), THOP-Elternprogramm - Arbeitsbuch für Eltern: Gruppenprogramm für Eltern von Kindern mit ADHS-Symptomen und expansivem Problemverhalten (Kinnen, Halder & Döpfner, 2016)
  – Training mit aufmerksamkeitsgestörten Kindern (Lauth & Schlottke, 2009)
  – Marburger Konzentrationstraining für Kindergarten- und Vorschulkinder (Albrecht, Krowatschek & Krowatschek, 2013)
  – Programme zur Förderung sozialer Kompetenzen (Koglin, Petermann & Stetzka, 2006; Petermann & Petermann, 2009)
- Psychomotorik (Übungsbehandlung, vorwiegend in Gruppen, die von einem Zusammenspiel des psychischen Erlebens mit der Entwicklung von Motorik und Wahrnehmung ausgeht)
- Behandlung von komorbiden Störungen der Aufmerksamkeitsstörung
- Heilpädagogische Therapie

- Neurofeedback (Training zur Regulation des Verhaltens durch bewusste Beeinflussung der EEG-Hirnaktivität)
- Diät bei nachgewiesener Allergie oder -überempfindlichkeit gegenüber Nahrungsmitteln, Farbstoffen, Getränken
- Medikamentöse Therapie (Methylphenidat, Amphetamin, Atomoxetin, Guanfacin)

Ziel einer jeden Behandlung des ADS ist die Unterbrechung des Teufelskreises von Enttäuschung, Gefühlen des Versagens, Schuldgefühlen, negativem Selbstbild, Ablehnung und Misserfolgserwartung. Dabei gilt es auch, aggressiven, dissozialen und depressiven Reaktionen vorzubeugen oder sie zu bewältigen. Das Kind sollte unbedingt aus der Rolle des Außenseiters, Störenfrieds und Sündenbocks befreit werden. Die höchste Erfolgsquote in der Behandlung wird durch eine Kombination aus Verhaltenstherapie und medikamentöser Behandlung erreicht. Medikamente werden vor allem in Krisensituationen eingesetzt, z. B. in Leistungskrisen (Kind kann seine Lernleistungen nicht abrufen, versagt schulisch) oder in Beziehungskrisen (Kind hat keine Freunde mehr oder Kind und Eltern leben in einer äußerst gespannten Situation oder Eltern sind durch die schwierigen pädagogischen Aufgaben in einer Paarkrise).

Abb. 14.3-14.4: Bilder (»Ich und meine Familie«) eines 7-Jährigen (a) vor und (b) sieben Wochen nach Beginn einer Therapie mit Methylphenidat

Aus den Forschungsergebnissen über ADS sowie über Lern- und Verhaltensstörungen und der Begünstigung ihres Entstehens durch Medienkonsum ergeben sich einige vorbeugende Maßnahmen für Eltern kleiner Kinder:

- *Regulation des Fernsehkonsums von Kindern:*
  - kein TV im Kinderzimmer,
  - nur altersgerechte Sendungen anschauen lassen,
  - kleine Kinder nur in Begleitung fernsehen lassen,
  - 4–5-Jährige maximal 30 Minuten täglich TV-Konsum.
- *Regulation des Konsums von Computerspielen:*
  - Alterskennzeichnung der Spiele strikt einhalten

- Spieldauer begrenzen: 4–6-Jährige 20–30 Minuten täglich in Begleitung der
  - Eltern
- *Regulation der Internetnutzung:*
  - Internet frühestens mit fünf Jahren und zunächst nur zusammen mit Eltern nutzen,
  - Surfzeiten vereinbaren: 5–7-Jährige 20 Minuten täglich maximal,
  - jugendgefährdende Internetinhalte mit Filter-Software abschirmen,
  - Regeln zur Nutzung des Internets aufstellen wie z. B.: »Keine persönlichen Angaben und Fotos versenden« und »Bei unangenehmen Erfahrungen sofort den Eltern Bescheid geben«.

14.6 Therapie mit Medikamenten

Medikamente werden in der Regel nicht vor dem sechsten Lebensjahr verordnet, in Ausnahmen ab dem dritten Lebensjahr. Die Wirkungsweise von Medikamenten beruht auf einer stimulierenden Wirkung: Der Effekt ist eine vermehrte Wachheit, ein erhöhtes Aktivitätsniveau und verminderte Müdigkeit (▶ Abb. 14.3-14.4). Diese Medikamente wirken also als ein Stimulans, ähnlich wie Kaffee oder Tee. Man fragt sich natürlich, warum ein scheinbar zu waches Kind ein Medikament nehmen soll, das noch wacher macht. Die Wirkung ist also paradox, ähnlich wie bei manchen Kaffeetrinkern, die regelmäßig alle drei Stunden »ihren« Kaffee brauchen, um wieder ruhig zu werden. Stimulantien hemmen den Transport von Neurotransmittern in der synaptischen Erregungsübertragung und führen daher zu einer höheren Konzentration von Neurotransmittern an der Synapse. Da Dopamin die motorische Aktivität vermittelt, geht man davon aus, dass das dopaminabhängige System bei diesen Kindern und Jugendlichen überaktiv ist. Die Medikamente könnten daher zu einer verlängerten Wirkung von Dopamin an den postsynaptischen Rezeptoren beitragen, die dann die Dopamin-Freisetzung präsynaptisch verringern und so in der Summe die Dopamin-Aktivität herunterregeln.

Angesichts der steigenden Verordnungsmengen, einer drohenden »Medizinisierung« des ADHS und dem immer rascheren Ruf nach einer medikamentösen Therapie ist eine besonders qualifizierte Diagnostik und ein besonders verantwortungsvolles Abwägen zwischen Indikation, Kontraindikationen, Dosierung, Therapiekonzept und Therapiedauer notwendig.

14.7 Zusammenfassung

Die Diagnose einer Aufmerksamkeitsstörung (AD(H)S) ist bei Vorliegen mehrerer Kernsymptome erfüllt:

- Verringerte Daueraufmerksamkeit und/oder verringerte gerichtete Aufmerksamkeit
- Erhöhte Ablenkbarkeit
- Vermehrte Impulsivität
- Motorische Unruhe (eher bei Jungen)
- Schwierigkeiten in der Organisiertheit (eher bei Mädchen)

Die Diagnostik umfasst eine medizinische und psychologische Untersuchung einschließlich der Durchführung einschlägiger Testverfahren, die Einbeziehung der Symptombeschreibung der Eltern und der zuständigen pädagogischen und therapeutischen Fachkräfte, den Ausschluss bestimmter Erkrankungen, die Erfassung komorbider Störungen.

Die Behandlung eines AD(H)S ist eine Komplexbehandlung unter Einbeziehung der Bezugspersonen und der pädagogischen Fachkräfte. In erster Linie umfasst sie eine psychologische oder heilpädagogische Einzel- oder Gruppentherapie, die unter bestimmten Voraussetzungen auch durch eine medikamentöse Behandlung mit Stimulantien ergänzt werden kann.

Weiterführende Literatur

Aust-Claus, E. (2012): ADS. Die Top Tipps für Eltern 4: Therapie bei ADS – Erfolge ermöglichen. Wiesbaden: OptiMind media.

Döpfner, M., Frölich, J. & Lehmkuhl, G. (2012). *Aufmerksamkeitsdefizit-/Hyperaktivitätsstörung (ADHS)*. Göttingen: Hogrefe.

Döpfner, M., Frölich, J. & Wolff Metternich-Kaizman, T. (2019). *Ratgeber ADHS: Informationen für Betroffene, Eltern, Lehrer und Erzieher zu Aufmerksamkeitsdefizit-/Hyperaktivitätsstörungen*. Göttingen: Hogrefe.

Kiesel, A. & Koch, I. (2018). Wahrnehmung und Aufmerksamkeit. In A. Kiesel & H. Spada (Hrsg.), *Lehrbuch Allgemeine Psychologie* (S. 35–120). Bern: Hogrefe.

Pfeiffer, T. (2018). Entwicklung der Aufmerksamkeit. In J. Strohmer (Hrsg.), *Psychologische Grundlagen für Fachkräfte in Kindergarten, Krippe und Hort* (S. 129–135). Bern: Hogrefe.

15 Das »Ich«, Emotionen und ihre neuronale Verankerung im Gehirn

Beginnen wir mit der schwierigsten Frage: Gibt es in unserem Gehirn einen Ort für das Bewusstsein des »Ich«? Und wenn ja, wo ist dieses »Ich« oder »Selbst« lokalisiert? Wie in anderen Fragestellungen auch, ergeben sich erste Hinweise aus den Untersuchungen von Hirnverletzten. Der berühmteste Kranke in der Geschichte der Neurologie und Psychologie war der amerikanische Eisenbahnarbeiter Phineas Gage, der erstaunlicherweise eine schwere Hirnverletzung überlebte. Bei einer Dynamitexplosion wurde eine Eisenstange durch die Luft geschleudert und durchschlug seinen Kopf. Die Eisenstange wurde entfernt, Phineas Gage erlitt eine schwere Verletzung seines Stirnhirns und zeigte fortan schwere Veränderungen seines Verhaltens und seiner Persönlichkeit: Im Gegensatz zu seinem Wesen vor dem Unfall war er nun emotional labil, jähzornig, rücksichtslos und nicht mehr in der Lage, »vernünftig« zu planen. Heutzutage können die Hirnareale, die zum Verständnis des Selbst beitragen, dank bildgebender Verfahren schonend untersucht werden. Es zeigt sich, dass es nicht ein einzelnes Hirnareal gibt, das das Selbst erklärt, sondern ein Netzwerk von weit auseinander liegenden Schaltkreisen. Dazu gehören:

- der Hippokampus als Ort für die Langzeitspeicherung,
- das limbische System für die Bewertung und Speicherung emotionaler Erinnerung,
- der Praecuneus, eine Hirnwindung an der oberen Kante des Scheitellappens, ebenfalls eine Hirnregion für das biographische Gedächtnis,
- der vordere Teil der Insula (die »Insel« liegt unterhalb der Sylvischen Furche hinter dem Schläfenlappen verborgen) als Ort der Speicherung von Bildern des eigenen Gesichts, und
- der mediale präfrontale Kortex (zwischen den beiden Großhirnhemisphären hinter den Augen) als Ort für Wahrnehmungen und Erinnerungen des Selbst und deren Integration zu einem durchgängigen Ich-Gefühl (Zimmer, 2006), auch zur Speicherung traumatischer Erlebnisse (Lui et al., 2009). Beim Denken an andere werden zusätzlich Bereiche im medial-parietalen Kortex aktiviert.
- Zusätzliche Erkenntnisse zur Neurobiologie des Selbst sind aus der Erforschung der Spiegelneurone zu erwarten.

Newen (2011) hat zusammengefasst, in welchen Schritten sich das Ich biografisch entwickelt:

- Ein Ich-Gefühl auf Grund der Selbstwahrnehmung des eigenen Körpers (spätestens bei Geburt)

- Ein Ich-Gefühl, weil sich das Baby als Urheber seines zielgerichteten Handelns erlebt (beim Erlernen des aktiven Greifens im 3. Lebensmonat)
- Das Ich als Komponente von geteilter Aufmerksamkeit und als Zentrum der eigenen räumlichen Perspektive (entsteht zwischen dem 9. und 14. Lebensmonat)
- Das Ich als ein besonderes, handlungsfähiges Objekt neben anderen (wird beispielsweise deutlich, wenn ein Subjekt sich ab dem 18. Lebensmonat selbst im Spiegel erkennen kann)
- Das Ich als Objekt mit begrifflichem Selbstbild, das sich wesentlich durch seine Wünsche, Überzeugungen, Hoffnungen definiert und in der Lage ist, anderen Menschen andere Wünsche und Überzeugungen zuzuordnen (Diese »Theory of Mind«-Fähigkeit wird zwischen dem 2. und 4. Lebensjahr erlernt).

15.1 Emotionen

Ob man das Wort Emotion mit Stimmung, Gefühl oder Empfindung verbindet, ist zwar subjektiv sehr unterschiedlich, aber in Emotionstheorien wird zwischen diesen Prozessen klar unterschieden (Scherer, 2004; Holodynski, 2006). Gemeinsam ist allen Theorien, dass Emotionen eine Wertigkeit (Valenz) zugeschrieben werden (positiv oder negativ getönte Emotionen). Darüber hinaus wird in vielen Mehrkomponententheorien einer Emotion ein körperlicher Ausdruck z. B. in der Körperhaltung oder Mimik zugeschrieben sowie ein unbewusster Teil wie manche physiologischen Begleitprozesse, z. B. die Ausschüttung von Cortisol bei Stress, und ein subjektiv empfindender Teil, den man als Gefühl bezeichnet. Letzteres umfasst das subjektive Empfinden einer Emotion wie z. B. das Empfinden der Schamesröte, die in einem aufsteigt, die Schmetterlingsgefühle im Bauch beim Verliebtsein. Allen Menschen ist bewusst, dass Situationen mit emotionaler Erregung besonders gut gespeichert werden. Das Wechselspiel zwischen emotionaler Erregung und Gedächtnisleistung ist allen Menschen aus dem Alltag bekannt: In Prüfungen und anderen Stresssituationen sind Emotionen vielleicht hilfreich, vielleicht blockieren sie aber auch den Zugang zur Erinnerung. Erlebnisse, die mit starker Angst einhergehen, brennen sich unauslöschlich in unser Gedächtnis. Angst verhindert darüber hinaus die Verknüpfung von Lernstoff mit bekanntem Wissen und macht die Anwendung von erlerntem Wissen schwieriger.

15.2 Mandelkerne und Angst

Eine zerebrale Schlüsselstruktur für Emotionen, speziell für Angst, sind die *Mandelkerne* (Amygdala). Sie sind Teil des limbischen Systems und liegen beidseits im vorderen Teil des Schläfenlappens (▶ Abb. 15.1). Sie sind an komplexen Lernprozessen, bei der Gedächtnisbildung und bei Verhaltensaktionen beteiligt. Botenstoffe (Neurotransmitter) beeinflussen die Gedächtnisleistungen und die emotionalen Reaktionen, z. B. über den erregenden Neurotransmitter Glutamat. Ständige Erregung fördert die lang andauernde Verstärkung und die Effizienz der Weiterleitung mit den Synapsen einer Erregungsbahn.

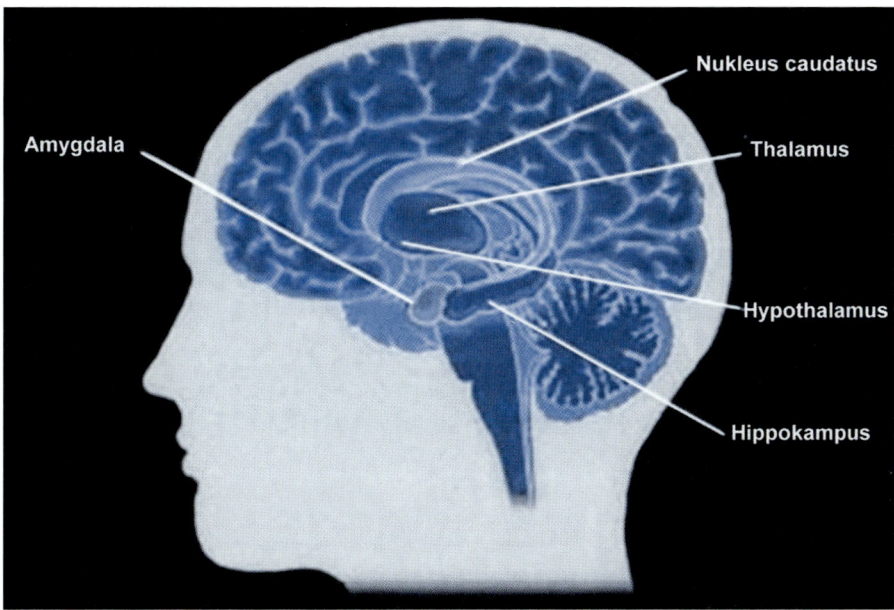

Abb. 15.1: Die Mandelkerne (Amygdala) als Teil des limbischen Systems

Die Mandelkerne werden als Zentrum der furcht- und angstgeleiteten Verhaltensbewertung angesehen. Schädigungen der Amygdala führen zum Fortfall der Furcht- oder Angstkomponente, auch der Einschätzung einer angemessenen Distanz zu anderen Menschen (Kennedy, Gläscher, Tyszka & Adolphs, 2009). Die Mandelkerne haben direkte oder über den Thalamus indirekte Verbindungen mit dem assoziativen Kortex. Andererseits beziehen sie vom Thalamus sensorische, visuelle und akustische Informationen. Andere Informationen kommen vom Hippokampus und der umgebenden Hirnrinde, die kontextuelle Gedächtnisinhalte liefern. Über den Hypothalamus wirken die Mandelkerne auf das gesamte hormonale und vegetative System ein: Aktivierung des sympathischen und parasympathischen Systems (vegetatives System), Aktivierung des Dopamin-, Noradrenalin- und Cholin-Systems (Erhöhung des Wachheitszustandes und der Verhaltensbereitschaft), der Kreislauf- und Atemfunktionen, der Gesichtsmimik, der Verteidigungs- und Fluchtreaktionen und Ausschüttung des Hormons Kortisol bei der Stressreaktion über Hypothalamus und Hypophyse (▶ Abb. 15.2). Daraus resultiert die typische Reaktion bei Furcht: Wir werden sehr wach, das Herz schlägt schneller, die Atmung beschleunigt sich (oder verlangsamt sich), der Blutdruck steigt (»das Blut schießt mir in den Kopf«), der Magen krampft sich zusammen und der allgemeine Muskeltonus wird unwillkürlich erhöht. Die Mandelkerne stellen zugleich das Verbindungszentrum zwischen erlernter und angeborener Furcht und den damit verbundenen Reaktionen dar. Dabei werden sensorische Informationen und Gedächtnisinhalte über negative Ereignisse mit den angeborenen vegetativen und affektiven Furchtreaktionen verbunden. Menschen mit einer Schädigung der Mandelkerne sind in ihrer Fähigkeit, (soziale) Situationen nach ihrer Gefährlichkeit zu beurteilen, deutlich eingeschränkt.

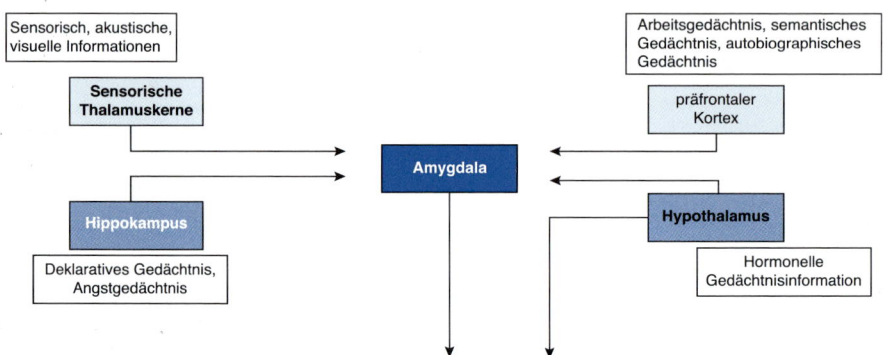

Abb. 15.2: Verarbeitung sensorischer und emotionaler Informationen und die zentrale Rolle der Mandelkerne (Amygdala) in der Steuerung emotionaler Reaktionen

Direkt vom Thalamus kommende Informationen vermitteln nur ein grobes Bild der Umwelt. Visuelle und akustische Informationen, die zunächst kortikal verarbeitet werden und dann via Thalamus zu den Mandelkernen gelangen, gestatten ein präzises Abbild der Umwelt, verbrauchen aber mehr Verarbeitungszeit, weil sie mehrere Verarbeitungsstationen im Gehirn durchlaufen. Beide Pfade scheinen aber genutzt zu werden: Die erstere, schnellere Übertragungskette dient dazu, rasche, reflexartige und emotional gesteuerte Reaktionen auf unerwartete Ereignisse auszulösen. Der Anblick eines bedrohlichen Tiers wird »ohne nachzudenken« mit einer Fluchtreaktion beantwortet, kann also lebensrettend sein, bevor man sich mit Einzelheiten des Tiers beschäftigt oder Nutzen und Risiken der Flucht abwägt. Der zweite Entscheidungspfad ist weniger emotional gesteuert, langsamer und »vernünftiger«. Er kann auch dazu dienen, nach der Flucht das Geschehen zu reflektieren und zu entscheiden, ob man sich zu Recht oder unnötig aufgeregt hat. Die Schreckreaktion und die abwägende Entscheidung sind beide sinnvoll. Vor allem der zweite Pfad kann einen Lerneffekt zur Folge haben und unser künftiges Verhalten und emotionale Reaktionen modifizieren. Zumindest ist eine Angst-Konditionierung ein völlig anderes Lernen als eines, das zur Speicherung im deklarativen Gedächtnis führt (LeDoux, 1994).

15.3 Limbisches System und Emotionen

Das limbische System, das uns schon im Kapitel 13 (Gedächtnis) und im Kapitel 14 (Aufmerksamkeit) begegnet ist, umfasst neben den Mandelkernen den Hippokampus, die vorderen Thalamuskerne, den Hypothalamus, eine zwischen den Großhirnhälften liegende Hirnwindung, den Gyrus cinguli, und eine bogenförmige schmale Struktur unterhalb des Balkens, den Fornix. Das limbische System hat eine wichtige Funktion in der Gedächtnisbildung aber auch in der Bewertung emotionaler Informationen. Im Hypothalamus befinden sich Zentren, die Hunger und Sexualität steuern, besonders aber kommt dem limbischen System eine wesentliche Rolle im Hormonstoffwechsel zu, beeinflusst er doch die Regelkreise der unter ihm sitzenden Hormonbildungszentrale, der Hypophyse. Früher wurde dem limbischen System auch die Steuerung des Tag-Nacht-Rhythmus zugeschrieben. Neuere Untersuchungen zeigen aber, dass diese Funktion wohl allein oder in Zusammenarbeit zwei anderen Regelsystemen zukommt: Zellen in einem Kerngebiet oberhalb der Sehnervenkreuzung (suprachiasmatischer Nucleus) scheinen als Taktgeber in der Morgen- und Abenddämmerung zu feuern (Belle et al., 2009). Die zweite Steuerungsform fungiert über spezielle Sinneszellen in der Netzhaut des Auges, die nichts zum Sehen selbst beitragen, als Taktgeber. Diese Photorezeptoren feuern besonders bei blauem Licht, also dem hellen Tageslicht. Sie steuern ein Hormon der Zirbeldrüse oberhalb des Hypothalamus, das Melatonin genannt wird. Helles Licht unterbricht die Melatoninproduktion. Bei blinden Kindern oder Menschen, die ihren Tag in Räumen mit wenig Licht verbringen, wird so viel Melatonin produziert, wie sonst nur nachts. Eine Störung des Schlaf-Wach-Rhythmus ist die Folge. Oft das Haus zu verlassen und ins Freie zu gehen, ist also tatsächlich wichtig, wenn man abends gut einschlafen will. Menschen, die den ganzen Tag über in geschlossenen Räumen verbringen, profitieren von einer Beleuchtung, die dem natürlichen Tageslichtverlauf entspricht (Spath, Bues, Braun & Stefani, 2011).

15.4 Spiegelneurone und Empathie

1995 fiel dem italienischen Forscher Giacomo Rizzolatti auf, dass ein bestimmtes Stirnhirnareal (Areal 44) aktiviert wird, wenn Versuchstiere die Handlung eines anderen Tieres oder eines Menschen beobachten. Rizzolattis Forschungsgruppe konnte nachweisen, dass dieses Hirnareal motorische Aktionen wiedererkannte und zur Nachahmungsfähigkeit beitrug, ohne dass die Person selbst motorisch aktiv war. Diese Gruppe von Nervenzellen wurde Spiegelneurone genannt, weil sich in ihnen eine äußere Aktivität zu spiegeln scheint. Spiegelneurone sind die Grundlage für Nachahmung, also für Imitationslernen.

 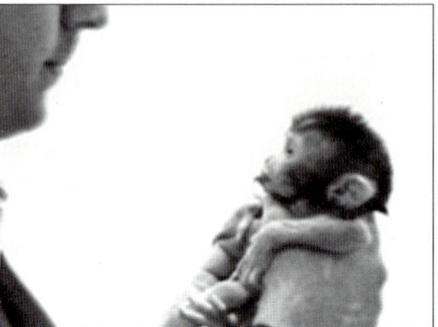

Abb. 15.3: Neugeborene Makaken-Affen sind zur Imitation fähig: Zunge herausstrecken

Erst später fand man, dass Spiegelneuronen nicht nur bei Handlungen feuern. Auch der Emotionsausdruck von anderen Menschen lösen bei uns eine Aktivierung der Spiegelneurone aus. Es ist, als ob der emotionale Vorgang nicht nur außerhalb von uns stattfindet, sondern auch in uns repräsentiert (»gespiegelt«) wird. Die Spiegelneurone sind der Schlüssel zur emotionalen Entwicklung. Körperhaltung und Mimik unseres Gegenübers aktivieren diese Nervenzellen und tragen zur Steuerung unserer Reaktion bei: »Ich sehe, was du an Gefühlen ausdrückst. Ich fühle es durch das Imitieren deines Ausdrucks mit dir« (Holodynski, 2017) (▶ Abb. 15.3). Wahrscheinlich hängt von der Funktion unserer Spiegelneurone ab, ob wir Mitgefühl, Einfühlung und Verstehen des Anderen, kurz gesagt Empathie, entwickeln. Die Spiegelneurone sind das neurologische Korrelat für die Fähigkeit, sich in einen Mitmenschen hineinzuversetzen (Bauer, 2008). Neuere Untersuchungen zeigen, dass das Lernen bei Säuglingen nicht nur auf genetischer Programmierung beruht, sondern dass die Spiegelneuronen dabei wahrscheinlich eine wichtige Rolle spielen (Del Giudice, Manera & Keysers, 2009).

15.5 Neurotransmitter und emotionale Informationsverarbeitung

Im Nervensystem eines Menschen werden viele unterschiedliche Botenstoffe (Neurotransmitter) zur Weitergabe von neuronal verschlüsselten Informationen genutzt. Nur einige der wichtigsten Neurotransmitter können hier beschrieben werden.

15.5 Neurotransmitter und emotionale Informationsverarbeitung

- Glutamat: Aminosäure, auch als Geschmacksverstärker, meist erregungsfördernd,
- GABA (Gamma-Amino-Buttersäure): Aminosäure, wirkt meist erregungshemmend. Hilft beim Erlernen von Bewegungen (Stagg, Bachtiar & Johansen-Berg, 2011),
- Glycin: Aminosäure, wirkt meist hemmend, z. B. im Hirnstamm und Rückenmark auf Motoneurone,
- Acetycholin: ist an Lernen und Gedächtnis beteiligt, aber auch bei der Reizübertragung zwischen Nerv und Muskel (Muskelaktivierung). Wichtiger Transmitter im Vagusnerv und damit an der Regulation von Atmung, Herzfrequenz und Verdauung beteiligt,
- Adrenalin, Noradrenalin: Neurotransmitter und Hormon des sympathischen Nervensystems, besonders Noradrenalin hat mit der Wachheit (Arousal) und Alarmierbarkeit zu tun,
- Serotonin: Gewebshormon (Herz-Kreislaufsystem, Magen-Darmtrakt, Blutgerinnung) und Neurotransmitter (Auge, Wahrnehmung, Schlaf-Wach-Rhythmus, Appetit, Schmerz, Sexualverhalten, Temperaturregulation). Zu geringes Serotonin-Niveau wird mit Depression und Aggression in Zusammenhang gebracht.

Ausführlicher werden Oxytocin und Dopamin wegen ihrer Bedeutung im Zusammenhang mit Emotionen dargestellt.

Das Hormon *Oxytocin* ist ein Neurotransmitter, der aus einem kurzen Eiweißmolekül aus nur neun Aminosäuren besteht. Es wird im Gehirn produziert und wirkt sowohl im Gehirn als auch nach Abgabe an den Blutkreislauf im ganzen Körper. Man kennt Oxytocin seit vielen Jahren als das Hormon, das bei der Geburt die Wehen auslöst und den Milcheinstrom in die Brust der stillenden Mutter. Etwas journalistisch verkürzt könnten wir es als das Hormon der Bindung bezeichnen. Der Milchfluss der Mutterbrust wird nicht erst beim Saugen ausgelöst, sondern schon beim Gedanken an das Stillen oder durch das Schreien des Kindes. Es verschafft der Mutter das angenehme, ja manchmal lustvolle Gefühl beim Stillen. Aber Oxytocin wirkt nicht nur bei stillenden Müttern. Bei allen Menschen schafft es Vertrauen, es wirkt beruhigend im Streit, es führt zu einem wohligen und entspannten Gefühl. Es ist auch ein sexuell stimulierendes Hormon für Männer und für Frauen und vermittelt Verbundenheit. Auch sanfte taktile Reize, mit anderen Worten auch Streicheln, führen zu einer Ausschüttung dieses Hormons. Indirekt beeinflusst Oxytocin über seine Wirkung auf Bindung das Lernen: Oxytocin schärft die Sinne beim sozialen Lernen. Oxytocin verringert die Aktivität der Mandelkerne und greift so in die Regulation von körperlichen Angstreaktionen ein.

Wie stark Oxytocin wirkt, hängt nicht nur von seiner Konzentration im Gewebe ab, sondern auch von den Rezeptoren der Oxytocin-sensiblen Zellen. Die Bauweise dieser Erkennungs- und Andockstellen wird von einem Gen namens OXTR bestimmt, das unterschiedlich vererbt wird. Menschen mit einer bestimmten Kombination erweisen sich nicht nur als besonders einfühlsam (empathisch), sondern auch als besonders stressresistent (Rodrigues, Saslow, Garcia, John & Keltner, 2009).

Ein anderer besonders wichtiger Neurotransmitter ist der Botenstoff *Dopamin*, der vor allem im vegetativen Nervensystem und im Mittelhirn wirksam ist. Er ist an zahlreichen Steuerungsvorgängen und an der Motorik beteiligt. Von den drei wichtigsten Funktionen ist zuerst die Steuerung von Bewegungsabläufen zu nennen. Wird zu wenig Dopamin produziert, so kann es zu einer Erkrankung kommen, die man Parkinson-Krankheit nennt und die mit einem Muskelzittern (»Schüttellähmung«), mit Bewegungssteifigkeit und Bewegungslosigkeit einhergeht. Die zweite Funktion von Dopamin ist die Hemmung von Milchfluss und Brustdrüse, also eine Gegensteuerung zu Oxytocin. Und die dritte Funktion ist die Bewertung von Signalen, die wir mit unseren Sinnesorganen aufnehmen, eine Bewertung von Wahrnehmung also (Spitzer, 2002). Das Dopaminsystem sortiert die wahrgenommenen Informationen nach ihrer Bedeutung und ihrer Sinnhaftigkeit, vor allem der emotionalen Bedeutung. Dopamin ist wohl der wichtigste Botenstoff für das Belohnungszentrum des Gehirns. Viele Hirnareale wirken dabei mit, Reize, Tätigkeiten oder Ereignisse emotional zu bewerten. So lernen wir abzuschätzen, wie weit persönliche Erfahrungen das Wohlbefinden beeinflussen. Daraus leiten Menschen wichtige Entscheidungen ab und bilden Erwartungshaltungen gegenüber zukünftigen Ereignissen. Dopamin weist bei emotionalen Entscheidungen auch den Rang zu: Welche Entscheidungsalternative erhält das Prädikat »besonders wertvoll«? (Sharot, Shiner, Brown, Fan & Dolan, 2009).

Auffälligkeiten in Dopamin-Rezeptor-Genen scheinen mit Störungen der Mutter-Kind-Bindung und Aufmerksamkeitsstörungen einherzugehen. Ob daraus der Schluss gezogen werden kann, dass das Fürsorgeverhalten von Müttern genetisch bedingt sein kann, erscheint reichlich unsicher (Brisch, 2005). Solche Neurotransmitter-Störungen müssen nicht angeboren sein, sondern können ihrerseits das Resultat der Mutter-Kind-Interaktion sein. Denn es kommt bei unsicheren oder gestörten Mutter-Kind-Beziehungen und bei angstauslösenden Situationen zu einer Stimulation der hormonellen Regulation zwischen Hypothalamus, Hypophyse und Nebenniere und einer Aktivierung von Stresshormonen (Cortisol, Adrenalin).

Die Neuronen, die zum Dopaminsystem gehören, haben Verbindungen mit dem Stirnhirn und dem Kerngebiet des Nucleus accumbens im Striatum, dem Streifenkörper, einem Teil der Basalganglien. Dieser Nucleus accumbens kann opiatähnliche Stoffe bilden, die Opioide. Daraus resultieren Glücksgefühle und Belohnungsgefühle, aber auch suchterzeugende Gefühle. Der Nucleus accumbens wird sowohl mit der Aufmerksamkeitsstörung ADHS als auch der Spielsucht und den Glücksgefühlen im Ausdauersport in Verbindung gebracht.

Opioide als Glücksboten vermitteln Geborgenheit und Zuneigung, Lust, Sicherheit und soziale Bindung, ähnlich also dem Oxytocin, das auch manchmal als »Glückshormon« bezeichnet wird. Opioidsensible Zellen fanden sich an zahlreichen Stellen im Gehirn: Dem orbitofrontalen Kortex, der uns unten bei der Verarbeitung emotionaler Stimuli wieder begegnen wird, der Hirnwindung des Gyrus cinguli, dem Thalamus und dem Nucleus caudatus (▶ Abb. 15.2). Behaglichkeit, Genuss und Zufriedenheit werden in diesen Bereichen vermittelt und führen zu Gefühlen, die gegenüber anderen Antrieben wie Unlust und Angst ständig abgeglichen werden müssen. Die Erinnerung an frühere Glücksmomente aktiviert Freude und Motivation (Phillips, 2004).

Inzwischen hat sich das Wissen über Botenstoffe, die Gefühle vermitteln, erweitert. Neben Dopamin sind noch andere Stoffe für die Erzeugung von Wohlgefühl zuständig: Endorphine und Enkephaline, Substanzen, die im Gehirn ähnliche Reaktionen auslösen wie Morphium und Heroin.

15.6 Angst und Trauma

Angst ist im Prinzip ein guter Wächter, signalisiert sie uns doch innerhalb von Sekundenbruchteilen eine Gefahr. Beim Lernen ist Angst jedoch hinderlich: Sie blockiert den Zugang zum Gedächtnis. Wir können unter Angsteinfluss Situationen zwar gut abspeichern, nicht aber Sachwissen. Und Wissen lässt sich unter Angst schlecht abrufen. Schließlich verhindert Angst auch die Verknüpfung von neuen Lerninhalten mit bereits gespeichertem Wissen. Es sind wiederum die Mandelkerne, die dafür verantwortlich sind, Angst zu verarbeiten und rasche Reaktionen zu bewirken. Erkennen wir einen Feind oder eine Gefahr, löst das sofort einen Fluchtreflex aus oder die Bereitschaft zum Kampf, die Alarmsignale aktivieren alle vegetativen Reaktionsweisen: hoher Puls, hoher Blutdruck, starke Durchblutung, Schweiß, rasche Atmung und verstärkte Muskelanspannung. Sehr unangenehme Erfahrungen der Angst werden sehr stabil gespeichert. Im positiven Sinne stehen uns also in neu auftretenden Gefahrensituationen sofort Erfahrungen und erprobte Reaktionsweisen zur Verfügung. In Prüfungssituationen oder bei der Erinnerung an stark Angst auslösende Situationen sind solche starken vegetativen und kaum bewusst steuerbaren Reaktionen aber nur schwer zu verkraften und bei der Problemlösung hinderlich.

Kinder, die tiefgreifende seelische Verletzungen erlitten haben, erkennen die Gefühle anderer Menschen schlecht. Wenn sie Gesichtsausdrücke sehen, die unterschiedliche Deutungen zulassen, erkennen sie eher Ärger als Ängstlichkeit. Dabei ist die Analyse von drei Eindrücken für das Erkennen der emotionalen Befindlichkeit anderer Menschen besonders wichtig: der Gesichtsausdruck, die Augenbewegungen und die Stimme. In der Zusammenarbeit zwischen den Mandelkernen und dem Gedächtnissystem des Hippokampus werden Wiedererkennung, Wachheit und emotionale Kontrolle sehr schnell gesteuert. Auf einem zweiten Level sprechen die Mandelkerne und der orbitofrontale Kortex im unteren Stirnhirn auf emotionale Stimuli an und beeinflussen assoziativ und unbewusst das Lernen visueller und auditiver Informationen. Auf einem dritten Level werden emotionale und kognitive Prozesse in Gedanken und Handlungen zusammengebracht. Mit zunehmendem Alter unterliegen die Beurteilung emotionaler Informationen und die Reaktion darauf immer häufiger auch kognitiven Analysen (Tonks, Slater, Frampton, Wall, Yates & Williams, 2008).

Eine Steigerung der alarmierenden Reaktionen kommt dann zustande, wenn die Wahrnehmung eines ängstlichen Schreis mit der Wahrnehmung einer ängstlichen Mimik zusammenfällt. Die Reaktionen des Gehirns multiplizieren sich zu einer verstärkten emotionalen Reaktion. Dafür scheint eine Hirnregion verantwortlich zu sein, die sich bezeichnenderweise zwischen dem primären Hörzentrum und dem primären Sehzentrum in der oberen Schläfenlappenwindung (Gyrus temporalis superior) befindet. Diese Region spricht auch auf unterschwellige Signale wie Stimmlage, Lautstärke, Gesichtsausdruck oder Blickrichtung an. In der Forschung ergibt sich jetzt die spannende Frage, ob Krankheiten wie Autismus, Depression und Schizophrenie, die mit einer gestörten Wahrnehmung von Emotionen einhergehen, durch Beeinflussung dieser Region oder durch eine Behandlung mit Oxytocin beeinflusst werden können.

15.7 Stresserleben und Epigenetik

Neuere Untersuchungen konnten zeigen, dass die Dauerhaftigkeit, mit der traumatisierende Erlebnisse gespeichert werden und zu schwer kontrollierbaren Reaktionen führen, durch eine genetische Programmierung entstanden sein könnte. Das menschliche Genom ist so vielfältig, dass man bis vor kurzem keine Idee hatte, wozu die vielen Genabschnitte gut sein sollten, deren Funktion nicht bekannt sind. Diese großen Bereiche wurden wie ein Schrottplatz für unnütze Informationen angesehen. Langsam scheint sich die Lage zu klären. Offensichtlich ist eine sehr große Anzahl von Genen mit Steuerungsprozessen beschäftigt. Während die genetische Grundausstattung gleich bleibt (Genotyp), verändern die Anweisungen des »Betriebssystems« die Bauanleitung für den menschlichen Körper (Phänotyp) und steuern über eine »Software«, die nun Epigenom genannt wird, die Stoffwechselprozesse. Sonst wüsste eine Leberzelle nicht, dass sie andere Aufgaben erfüllen sollte als eine Nierenzelle, obwohl beide Zellen die gleiche genetische Grundausstattung in der DNS ihrer Zellkerne beherbergen. Epigenetische Signale veranlassen das An- und Abschalten von Zellfunktionen. Epigenetische Informationen können über Generationen weitergegeben werden (Nestler, 2013; Hughes, 2014).

Die Erforschung der Epigenetik beschäftigt aber nicht nur die Humangenetik, sondern auch die Psychologie, da wir heute wissen, dass das Epigenom äußeren Einflüssen unterliegt. Dazu gehören auch Stress- und Angstsituationen und eben auch frühe traumatisierende Erfahrungen. Kinder mit negativen frühkindlichen Erfahrungen tragen ein höheres Risiko, später an Angststörungen und Depressionen zu erkranken. Frühe Stresserlebnisse können über die Epigenetik die Erbsubstanz dauerhaft verändern. Eine mögliche Erklärung für dieses genetische Erinnerungsvermögen liefert die Funktion des Stresshormons Vasopressin. Vasopressin ist ein Eiweiß, das im Hypothalamus produziert wird und für die Konzentration des Urins sorgt. Seine Konzentration im Blut hängt davon ab, ob die Genabschnitte, die seine Synthese steuern, mehr oder weniger stark von angehängten Methylgruppen blockiert werden. Früh im Leben erlittener Stress scheint zu lebenslanger Überproduktion dieses Hormons zu führen (Murgatroyd et al., 2009). Vielleicht wird es künftig möglich sein, über die molekularbiologische Forschung neue Zugänge zu psychischen Erfahrungen und Störungen zu finden.

15.8 Emotion und Lernen

Schon im Kapitel 8 über Wahrnehmung und Lernen haben wir die Theorie von Hebb (1949) kennengelernt. Wichtige Aussagen hat Hebb auch zu der Beziehung zwischen Leistung und Erregung (*arousal*) gemacht. Bei der Lösung von Aufgaben braucht man ein optimales Erregungsniveau. Bei sehr geringem Erregungsniveau, gleich nach dem Aufwachen, bei Müdigkeit oder nach der Einnahme sedierender Medikamente kann die Leistung stark abfallen. Bei Aufgeregtheit, Angst oder Panik ist das optimale Erregungsniveau weit überschritten, und die Leistung wird ebenfalls schlecht sein. Offensichtlich gibt es eine mittlere Wachheit und Motivation, die für die Aufgabenlösung optimal ist (▶ Abb. 15.4). Jansen und Streit (1992) beschreiben darauf aufbauend, wie das vegetative Nervensystem auf Emotion, Interaktion und Lernen reagiert.

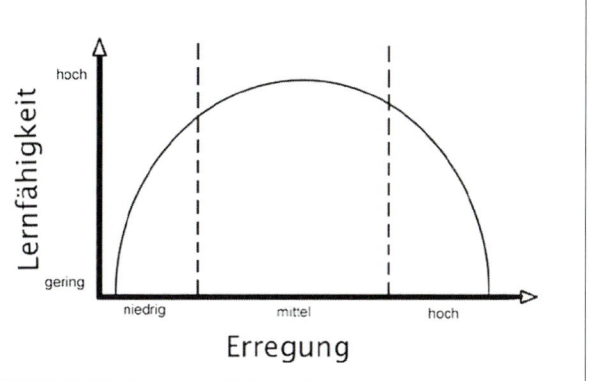

Abb. 15.4: Die Abhängigkeit der Lernfähigkeit vom Erregungsniveau.

Hebb zeigt in seiner Erregungstheorie (zit. n. Lefrançois, 2006) zwei wesentliche Annahmen. Erstens: Das optimale Erregungsniveau hängt vom Typ der Aufgabe ab. Bei einer schwierigen Klassenarbeit ist ein höheres Erregungsniveau gefragt als bei einer automatisierten (»coolen«) Tätigkeit. Das Gehirn regelt die Erregung in der Regel auf ein sinnvolles Niveau. Zweitens: Die Hirnaktivierung ist abhängig vom Stimulus: Wenn es mir langweilig ist, mache ich etwas Anderes: Ich renne herum, stelle den Fernseher an, klopfe mit den Fingern. Dadurch wird die Voraktivierung der beteiligten neuronalen Verbände erhöht. Diese weckende Voraktivierung läuft über die Formatio retikularis, jene netzartige Struktur im Stammhirn, die, wie wir oben gesehen haben, an zahlreichen sensorischen Verarbeitungen und an den inneren Rhythmen (Schlaf-Wach, Herzfrequenz, Atmung) des Organismus beteiligt ist.

So nehmen wir also an, dass ein Kind, wenn es vor einer schwierigen Aufgabe steht, seine Wachheit und Erregung herauffährt, um optimal für die Lösung der Aufgabe gewappnet zu sein. Jansen und Streit (2006) haben aber nun gefunden, dass diese Annahme für die Mehrzahl der von ihnen untersuchten Kinder nicht stimmt. Im Gegenteil: Die Kinder zeigten ein äußeres Bild der Müdigkeit und vegetative Zeichen einer Verminderung ihrer Erregung.

Sichtbare Zeichen von Deaktivierung und Vermeidung:

- Veränderung der Körperhaltung: stützt sich ab, rutscht auf dem Stuhl nach unten.
- Das Gesicht wird starr und teilnahmslos.

- Das Kind wird müde.
- Es kann Erklärungen nicht nachvollziehen, selbst wenn es zustimmt oder nickt.
- Es wird langsamer.
- Es macht Fehler bei sonst gut lösbaren Aufgaben.
- Blutdruck und Puls verringern sich.

Wer von uns kennt diese Reaktion an sich selbst und an Kindern nicht? Die Verringerung des Erregungsniveaus scheint abhängig zu sein

- von der Schwierigkeit der zu lösenden Aufgabe,
- von der Ausgangsmotivation des Kindes,
- von der Lernfähigkeit des Kindes.

Wenn wir solche Reaktionen bei Kindern nicht sehen lernen, wird ein Kind einen schlechten Lernerfolg bezüglich der Leistung haben, aber einen guten Lerneffekt hinsichtlich der Vermeidung: Entlassen wir das Kind ohne gute Reaktion aus der Leistungssituation, hat es gelernt, wie es sich bei der nächsten subjektiv empfundenen Überforderung aus dem Lernen »hinausstehlen« kann.

Es gibt aber pädagogisch sinnvolle Möglichkeiten, das Erregungsniveau eines Kindes hochzuhalten oder ein Absinken des Niveaus zu verhindern. Die wesentlichen Möglichkeiten sind a) die Leistungsanforderung zu senken (die Aufgabe leichter machen) und b) die Beziehung zwischen Pädagogen/Eltern und dem Kind positiv zu nutzen (dem Schweregrad der Aufgabe angepasstes Lob oder Entzug von Lob). Voraussetzung für die Wirksamkeit dieser Verhaltensweisen ist, dass wir uns darüber bewusst sind, dass das für Lob zur Verfügung stehende Zeitfenster sehr kurz ist, dass kurzfristige Konsequenzen einen stärkeren Einfluss als langfristige Konsequenzen haben, dass Widerstände und Machtkämpfe die Eigensteuerung behindern und dass wir gegenseitige Belohnung oder Bestrafung nicht nur im direkten Blickkontakt wahrnehmen, sondern scheinbar unbeobachtet auch im seitlichen Blickfeld.

15.9 Zusammenfassung

Die Frage, wo das Selbst und das Ich ihren Sitz im Körper haben, führt zunächst zu dem Bemühen, wichtige Lokalisationen für unser Selbstbild und für Emotionen im Gehirn zu finden. Dabei wurden die Zusammenhänge zwischen Emotionen und bestimmten Partien des Stirnhirns, dem Hippokampus, dem Praecuneus, der Insel, dem limbischen System und vor allem dem Thalamus und den Mandelkernen deutlich. Hinzu kommt ein immer genaueres Wissen über die Funktion von Neurotransmittern, über die Funktion von Spiegelneuronen, über Genetik und Epigenetik. Die Rolle der Stresshormone bei der Aufmerksamkeitssteuerung und beim Lernen lässt sich am Beispiel der Interaktion zwischen den Partnern einer Lernsituation sehr gut untersuchen.

Weiterführende Literatur

Brisch, K. H. & Hellbrügge, T. (Hrsg.). (2008). *Der Säugling – Bindung, Neurobiologie und Gene.* Stuttgart: Klett-Cotta.
Hess, U. (2018). *Allgemeine Psychologie II: Motivation und Emotion.* Stuttgart: Kohlhammer.
Holodynski, M. (2006). *Emotionen – Entwicklung und Regulation.* Heidelberg: Springer.
Klinkhammer, J. & von Salisch, M. (2015). *Emotionale Kompetenz bei Kindern und Jugendlichen: Entwicklung und Folgen.* Stuttgart: Kohlhammer.
Jansen, F. & Streit, U. (2006). *Positiv lernen.* Heidelberg: Springer.
Tomasello, M. (2010). *Warum wir kooperieren.* Berlin: Suhrkamp.

Literatur

Achenbach, T. M. (2000). CBCL 1 1/2–5. *Child Behavior Checklist – Deutsche Fassung.* Göttingen: Hogrefe.
Adler, Y. (2011). *Kinder lernen Sprache(n). Alltagsorientierte Sprachförderung in der Kindertagesstätte.* Stuttgart: Kohlhammer.
Affolter, F. D. (2006). *Wahrnehmung, Wirklichkeit und Sprache.* Villingen-Schwenningen: Neckar.
Albers, T. (2009). *Sprache und Interaktion im Kindergarten.* Bad Heilbrunn: Klinkhardt.
Albrecht, S., Krowatschek, D. & Krowatschek, G. (2010). *Marburger Konzentrationstraining (MKT) für Kindergarten und Vorschulkinder.* Dortmund: Modernes Lernen.
Anderson, J. R. (2001). *Kognitive Psychologie.* Heidelberg: Spektrum.
Angermaier, M. J. W. (1977). *Psycholinguistischer Entwicklungstest (PET).* Weinheim: Beltz.
Annett, M. (2009). The genetic basis of lateralization. In I. E. C. Sommer & R. S. Kahn (Hrsg.), *Language lateralization and psychosis* (S. 73–86). Cambridge: University Press.
Apgar, V. (1953). A proposal for a new method of evaluation of the newborn infant. *Current Research in Anesthesia & Analgesia, 32*, S. 260–267.
Atkinson, R. C. & Shiffrin, R. M. (1968). Human memory. In K. W. Spence & J. T. Spence (Hrsg.), *The psychology of learning and motivation* (S. 90–197). New York: Academic Press.
Aust-Claus, E. & Hammer, P.-M. (2005). *Das A. D. S.-Buch. Aufmerksamkeits-Defizit-Syndrom. Neue Konzentrations-Hilfen für Zappelphilippe und Träumer.* Düsseldorf: Oberstebrink.
Ayres, A. J. (1985). *Southern California Sensory Integration Test.* Torrance: Western Psychological Services.
Ayres, A. J. (1989). *Sensory Integration and Praxis Tests (SIPT).* Torrance: Western Psychological Services.
Ayres, A. J. (2016). *Bausteine der kindlichen Entwicklung. Sensorische Integration verstehen und anwenden - Das Original in moderner Neuauflage.* Heidelberg: Springer.
Babisch, W. (2009). *Kinder-Umwelt-Survey (KUS) 2003/06: Lärm – Daten und Materialiensammlung, Deskription und Zusammenhangsanalysen.* Dessau-Roßlau: Umweltbundesamt.
Baddeley, A. D. (2003). Working memory. Looking back and looking forward. *Nature Reviews Neuroscience, 4*, 829–839.
Banaschewski, T., Döpfner, M. & Grosse, K.-P. (2017). *Leitlinie ADHS bei Kindern, Jugendlichen und Erwachsenen.* Zugriff am 17.04.2019. Verfügbar unter www.awmf.org/leitlinien/detail/ll/028-045.html
Barth, K. (2017). *Diagnostische Einschätzskalen.* München: Reinhardt.
Bartsch, M. (2009). Tödlicher Lärm. *Der Spiegel*, Nr. 51, S. 45.
Bauer, J. (2008). Das System der Spiegelneurone: Neurobiologisches Korrelat für intuitives Verstehen und Empathie. In K. H. Brisch & T. Hellbrügge (Hrsg.), *Der Säugling – Bindung, Neurobiologie und Gene* (S. 117–123). Stuttgart: Klett-Cotta.
Beauchemin, M., Gonzalez-Frankenberger, B., Trembla, J. & Vannasing, P. (2011). Mother and stranger: an electrophysiological study of voice processing in newborns. *Cerebral Cortex, 21*, 1705–1711. doi: 10.1093/cercor/bhq242
Beery, K. E., Buktenica, N. A. & Beery, N. A. (2010). *Beery-Buktenica Developmental Test of Visual-Motor Integration.* Frankfurt: Pearson.
Belle, M. D. C., Diekman, C. O., Daniel, B., Forger, D. B., Hugh, D. & Piggins, H. D. (2009). Daily electrical silencing in the mammalian circadian clock. *Science, 326*, 281–284.
Berenbaum, S. A. & Denburg, S. D. (1995). Evaluating the empirical support for the role of testosterone in the Geschwind-Behan-Galaburda model of cerebral lateralization: com-

mentary on Bryden, McManus, and Bulman-Fleming. *Brain and Cognition, 27(1),* 79–83; discussion 94–7.

Bermeitinger, C. & Baess, P. (2018). Wissen und Gedächtnis In J. Strohmer (Ed.), *Psychologische Grundlagen für Fachkräfte in Kindergarten, Krippe und Hort* (pp. 51–62). Bern: Hogrefe.

Berweck, S., Schroeder, A. S., Lee, S. H., Schwerin, A., Francke, A. & Heinen, F. (2006). Die multifokale Behandlung mit Botulinumtoxin A. Dosierungen und Sicherheit. *Neuropädiatrie in Klinik und Praxis, 5*(3) 109–112.

Bishop, D. V. M. (1992). The underlying nature of specific language impairment. *Journal of Child Psychology and Psychiatry,* 33, 1–64.

Bobath, B., Bobath, K. & Staehle-Hirsemann, E. (2005). *Die motorische Entwicklung bei Zerebralparesen.* Stuttgart: Thieme.

Bockmann, A.-K. & Kiese-Himmel, C. (2003). *ELAN Eltern antworten. Elternfragebogen zur frühen Wortschatzentwicklung im Kindesalter.* Göttingen: Hogrefe Testzentrale.

Böhme, G. (2006). *Auditive Verarbeitungs- und Wahrnehmungsstörungen.* Bern: Huber.

Borkowski, J. G. & Krause, A. (1985). Metacognition and attributional beliefs. In G. d'Ydewalle (Hrsg.), *Proceedings of the XXIII International Congress of Psychology* (S. 557–568). Amsterdam: Elsevier.

Breitmeyer, B. G. (1989). A visually based deficit in specific reading disability. *Irish Journal of Psychology, 10,* 534–541.

Brickenkamp, R. (2002). *Test d2 – Aufmerksamkeits-Belastungs-Test.* Göttingen: Hogrefe.

Brisch, K. H. (2005). Bindungsstörungen als frühe Marker für emotionale Störungen. In W. von Suchodoletz (Hrsg.), *Früherkennung von Entwicklungsstörungen* (S. 23–44). Göttingen: Hogrefe.

Brisch, K. H. & Hellbrügge, T. (2003). *Bindung und Trauma. Risiken und Schutzfaktoren für die Entwicklung von Kindern.* Stuttgart: Klett-Cotta.

Brisch, K. H. & Hellbrügge, T. (Hrsg.). (2008). *Der Säugling – Bindung, Neurobiologie und Gene.* Stuttgart: Klett-Cotta.

Brookes, R. L., Tinkler, S., Nicolson, R. I. & Fawcett, A. J. (2010). Striking the right balance: motor difficulties in children and adults with dyslexia. *Dyslexia.* Zugriff am 20.01.2020. Verfügbar unter https://doi.org/10.1002/dys.420.

Brosat, H. & Tötemeyer, N. (2007). *Der Mann-Zeichen-Test nach Hermann Ziler* (11., neu bearb. Aufl.). Münster: Aschendorff.

Brown, T. & Murdolo, Y. (2015). The Developmental Test of Visual Perception – Third Edition (DTVP-3): A review, critique, and practice implications. *Journal of Occupational Therapy Schools & Early Intervention, 8,* 336–354. DOI: 10.1080/19411243.2015.1108259

Bruckner, J.; Deimann, P. & Kaster-Koller, U. (2011). *HAPT 4-6: Handpräferenztest für 4- bis 6-jährige Kinder.* Göttingen: Hogrefe.

Brühlmann-Jecklin, E. (2016). *Arbeitsbuch Anatomie und Physiologie.* München: Urban & Fischer/ Elsevier.

Brunner, M., Troost, J., Pfeiffer, B., Heinrich, C. & Pröschel, U. (2001). *Heidelberger Vorschulscreening zur auditiv-kinästhetischen Wahrnehmung und Sprachverarbeitung (HVS).* Wertingen: Westra.

Bulheller, S. & Häcker, H. O. (Hrsg.). (2002). *Coloured Progressive Matrices (CPM).* Deutsche Bearbeitung und Normierung nach J. C. Raven. Frankfurt: Pearson.

Bundesumweltamt. (2009). *Kinder-Umwelt-Survey (KUS) 2003/06 Lärm, Daten und Materialiensammlung.* Zugriff am 19.01.2012. Verfügbar unter www.bundesumweltamt.de

Buschmann, A. (2017). *Heidelberger Elterntraining frühe Sprachförderung.* München: Urban & Fischer.

Büttner, G., Dacheneder, W., Schneider, W. & Weyer, K. (2008). *FEW-2. Frostigs Entwicklungstest der visuellen Wahrnehmung-2.* Göttingen: Hogrefe.

Butzkamm, W. & Butzkamm, J. (1999). *Wie Kinder sprechen lernen. Kindliche Entwicklung und die Sprachlichkeit des Menschen.* Tübingen: Francke.

Carter, R. (2019). *Das Gehirn.* München: Dorling Kindersley.

Cattell, R. B. (1971). *Abilities: Their structure, growth, and action.* New York: Houghton Mifflin.

Christakis, D., Zimmerman, F., DiGiuseppe, D. & McCarty, C. (2004). Early television exposure and subsequent attentional problems in children. *Pediatrics, 113,* 708–713.

Cioni, G., Prechtl, H. F. & Ferrari, F. (1997). Which better predicts later outcome in full term infants: Quality of general movements or neurological examination? *Early Human Development, 50*(1), 71–85.

Cohen, L. (2002). Language-specific tuning of visual cortex? Functional properties of the visual word form area. *Brain, 125*(5), 1054–1069.

Conners, C. K. (1969). A teacher rating scale for use in drug studies with children. *American Journal of Psychiatry, 126*(6), 884–888.

Dacheneder, W. (2009). Diagnostik der visuellen Wahrnehmungsverarbeitung. In D. Irblich & G. Renner (Hrsg.), *Diagnostik in der Klinischen Kinderpsychologie. Die ersten sieben Lebensjahre* (S. 179–194). Göttingen: Hogrefe.

Daini, L., De Fabritiis, P., Ginocchio, C., Lenti, C., Lentini, C. M., Marzorati, D. & Lorusso, M. C. (2018). Daini, R., De Fabritiis, P., Ginocchio, C., Lenti, C., Lentini, C. M., Marzorati, D., & Lorusso, M. L. (2018). Revisiting strephosymbolie: the connection between interhemispheric transfer and developmental dyslexia. *Brain sciences, 8*(4), 67. Zugriff am 23.01.2020. Verfügbar unter https://doi.org/10.3390/brainsci8040067

Danielson, J., Daseking, M. & Petermann, F. (2010). Spezifische Sprachentwicklungsstörungen. Komorbide Beeinträchtigungen bei betroffenen Kindern. *Monatsschrift Kinderheilkunde, 158,* 669–676.

Dannenbauer, F. M. (2001). Chancen der Frühintervention bei spezifischer Sprachentwicklungsstörung. *Die Sprachheilarbeit, 3,* 103–115.

Debska, A., Łuniewska, M., Chyl, K., Banaszkiewicz, A., Żelechowska, A., Wypych, M., Marchewka, A., Pugh, K. R. & Jednoróg, K. (2016). Neural basis of phonological awareness in beginning readers with familial risk of dyslexia - Results from shallow orthography. *Neuroimage, 132,* 406–416.

Dehaene, S. (1992).Varietes of numerical abilities. *Cognition, 44*(1–2), 1–42.

Dehaene, S. (2009). Lesen. *Die größte Erfindung der Menschheit und was dabei in unseren Köpfen passiert.* München: Knaus.

Deimel, W., Schulte-Körne, G. & Remschmidt, H. (1997). Welchen Nutzen haben die Conners-Lehrerfragebögen für die klinische Forschung und Praxis? *Zeitschrift für Kinder und Jugendpsychiatrie und Psychotherapie, 25,* 174–186.

DeGangi, G. A. & Greenspan, S. I. (1989). *DeGangi-Berk Test of Sensory Integration (TSI).* Torrance: Western Psychological Services.

Del Giudice, M., Manera, V. & Keysers, C. (2009). Programmed to learn? The ontogeny of mirror neurons. *Developmental Science, 12,* 350–363.

Delekate, A., Zagrebelsky, M., Kramer, S., Schwab, M. E. & Korte, M. (2011). NogoA restricts synaptic plasticity in the adult hippocampus on a fast time scale. *Proceedings of the National Academy of Sciences of the United States of America, 108,* 2569–2574.

Delhusen Carnahan, K., Arner, M. & Hägglund, G. (2007). Association between gross motor function (GMFCS) and manual ability (MACS) in children with cerebral palsy. *BMC Musculoskeletal Disorders, 8, 50.* Doi: 10.1186/1471-2474-8-50

Demura, S., Tada, N., Matsuzawa, J., Mikami, H., Ohuchi, T., Shirane, H., Nagasawa, Y. & Uchiyama, M. (2006). The influence of gender, athletic events, and athletic experience on the subjective dominant hand and the determination of the dominant hand based on the laterality quotient (LQ) and the validity of the LQ. *Journal of Physiological Anthropology, 25,* 321–329.

DIMDI. (2020). *ICD-10-GM Version 2020.* Verfügbar unter: https://www.dimdi.de/static/de/klassifikationen/icd/icd-10-gm/kode-suche/htmlgm2020/block-g80-g83.htm

Dogil, G., Ackermann, H., Grodd, W., Haider, H., Kamp, H., Mayer, J., Rieker, A. & Wildgruber, D. (2002). The speaking brain: A tutorial introduction to fMRI experiments in the production of speech, prosody and syntax. *Journal of Neurolinguistics, 15,* 59–90.

Döpfner, M., Frölich, J., & Lehmkuhl, G. (2012). *Aufmerksamkeitsdefizit-/Hyperaktivitätsstörung (ADHS).* Göttingen: Hogrefe.

Döpfner, M. & Görtz-Dorten, A. (2017). *DISYPS-III. Diagnostik System für psychische Störungen nach ICD-10 und DSM 5 für Kinder und Jugendliche.* Göttingen: Hogrefe.

Döpfner, M., Schürmann, S. & Lehmkuhl, G. (2011). *Wackelpeter und Trotzkopf: Hilfen für Eltern bei ADHS-Symptomen, hyperkinetischem und oppositionellem Verhalten.* Weinheim: Beltz PVU.

Döpfner, M., Schürmann, S. & Frölich, J. (2019). *Therapieprogramm für Kinder mit hyperkinetischem und oppositionellem Problemverhalten THOP*. Weinheim: Beltz PVU.
Donczik, J. (1994). Können edukinestetische Übungen (BRAIN-GYM) Legasthenikern helfen? *Die Sprachheilarbeit, 39*, 297–305.
Draganski, B. & Thelen, A. (2018). Ontogenese und Plastizität des Gehirns. In W. Schneider & U. Lindenberger (Hrsg.), *Entwicklungspsychologie* (S. 117-136). Weinheim: Beltz.
Durlach, F. J. (2007). *Erlebniswelt Wasser, Spielen, Bewegen, Schwimmen. Handreichungen zum Schwimmen mit Kindern im Vorschulalter und Grundschulalter*. Schorndorf: Hofmann.
Dutton, G. N. (2009). »Dorsal stream dysfunction« and »dorsal stream dysfunction plus«: A potential classification for perceptual visual impairment in the context of cerebral visual impairment? *Developmental Medicine & Child Neurology, 51*, 168–172.
Enders, A. (2010). Der hypotone Säugling. *Monatsschrift für Kinderheilkunde, 158*, 889–900.
Ernst, B. (2015). *Münchener Funktionelle Entwicklungsdiagnostik (MFED 3–6)*. München: Medimont.
Esser, G. & Petermann, F. (2010). *Entwicklungsdiagnostik*. Göttingen: Hogrefe.
Esser, G. & Wyschkon, A. (2016). *Basisdiagnostik für umschriebene Entwicklungsstörungen im Vorschulalter*. Göttingen: Hogrefe.
Esser, G. & Wyschkon, A. (2016). *Basisdiagnostik Umschriebener Entwicklungsstörungen im Vorschulalter – Version III (BUEVA-III)*. Göttingen: Hogrefe.
Faller, A. & Schünke, G. (2016). *Der Körper des Menschen*. Stuttgart: Thieme.
Fields, R. D. (2005). Wie Erinnerungen haften bleiben. *Spektrum der Wissenschaft*, H. 9, 62–69.
Fischer, B. (2003). *Hören – Sehen – Blicken – Zählen. Teilleistungen und ihre Störungen*. Bern: Huber.
Fischer, H. (1995). *Entwicklung der visuellen Wahrnehmung*. Weinheim: Beltz PVU.
Flehmig, I. (2007). *Normale Entwicklung des Säuglings und ihre Abweichungen: Früherkennung und Frühbehandlung*. Stuttgart: Thieme.
Foundas, A. L., Leonard, C. M. & Hanna-Pladdy, M. (2002). Variability in the anatomy of the planum temporale and posterior ascending ramus: do right and left-handers differ? *Brain and Language, 83*, 403–424.
Fox, A. V. (2008). *TROG D – Test zur Überprüfung des Grammatikverständnis*. Idstein: Schultz-Kirchner.
Francks, C. (2014). *Die Genetik seitenspezifischer Unterschiede im Hirn* (Forschungsbericht 2014 – Max-Planck-Institut für Psycholinguistik). Verfügbar unter: www.mpg.de/8842411/psycho linguistik_jb_2014?c=8236817.
Friedhoff, M., Schieberle, D. & Gralla, D. (2007). *Das Bobath-Konzept*. Stuttgart: Thieme.
Friedl, J. & Krauß, S. (2011). *Alles hat Hand und Fuß: Spiele zur Förderung der Motorik, Koordinations- und Wahrnehmungsfähigkeit für Kinder*. Münster: Ökotopia.
Fröhlich, A. (1999). *Basale Stimulation: Das Konzept*. Düsseldorf: Selbstbestimmtes Leben.
Frostig, M. (1982). *Frostigs Entwicklungstest der visuellen Wahrnehmung*. Weinheim: Beltz.
Frostig, M. & Müller, H. (1981). *Teilleistungsstörungen. Ihre Erkennung und Behandlung bei Kindern*. München: Urban & Schwarzenberg.
Früchtenicht, K. (2017). Hörtraining mit Musik bei Sprachverständnisstörungen – Evaluationsstudie mit Kindern im Vorschulalter. *Forum Logopädie, 31*(1), 6–13.
Gaddes, W. H. (1985). *Learning disabilities and brain function*. Springer: New York.
Galaburda, A. M., Sherman, G. F., Rosen, G. D., Aboitiz, F. & Gschwind, N. (1985). Developmental dyslexia: Four consecutive patients with cortical anomalies. *Annals of Neurology, 18*, 222–233.
Galaburda, A. M. (1989). Ordinary and extraordinary brain development: Anatomical variation in developmental dyslexia. *Annals of Dyslexia, 39*, 67–80.
Galaburda, A. M., Gaab, N., Hoeft, F. & McCardle, P. (2018). *Dyslexia and Neuroscience: The Geschwind-Galaburda- Hypothesis 30 Years later*. Baltimore: Paul H. Brookes.
Galuschka, K. & Schulte-Körne, G. (2016). Diagnostik und Förderung von Kindern und Jugendlichen mit Lese- und/oder Rechtschreibstörung. *Deutsches Ärzteblatt, 113*, 279–286.
Gazzaniga, M. S., Ivry, R. B. & Mangun, G. R. (2018). *Cognitive neuroscience. The biology of the mind*. New York: Norton.

Geiger, A., Achermann, P. & Jenni, O. G. (2010). Sleep, intelligence, and cognition in a developmental context: differentiation between traits and statedependent aspects. *Progress in Brain Research, 185,* 167–179.
Gerrig, R. J. & Zimbardo, P. G. (2018). *Psychologie.* München: Pearson.
Gick, B. & Derrick, D. (2009). Aero-tactile integration in speech perception. *Nature, 462,* 502–504.
Glaser, M. O. & Glaser, W. R. (1982). Time course analysis of the Stroop phenomenon. *Journal of Experimental Psychology: Human Perception and Performance, 8,* 875–894.
Glaser, W. R. & Glaser, M. O. (1989). Context effects in Stroop-like word and picture processing. *Journal of Experimental Psychology: General, 118,* 13–42.
Glezer, L. S., Jiang, X. & Riesenhuber, M. (2009). Evidence for highly selective neuronal tuning to whole words in the visual word form area. *Neuron, 62,* 199–204.
Goldstein, E. B. (2015). *Wahrnehmungspsychologie. Der Grundkurs.* Heidelberg: Springer.
Gopnik, A. (2010). Kleinkinder begreifen mehr. *Spektrum der Wissenschaft,* H. 10, 69–73.
Grabner, R., Neubauer, A. & Stern, E. (2006). Superior performance and neural efficiency. *Brain Research Bulletin, 69,* 422–439.
Grimm, H. (2001). *Sprachentwicklungstest für drei- bis fünfjährige Kinder.* Göttingen: Hogrefe.
Grimm, H., Aktas, M., & Frevert, S. (2015). *Sprachentwicklungstest für drei- bis fünfjährige Kinder (SETK 3–5).* Göttingen: Hogrefe.
Grimm, H. & Doil, H. (2006). *ELFRA – Elternfragebögen für die Erkennung von Risikokindern.* Göttingen: Hogrefe.
Grimm, H. & Skowronek, H. E. (1993). *Language acquisition problems and reading disorders: Aspects of diagnosis and intervention.* Berlin: de Gruyter.
Grob, A. & Hagmann-von Arx, P. (2018). *Intelligence and Development Scales – 2.* Göttingen: Hogrefe.
Groen, S. E., De Blancourt, A. C. E., Postema, K. & Hadders-Algra, M. (2005). General movements in early infancy predict neuromotor development at 9 to 12 years of age. *Developmental Medicine and Child Neurology, 47,* 731–738.
Groschwald, A. & Rosenkötter, H. (2017). *Vom Wahrnehmen zum Lernen. Frühe Bildung in der Krippe und Kita.* Freiburg: Herder.
Groschwald, A., Rosenkötter, H. & Schuh, D. (2018). *Handmotorik von Kindern.* Freiburg: Herder.
Gross-Glenn, K., Duara, R., Barker, W. W., Loewenstein, D., Chang, J. Y., Yoshii, F., Apicella, A. M., Pascal, S., Boothe, T. & Sevush, S. (1991). Positron emission tomographic studies during serial word-reading by normal and dyslexic adults. *Journal of Clinical and Experimental Neuropsychology, 13,* 531–544.
Grossmann, T., Oberecker, R., Koch, S. P. & Friederici, A. D. (2010). The developmental origins of voice processing in the human brain. *Neuron, 65,* 852–858.
Gruber, T. (2018). *Gedächtnis* (2. überarb. Aufl.). Berlin: Springer.
Grüger, G. & Wöstheinrich, A. (2010). *Bewegungsspiele für eine gesunde Entwicklung: Psychomotorische Aktivitäten für Drinnen und Draußen.* Münster: Ökotopia.
Guadalupe, T., Willems, R. M., Zwiers, M. P., Arias Vasquez, A., Hoogman, M., Hagoort, P., Fernandez, G., Buitelaar, J., Franke, B., Fisher, S. E. & Francks, C. (2014). Differences in cerebral cortical anatomy of left- and right-handers. *Frontiers in Psychology, 5,* 261. doi: 10.3389/fpsyg.2014.00261
Hadders-Algra, M. (2000). The neuronal group selection theory: Promising principles for understanding and treating developmental motor disorders. *Developmental Medicine and Child Neurology, 40,* 707–715.
Hadders-Algra, M. (2004). General movements: A window for early identification of children at high risk for developmental disorders. *Journal of Pediatrics, 145,* S12–S18.
Hadders-Algra, M. & Groothuis, A. M. (1999). Quality of general movements in infancy is related to neurological dysfunction, ADHD, and aggressive behaviour. *Developmental Medicine & Child Neurology, 41,* 381–391.
Hagmann-von Arx, P., Meyer, C. S. & Grob, A. (2008). Intelligenz- und Entwicklungsdiagnostik im deutschen Sprachraum. *Kindheit und Entwicklung, 17,* 232–242.

Hammill, D. D., Pearson, N. A. & Voress, J. K. (2013). *DVTP-3. Developmental Test of Visual Perception.* Göttingen: Hogrefe.
Hasselhorn, M. & Grube, D. (2003). Das Arbeitsgedächtnis: Funktionsweise, Entwicklung und Bedeutung für kognitive Leistungsstörungen. *Sprache – Stimme – Gehör, 27,* 31–37.
Hebb, D. O. (1949). *The organization of behavior.* New York: Wiley.
Hellbrügge, T. (Hrsg.). (1994a). *Münchener Funktionelle Entwicklungsdiagnostik (MFED 2–3).* München: Institut für Soziale Pädiatrie und Jugendmedizin.
Hellbrügge, T. (Hrsg.). (1994b). *Münchener Funktionelle Entwicklungsdiagnostik (MFED 1).* Göttingen: Hogrefe.
Hellbrügge, T., Lajosi, F., Menara, D., Schamberger, R. & Rautenstrauch, T. (1978). *Münchener Funktionelle Entwicklungsdiagnostik.* München: Urban & Schwarzenberg.
Hellbrügge, T. & Walderdorff, H. v. (2010). *Die ersten 365 Tage im Leben eines Kindes.* München: Knaur.
Henderson, L., Barca, L. & Ellis, A. W. (2007). Interhemispheric cooperation and non-cooperation during word recognition: evidence for callosal transfer dysfunction in dyslexic adults. *Brain and Language, 103,* 276–291.
Herm, S. (2006). *Psychomotorische Spiele für Kinder in Krippen und Kindergärten.* Weinheim: Beltz.
Hickock, G. & Poeppel, D. (2007). The cortical organization of speech processing. *Nature Reviews Neuroscience, 8,* 393–402.
Hoffmann, D. D. (2001). *Visuelle Intelligenz. Wie die Welt im Kopf entsteht.* Stuttgart: Klett-Cotta.
Hoffmann, J. & Engelkamp, J. (2016). *Lern- und Gedächtnispsychologie.* Berlin: Springer.
Holodynski, M. (2006). *Emotionen – Entwicklung und Regulation.* Heidelberg: Springer Medizin.
Holodynski, M. (2017). Wie Kinder lernen, über ihre Emotionen zu sprechen. In G. Gebauer, M. Holodynski, S. Koelsch, & C. von Scheve (Hrsg.), *Von der Emotion zur Sprache. Wie wir lernen, über Gefühle zu sprechen* (S. 85–189). Weilerswist: Velbrück.
Horn, R. & Jäger, R. S. (2008). *TEA-Ch. Test of Everyday Attention for Children* (Deutsche Bearbeitung). Frankfurt: Pearson.
Horn, R. (Hrsg.). (2009). *Standard Progressive Matrices (SPM). Deutsche Bearbeitung und Normierung nach J. C. Raven. 2. Auflage.* Frankfurt: Pearson.
Huch, R. & Jürgens, K. (2019). *Mensch, Körper, Krankheit.* München: Urban & Fischer.
Hughes, V. (2014). The sins of the father. *Nature 507,* doi: 10.1038/507022a.
Hynd, G. W. (1991). Developmental dyslexia, neurolinguistic theory and deviations in brain morphology. Reading and Writing, 3, 345–362.
Irlen, H. (1991). *Reading by the colours.* New York: Avery.
Ishihara, S. (1998). *Ishihara's Tests for Colour Deficiency.* London: Hodder Arnold.
Ito, T., Tiede, M. & Ostry, D. J. (2009). Somatosensory function in speech perception. *Proceedings of the National Academy of Sciences of the United States of America, 106,* 1245–1248.
Jäncke, L. (2000). The race between speculation, hypothesis and facts. *Laterality, 5,* 91–95.
Jahn, T. & Schrey-Dern, D. (2011). *Die kindliche Sprachentwicklung von der U3 bis zur U9.* Zugriff am 29.03.2019. Verfügbar unter: www.dbl-ev.de/service/shop/dbl-publikationen.html?categoryId=85&action=items
Jansen, F. & Streit, U. (1992). *Eltern als Therapeuten.* Berlin: Springer.
Jansen, F. & Streit, U. (2006). *Positiv lernen.* Heidelberg: Springer.
Jansen, F. & Streit, U. (2014). *Fähig zum Körperkontakt. Körperkontakt und Körperkontaktstörungen.* Berlin: Springer.
Jansen, H., Mannhaupt, G., Marx, H. & Skowronek, H. (2002). *Bielefelder Screening zur Früherkennung von Lese-Rechtschreibschwierigkeiten.* Göttingen: Hogrefe.
Kaltenbach, M., Maschke, C. & Klinke, R. (2008). Gesundheitliche Auswirkungen von Fluglärm. *Deutsches Ärzteblatt, 105*(31–32), 548–556.
Kandel, E. R. (2009). *Auf der Suche nach dem Gedächtnis: Die Entstehung einer neuen Wissenschaft des Geistes.* München: Goldmann.
Kandel, E. R., Schwartz, J. H. & Jessel, T. H. (1995). *Neurowissenschaften.* Heidelberg: Spektrum.
Kandel, R. H., Schwarz, J. H. & Jessel, T. M. (2000). *Principles of neural science.* New York: McGraw-Hill.
Kany, W. & Schöler, H. (2009). *Diagnostik schulischer Lern- und Leistungsschwierigkeiten.* Stuttgart: Kohlhammer.

Kany, W. & Schöler, H. (2010). *Fokus: Sprachdiagnostik: Leitfaden zur Sprachstandsbestimmung im Kindergarten.* Berlin: Cornelsen Scriptor.
Kany, W. & Schöler, H. (2014). Skinner und Chomsky: zwei Protagonisten der Spracherwerbsforschung. In L. Ahnert (Hrsg.), *Theorien der Entwicklungspsychologie* (S. 486–501). Berlin: Springer.
Karch, D. (2002). *Motorische Koordinationsstörungen: Umschriebene motorische Entwicklungsstörung.* München: Urban & Fischer.
Karch, D., Michaelis, R., Rennen-Allhoff, B. & Nickel, H. (Hrsg.). (1989). *Normale und gestörte Entwicklung.* Berlin: Springer.
Karch, D., Freitag, H., Kiese-Himmel, C., Braunreuther, S., Lawrenz, B., Rosenkötter, H., Schroeder, A. und Schuh, D. (2017). Qualitätspapier zur Wahrnehmung und zentralen Verarbeitung von Sinnesreizen (einschließlich der Wahrnehmungsstörungen). Zugriff am 29.11.2019. Verfügbar unter: www.dgpp.de/cms/media/download_gallery/DGPP-Leitlinie-AVWS-2015.pdf
Kauschke, C. (2006). Spracherwerbsstörung – Hilfe für Spätzünder. *Gehirn & Geist,* H. 6, 48–53.
Kauschke, C. & Siegmüller, J. (2009). *Patholinguistische Diagnostik von Sprachentwicklungsstörungen.* München: Elsevier, Urban & Fischer.
Kennedy, D., Gläscher, J., Tyszka, J. M. & Adolphs, R. (2009). Personal space regulation by the human amygdala. *Nature Neuroscience, 12,* 1226–1227.
Kiese-Himmel, C. (2003). *TAKIWA. Göttinger Entwicklungstest der Taktil-Kinästhetischen Wahrnehmung.* Göttingen: Hogrefe.
Kiese-Himmel, C. (2005). *Aktiver Wortschatztest für drei- bis sechsjährige Kinder.* Göttingen: Hogrefe Testzentrale.
Kiese-Himmel, C. (2008). Entwicklung sprach- und kommunikationsgestörter Kinder, am Beispiel von »Late Talkers« sowie Kindern mit spezifischen Sprachentwicklungsstörungen. In M. Hasselhorn & R. K. Silbereisen (Eds.), *Entwicklungspsychologie des Säuglings- und Kindesalters* (pp. 693–693). Göttingen: Hogrefe.
Kiese-Himmel, C. & Rosenkötter, H. (2018). Auditive Wahrnehmung und Verarbeitung und deren Störungen. *Kinderärztliche Praxis,* 89, 10–15.
Kinnen, C., Halder, J. & Döpfner, M. (2016). *THOP-Elternprogramm - Arbeitsbuch für Eltern: Gruppenprogramm für Eltern von Kindern mit ADHS-Symptomen und expansivem Problemverhalten.* Weinheim: Beltz PVU.
Kinsbourne, M., Rufo, D. T., Gamzu, E., Palmer, R. L. & Berliner, A. K. (1991). Neuropsychological deficits in adults with dyslexia. *Developmental Medicine and Child Neurology, 33,* 763–775.
Kiphard, E. J. & Schilling, F. (2017). *Körperkoordinationstest für Kinder (KTK).* Göttingen: Beltz.
Kirchert, C. (1979). Die Ermittlung der Schreibhand und Probleme der Linkshänderbetreuung. *Motorik, 2,* 50–56.
Klasen, H., Woerner, W., Wolke, D., Meyer, R., Overmeyer, S., Kaschnitz, W., Rothenberger, A. & Goodman, R. (2000). Comparing the German versions of the Strengths and Difficulties Questionnaire (SDQ-Deu) and the Child Behavior Checklist. *European Child & Adolescent Psychiatry, 9,* 271–276.
Knye, M., Roth, N., Westhus, W. & Heine, A. (2003). *CPT. Continous Performance Test.* Göttingen: Hogrefe.
Koglin, U., Petermann, F. & Stetzka, I. (2006). *Verhaltenstraining im Kindergarten: Ein Programm zur Förderung sozial-emotionaler Kompetenz.* Göttingen: Hogrefe.
Konopka, G., Bomar, J. M., Winden, K., Coppola, G., Jonsson, Z. O., Gao, F., Peng, S., Preuss, T. M., Wohlschlegel, J. A. & Geschwind, D. H. (2009). Human-specific transcriptional regulation of CNS development genes by FOXP2. *Nature, 462,* 213–217.
Kovelman, I., Norton, E. S., Christodoulou, J. A., Gaab, N., Lieberman, D. A., Triantafyllou, C., Wolf, M., Whitfield-Gabrieli, S. & Gabrieli, J. D. E. (2012). Brain Basis of Phonological Awareness for Spoken Language in Children and Its Disruption in Dyslexia. *Cerebral Cortex, 22,* 754–764.
Krajewski, K. (2008). *Vorhersage von Rechenschwäche in der Grundschule.* Hamburg: Dr. Kovač.
Krajewski, K., Nieding, G. & Schneider, W. (2013). *Mengen, zählen, Zahlen. Förderboxen für KiTa und Anfangsunterricht.* Berlin: Cornelsen.

Krajewski, K. & Schneider, W. (2002). Früherkennung von Rechenstörungen. In W. von Suchodoletz (Hrsg.), *Früherkennung von Entwicklungsstörungen* (S. 224–244). Göttingen: Hogrefe.
Krajewski, K. & Simanowski, S. (2016). Entwicklungsorientierte Prävention von und Intervention bei Rechenschwäche mit »Mengen, zählen, Zahlen« (MZZ). In Schneider, W. & Hasselhorn, M. (Hrsg.), *Förderprogramme für Vor- und Grundschule* (S. 49–67). Göttingen: Hogrefe.
Krombholz, H. (2004). Händigkeit, Körperschema und kognitive und motorische Leitungen im Kindesalter – ein Überblick. Zugriff am 19.11.2019. Verfügbar unter https://www.ifp.bayern.de/ueber/mitarbeiter/krombholz.php
Krombholz, H. (2008). Zusammenhänge zwischen Händigkeit und motorischen und kognitiven Leistungen im Kindesalter. *Zeitschrift für Entwicklungspsychologie und Pädagogische Psychologie, 40 (4)*, 189–199.
Krumhilde-Sundholm, L., Holmefur, M., Kottorp, A. & Eliasson, A. C. (2007). The Assisting Hand Assessment: Current evidence of validity, reliability and responsiveness to change. *Developmental Medicine & Child Neurology, 49*, 259–264.
Kunde-Trommer, J. (2007). Psychische Störungen bei Kindern mit Zerebralparese. *Kinderärztliche Praxis, 78*, 326–331.
Küspert, P. & Schneider, W. (2018). *Hören, lauschen, lernen. Sprachspiele für Kinder im Vorschulalter – Würzburger Trainingsprogramm zur Vorbereitung auf den Erwerb der Schriftsprache.* Göttingen: Vandenhoeck & Ruprecht.
Kuijper, M. A., van der Wilden, G. J., Ketelaar, M. & Gorter, J. W. (2010). Manual ability classification system for children with cerebral palsy in a school setting and its relationship to home self-care activities. *American Journal of Occupational Therapy, 64*, 614–620.
Largo, R. H., Caflisch, J. A., Hug, F., Muggli, K., Molnar, A. A., Molinari, L., Sheehy, A. & Gasser, T. (2001a). Neuromotor development from 5 to 18 years. Part 1: Timed performance. *Developmental Medicine & Child Neurology, 43*, 436–443.
Largo, R. H., Caflisch, J. A., Hug, F., Muggli, K., Molnar, A. A. & Molinari, L. (2001b). Neuromotor development from 5 to 18 years. Part 2: Associated movements. *Developmental Medicine & Child Neurology, 43*, 444–453.
Largo, R. H., Fischer, J. E., Calfisch, J. A. & Jenni, O. G. (2007). *Zürcher Neuromotoriktest.* Zürich: AWE.
Largo, R. H. (2019). *Babyjahre: Entwicklung und Erziehung in den ersten vier Jahren* (vollst. überarb. Aufl.x). München: Piper.
Lauth, G. W. & Schlottke, P. F. (2009). *Training mit aufmerksamkeitsgestörten Kindern.* Weinheim: Beltz PVU.
LeDoux, J. E. (1994). Das Gedächtnis für Angst. *Spektrum der Wissenschaft*, H. 8, 76–85.
LeDoux, J. E. (2010). *Das Netz der Gefühle. Wie Emotionen entstehen.* München: dtv.
Lefrançois, G. R. (2014). *Psychologie des Lernens.* Heidelberg: Springer.
Lempp, R. (1978). *Frühkindliche Hirnschädigung und Neurose.* Bern: Huber.
Lepach, A. C. & Petermann, F. (2007). Gedächtnisstörungen. *Monatsschrift für Kinderheilkunde, 155*, 753–763.
Lepach, A. C. & Petermann, F. (2009). Wirksamkeit neuropsychologischer Therapie bei Kindern mit Merkfähigkeitsstörungen. *Kindheit und Entwicklung, 18*, 105–110.
Lipski, S. C., Unger, S., Grice, M. & Meister, I. G. (2011). Masked auditory feedback affects speech motor learning of a plosive duration contrast. *Motor Control, 15*, 68–84.
Liu, R. & Holt, L. L. (2011). Neural changes associated with nonspeech auditory category learning parallel those of speech category acquisition. *Journal of Cognitive Neuroscience, 23*, 683– 689.
Lorenz, J. H. (2012). *Entwicklung und Bildung mathematischer Basiskompetenzen und ihre Störungen.* Stuttgart: Kohlhammer.
Ludwig, A. (2009). *Psychoakustische und elektrophysiologische Untersuchungen zu zentral-auditiven Verarbeitungsstörungen während der Kindesentwicklung.* Leipzig: Leipziger Universitätsverlag.
Lui, S., Huang, X., Chen, L., Tang, H. & Zhang, T., Li, X., Li, D., Kuang, W., Chan, R. C., Mechelli, A., Sweeney, J. A. & Gong, Q. (2009). High-field MRI reveals an acute impact on

brain function in survivors of the magnitude 8.0 earthquake in China. *Proceedings of the National Academy of Sciences, 106*(36), 15412–15417. doi: 10.1073/pnas.0812751106.
MacNeilage, P. F., Rogers, L. J. & Vallortigara, G. (2009). Origins of the left & right brain. *Scientific American, 301*, 60–67.
MacSweeney, M., Brammer, M. J., Waters, D. & Goswami, U. (2009). Enhanced activation of the left inferior frontal gyrus in deaf and dyslexic adults during rhyming. *Brain, 132*, 1928–1940.
Mall, V. (2007). Constraint induced movement therapy. *Kinderärztliche Praxis, 78*, 306–310.
Mannhard, A. (2010). Kritische Auseinandersetzung mit Zeichentests in der therapeutischen und ärztlichen Praxis. *Kinder- und Jugendarzt, 41*, 623–626.
Mannhardt, A. & Scheib, K. (2007). *Was Erzieherinnen über Sprachstörungen wissen müssen.* München: Reinhardt.
Markowitsch, H. J. (2009). *Das Gedächtnis: Entwicklung, Funktionen, Störungen.* München: Beck.
Markowitsch, H. J. & Welzer, H. (2005). *Das autobiographische Gedächtnis. Hirnorganische Grundlagen und biosoziale Entwicklung.* Stuttgart: Klett-Cotta.
Marx, P. & Weber, J. (2006). Vorschulische Vorhersage von Lese- und Rechtschreibschwierigkeiten. *Zeitschrift für Pädagogische Psychologie, 20*, 251–259.
Mayr, T. & Ulich, M. (2019). *Seldak – Sprachentwicklung und Literacy bei deutschsprachig aufwachsenden Kindern.* Freiburg: Herder.
McManus, I. C. (1991). The inheritance of left handedness. CIBA Found. Symp., 162. In G. R. Bock & J. Marsh (Hrsg.), *Biological asymmetry and handedness* (S. 251–281). New York: Wiley.
McManus, I. C. (2009). The history and geography of human handedness. In I. E. C. Sommer & R. S. Kahn (Hrg.), *Language lateralization and psychosis* (S. 37–57). Cambridge: University Press.
McNab, F. & Klingberg, T. (2008). Prefrontal cortex and basal ganglia control access to working memory. *Nature Neuroscience, 11*, 103–107.
Melchers, P. & Melchers, M. (2015). *Kaufman Assessment Battery for Children II (K-ABC II).* Frankfurt: Pearson.
Merzenich, M. M., Jenkins, W. L., Johnston, P. A., Schreiner, C. E., Miller, S. L. & Tallal, P. (1996). Temporal processing deficits of language-learning impaired children ameliorated by training. *Science, 271*, 77–84.
Meyer, R. W. (2008). *Linkshändig? Rat & Information, Tipps & Adressen.* Hannover: Humboldt Schlütersche.
Michaelis, R. & Niemann, G. W. (2016). *Entwicklungsneurologie und Neuropädiatrie: Grundlagen und diagnostische Strategien.* Stuttgart: Thieme.
Möhring, H. (1939). Die Lautbildungsschwierigkeit im Deutschen. *Zeitschrift für Kinderforschung, 47*, 205–227.
Morais, J., Periot, A., Lidji, P. & Kolinsky, R. (2010). Music and dyslexia. *International Journal of Arts and Technology, 3*, 177–194.
Murgatroyd, C., Patchev, A. V., Wu, Y., Micale, V., Bockmühl, Y., Fischer, D., Holsboer, F., Wotjak, C. T., Almeida, O. F. & Spengler, D. (2009). Dynamic DNA methylation programs persistent adverse effects of early-life stress. *Nature Neuroscience, 12*, 1559–1566.
Naville, S. & Marbacher, P. (2018). *Vom Strich zur Schrift.* Dortmund: Modernes lernen.
Nennstiel-Ratzel, U., Lüders, A., Arenz, S., Wildner, M. & Michaelis, R. (2013). Elternfragebögen zu Grenzsteinen der kindlichen Entwicklung im Alter von 1 bis 6 Jahren. *Kinderärztliche Praxis, 84*, 106–114.
Nestler, E. (2013). Ins Erbgut eingebrannt. *Geist und Gehirn, 11*, 72–75.
Netter, F. H. (2015). *Atlas der Anatomie.* München: Urban & Fischer/Elsevier.
Neumann, K., Keilmann, A., Rosenfeld, J., Schönweiler, R., Zaretsky, Y. & Kiese-Himmel, C. (2009). Sprachentwicklungsstörungen bei Kindern – Leitlinien der Deutschen Gesellschaft für Phoniatrie und Pädaudiologie. *Kindheit und Entwicklung, 18*, 222–231.
Newen, A. (2011). Wer bin ich? *Spektrum der Wissenschaft*, H. 3, 62–66.
Nickisch, A., Zehnhoff-Dinnesen, A. G., Berger, R., Gross, M., Ptok, M. & Schönweiler, R. (2015). Auditive Verarbeitungs- und Wahrnehmungsstörungen. Leitlinie der Deutschen Gesellschaft für Phoniatrie und Pädaudiologie. Zugriff am 29.11.2019. Verfügbar unter: www.awmf.org/leitlinien/detail/ll/049-012.html

Nikisch, A., Heber, D. & Burger-Gartner, J. (2010). *Auditive Verarbeitungs- und Wahrnehmungsstörungen bei Vorschulkindern: Diagnostik und Therapie.* Dortmund: Verlag Modernes Lernen.
Noorozian, M., Lotfi, J., Gassemzadeh, H., Emami, H. & Mehrabi, Y. (2002). Academic achievement and learning abilities in left-handers: Guilt or gift? *Cortex, 38,* 779–785.
Nosek, B. A., Hawkins, C. B. & Frazier, R. S. (2011). Implicit social cognition: From measures to mechanisms. *Trends in Cognitive Sciences, 15*(4), 152–159. doi: 10.1016/j.tics.2011.01.005
Nußbeck, S. (2007). Möglichkeiten und Grenzen allgemeiner Wahrnehmungsförderung in der Sprachtherapie. In A. Welling & H. Schöler (Hrsg.), *Handbuch der Sonderpädagogik, Bd. 1 Sonderpädagogik der Sprache* (S. 906–921). Göttingen: Hogrefe.
Oberger, J., Opper, E., Karger, C., Worth, A., Geuder, J. & Bös, K. (2010). Motorische Leistungsfähigkeit. Ein Indikator für die Gesundheit von Kindern und Jugendlichen. *Monatsschrift für Kinderheilkunde, 158,* 441–448.
Oelze, V. (2014). Ist eine kompetente Sprachförderung im Lärm möglich? In Sallat, S., Spreer, M. & Glück, C. W. [Hrsg.]: *Sprache professionell fördern* (S. 258-264). Idstein: Schulz-Kirchner.
Oussoren, R. (2006). *Kindergarten-Schreibtanz: Das Programm für Kleinkinder ab 2 Jahren.* Dortmund: Modernes Lernen.
Oussoren-Voors, R. (2015). *Schreibtanz: Von abstrakten Bewegungen zu konkreten Linien für 3–8jährige Kinder.* Dortmund: Modernes Lernen.
Palisano, R., Rosenbaum, P., Walter, S., Russell, D., Wood, E. & Galuppi, B. (2008). Development and reliability of a system to classify gross motor function in children with cerebral palsy. *Developmental Medicine & Child Neurology, 39,* 214–223.
Papousek, M., Schieche, M. & Wurmser, H. (2004). *Regulationsstörungen der frühen Kindheit. Frühe Risiken und Hilfen im Entwicklungskontext der Eltern-Kind-Beziehungen.* Bern: Huber.
Pauen, S. (2006). *Was Babys denken. Eine Geschichte des ersten Lebensjahres.* München: Beck.
Pauli, S. & Kisch, A. (2016). *Geschickte Hände. Spielerische Förderung von 4–10 Jahren.* Dortmund: Modernes Lernen.
Pauli, S., & Kisch, A. (2018). *Spiele zur Förderung der Handgeschicklichkeit und Grafomotorik.* Dortmund: Modernes Lernen.
Peez, G. (2015). *Kinder zeichnen, malen und gestalten.* Stuttgart: Kohlhammer.
Penner, Z. (2002). Plädoyer für eine präventive Frühintervention bei Kindern mit Sprachentwicklungsstörungen. In W. von Suchodoletz (Hrsg.), *Therapie von Sprachentwicklungsstörungen* (S. 106–142). Stuttgart: Kohlhammer.
Penner, Z. (2003). *Neue Wege der sprachlichen Förderung von Migranten.* Bern: Kon-lab.
Penner, Z., Krügel, C. & Nonn, K. (2005). Aufholen oder Zurückbleiben: Neue Perspektiven bei der Frühintervention von Spracherwerbsstörungen. *Forum Logopädie,* H. 6, 6–15.
Petermann, F. & Macha, T. (2008). Entwicklungsdiagnostik. In F. Petermann & W. Schneider (Hrsg.), *Enzyklopädie der Psychologie: Entwicklungspsychologie, Bd. 7 Angewandte Entwicklungspsychologie* (S. 19–59). Göttingen: Hogrefe.
Petermann, F., Bös, K. & Kastner, J. (2015). *Movement Assessment Battery for Children – Second Edition (M-ABC-2)* (4., überarb. u. erw. Aufl.). Frankfurt: Pearson.
Petermann, F. & Macha, T. (2015). *Entwicklungstest für Kinder von 6 Monaten bis 6 Jahren (ET 6-6-R)* (2., korr. Aufl.). Frankfurt: Pearson.
Petermann, F. & Petermann, U. (2011). *Hamburg-Wechsler-Intelligenztest für Kinder IV (WISC-IV).* Bern: Huber.
Petermann, U. & Petermann, F. (2009). *Training mit sozial unsicheren Kindern: Einzeltraining, Kindergruppen, Elternberatung.* Weinheim: Beltz PVU.
Petermann, F. & Petermann, U. (2019). *ADHS-KJ (ADHS-Diagnostikum für Kinder und Jugendliche.* Götttingen: Hogrefe.Phillips, H. (2004). Die Glücksboten. *Gehirn & Geist,* H. 3, 42–45.
Piaget, J. (1974). *Der Aufbau der Wirklichkeit beim Kinde.* Stuttgart: Klett.
Polatajko, H. J. (1999). Developmental Coordination Disorder (DCD) alias the Clumsy Child Syndrome. In K. Whitmore, H. Hart & G. Willems (Hrsg.), *A neurodevelopmental approach to specific learning disorders (Book Series: Clinics in Developmental Medicine No. 63)* (S. 119–133). London: S. I. M. P.
Polatajko, H. & Mandich, A. (2004). *Enabling occupation in children: The Cognitive Orientation to daily Occupational Performance (CO-OP) Approach.* Ottawa: CAOT Publications.

Pöppel, E. (1997). *Grenzen des Bewusstseins.* Frankfurt: Insel.
Prechtl, H. F. R. (2001). General movement assessment as a method of developmental neurology: New paradigms and their consequences. *Developmental Medicine and Child Neurology, 43,* 836–842.
Pulvermüller, F. (1996). Hebb's concept of cell assemblies and the psychophysiology of word processing. *Psychophysiology, 33,* 317–333.
Putz, R. & Pabst, R. (2007). *Sobotta – Der komplette Atlas der Anatomie des Menschen in einem Band.* München: Urban & Fischer/Elsevier.
Raven, J., Bulheller, S. & Häcker, H. O. (2001). *Coloured Progressive Matrices (CPM).* Frankfurt: Pearson.
Renner, G., Rothermel, C. & Krampen, G. (2008). Befunde zur Reliabilität und Validität des Mottier-Tests in einer klinisch-sozialpädiatrischen Stichprobe. *Sprache – Stimme – Gehör, 32,* 30–35.
Reuner, G., Rosenkranz, J., Pietz, J. & Horn, R. (2007). *Bayley Scales of Infant and Toddler Development II.* (Deutsche Fassung). Frankfurt: Pearson.
Ricken, G., Fritz, A., Schuck, K.-D. & Preuß, U. (2014). *Hannover-Wechsler-Intelligenztest für das Vorschulalter (HAWIVA III), jetzt: Wechsler Preschool and Primary Scale of Intelligence (WPPSI-III).* Frankfurt: Pearson.
Riedel, M. (2007). Manualmedizin bei zerebralen Bewegungsstörungen. *Kinderärztliche Praxis, 78,* 312–316.
Ritter, M. (1987). *Wahrnehmung und visuelles System.* Heidelberg: Spektrum.
Rodrigues, S., Saslow, L. R., Garcia, N., John, O. P. & Keltner, D. (2009). Oxytocin receptor genetic variation relates to empathy and stress reactivity in humans. *Proceedings of the National Academy of Sciences, 106*(50), 21437–21441. doi: 10.1073/ pnas.0909579106
Rosenkötter, H. (1997). *Neuropsychologische Behandlung der Legasthenie.* Weinheim: Beltz PVU.
Rosenkötter, H. (1999). Hyperakusis und Hörüberempfindlichkeit bei Kindern. *pädiatrische praxis, 57,* 27–34.
Rosenkötter, H. (2003). *Auditive Wahrnehmungsstörungen.* Stuttgart: Klett-Cotta.
Rosenkötter, H. (2004). Studie zur Früherkennung der Legasthenie. *Forum Logopädie,* H.18, 6–13.
Rosenkötter, H. (2007). Neurologische Grundlagen der Legasthenie. In H. Schöler & A. Welling (Hrsg.), *Handbuch der Sonderpädagogik, Bd. 1 Sonderpädagogik der Sprache* (S. 419–431). Göttingen: Hogrefe.
Rosenkötter, H. (2016). *Beobachtungsbogen Kita 1–6.* Zugriff am 18.04.2019. Verfügbar unter www.henning-rosenkoetter.de
Rosenkötter, H., Groschwald, A. & Karle, D. (2007). *Hören, sehen, verstehen.* Zugriff am 18.04.2019. Verfügbar unter www.henning-rosenkoetter.de
Rosenkötter, H., Kühne, H., Kull, C. & Weyhreter, H. (2007). Umschriebene Entwicklungsstörungen der Wahrnehmung. In C. Fricke, C. Kretschmar, H. Hollmann & R. G. Schmid (Hrsg.), *Qualität in der Sozialpädiatrie, Bd. 2* (S. 229–242). Altötting: RS.
Rothweiler, M. & Kauschke, C. (2007). Lexikalischer Erwerb. In H. Schöler & A. Welling (Hrsg.), *Sonderpädagogik der Sprache* (S. 42-56). Göttingen: Hogrefe.
Ruberg, T. & Rothweiler, M. (2012). *Spracherwerb und Sprachförderung in der KiTa.* Stuttgart: Kohlhammer.
Rudolf, H. (1986). *Graphomotorische Testbatterie (GMT).* Göttingen: Hogrefe.
Sallat, S. (2008). *Musikalische Fähigkeiten im Fokus von Sprachentwicklung und Sprachentwicklungsstörungen.* Idstein: Schulz-Kirchner.
Sallat, S. (2014). Struktur, Entwicklung und Verarbeitung von Sprache und Musik. *Aphasie und verwandte Gebiete, 1,*15–25.
Sattler, J. B. (2013). *Der umgeschulte Linkshänder oder Der Knoten im Gehirn.* Donauwörth: Auer.
Sattler, J. B. (2017). *Übungen für Linkshänder. Schreiben und Hantieren mit links.* Donauwörth: Auer.
Sauer, D., Kreher, B. W., Schnell, S., Kümmerer, D. & Kellmeyer, P. (2008). Ventral and dorsal pathways for language. *Proceedings of the National Academy of Sciences, 105,* 18035–18040.
Sauter, F. C. (2001). *POD4. Prüfung optischer Differenzierungsleistungen bei Vierjährigen.* Göttingen: Hogrefe.

Scerri, T. S. & Schulte-Körne, G. (2010). Genetics of developmental dyslexia. *European Child & Adolescent Psychiatry, 19*, 179–197.
Schäfer, I. & Lutz, H. (2001). *Graphomotorik für Grundschüler: Praktische Übungen zum Schreibenlernen.* Dortmund: Modernes Lernen.
Scherer, K. R. (2004). Feelings integrate the central representation of appraisal-driven response organization in emotion. In A. S. R. Manstead, N. Frijda, & A. Fischer (Eds.), *Feelings and emotions: The Amsterdam symposium* (pp. 136-157). New York, NY US: Cambridge University Press.
Schick, A., Klatte, M. & Meis, M. (2000). Die Lärmbelastung in der Schule. In L. Huber & E. Odersky (Hrsg.), *Zuhören – Lernen – Verstehen* (S. 81-91). Braunschweig: Westermann.
Schick, A., Klatte, M., Meis, M. & Nocke, C. (Hrsg.). (2003). *Hören in Schulen. Beiträge zur Psychologischen Akustik.* Oldenburg: Bibliotheks- und Informationssystem der Universität Oldenburg.
Schilling, F. (2009). *Der Punkttesttest und Leistungs-Dominanztest für Kinder.* Göttingen: Hogrefe.
Schilling, F. (2017). *Spielen-Malen-Schreiben. Marburger Graphomotorische Übungen.* Dortmund: Modernes Lernen.
Schlack, H. G. (1994). Interventionen bei Entwicklungsstörungen. *Monatsschrift für Kinderheilkunde, 142*, 180–184.
Schneider, W. & Shiffrin, R. M. (1977). Controlled and automatic human information processing: I. Detection, search and attention. *Psychological Review, 84*, 1–66.
Schöler, H. & Brunner, M. (2008). *HASE – Heidelberger Auditives Screening* (2., erweit. Aufl.). Wertingen: Westra.
Schöler, H. & Roos, J. (2010). Ergebnisse einer Evaluation von Sprachfördermaßnahmen in Mannheimer und Heidelberger Kitas. In K. Fröhlich-Gildhoff, I. Nentwig-Gesemann & P. Strehmel (Hrsg.), *Forschung in der Frühpädagogik III* (S. 35–74). Freiburg: EH Freiburg, Zentrum für Kinderund Jugendforschung.
Schöler, H. & Roos, J. (2011). Die Ergebnisse des Projekts EVAS, der Evaluationsstudie zur Sprachförderung von Vorschulkindern in Heidelberger und Mannheimer Kindergärten. In Baden-Württemberg Stiftung (Hrsg.), *Sag mal was – Sprachförderung für Vorschulkinder* (S. 102–111). Tübingen: Francke.
Schöler, H. & Welling, A. (Hrsg.). (2007). *Handbuch Sonderpädagogik, Bd. 1 Sonderpädagogik der Sprache.* Göttingen: Hogrefe.
Schönthaler, E. (Hrsg.). (2013). *Grafomotorik und Händigkeit.* Stuttgart: Thieme.
Schulte-Körne, G. (2008). Diagnostik des ADHS. *Monatsschrift für Kinderheilkunde, 156*, 740–747.
Schumacher, J., Anthoni, H. & Dahdouh, F. (2006). Strong genetic evidence of DCDC2 as a suspectibility gene for dyslexia. *American Journal of Human Genetics, 78*, 52–62.
Schumacher, R. & Stern, E. (2010). Die Bedeutung der Neurowissenschaften für die empirische Lehrund Lernforschung. *Behinderte Menschen, 6*, 47–59.
Scott-Van Zeeland, A. A., Abrahams, B. S., Alvarez-Retuerto, A. I., Sonnenblick, L. I., Rudie, J. D., Ghahremani, D., Mumford, J. A. & Poldrack, R. A. (2010). Altered functional connectivity in frontal lobe circuits is associated with variation in the autism risk gene CNTNAP2. *Science Translational Medicine, 56*, 56–80.
Seidel, C. (2007). *Leitlinien zur Interpretation der Kinderzeichnung.* Lienz: Journal.
Sharot, T., Shiner, T., Brown, A. C., Fan, J. & Dolan, R. J. (2009). Dopamine enhances expectation of pleasure in humans. *Current Biology, 19*, 2077–2080.
Shaywitz, B. A., Shaywitz, S. E., Pugh, K. R., Constable, R. T., Skudlarski, P., Fulbright, R. F., Bronen, R. A., Fletcher, J. M., Shankweiler, D. P., Katz, L. & Gore, J. (1995). Sex differences in the functional organization of the brain for language. *Nature, 373*, 607–609.
Shiffrin, R. M. & Schneider, W. (1977). Controlled and automatic human information processing: II. Perceptual learning, automatic attending, and a general theory. *Psychological Review, 84*, 127–190.
Siebner, H. R., Limmer, C., Peinemann, A., Drzezga, A., Bloem, B. R., Schwaiger, M. & Conrad, B. (2002). Long-term consequences of switching handedness: A positron emission tomography study on handwriting in »converted« left-handers. *Journal of Neuroscience, 22*, 2816–2825.

Siegmüller, J. & Fröhling, A. (2003). Therapie der semantischen Kategorisierung als Entwicklungsauslöser für den Erwerb des produktiven Wortschatzes bei Kindern mit Late-Talker-Vergangenheit. *Sprache – Stimme – Gehör, 27,* 135–141.
Simon, S. & Sachse, S. (2011). Sprachförderung in der Kindertagesstätte – Verbessert ein Interaktionstraining das sprachförderliche Verhalten von Erzieherinnen. *Empirische Pädagogik, 25,* 462–480.
Simon, S., & Sachse, S. (2013). Anregung der Sprachentwicklung durch ein Interaktionstraining für Erzieherinnen. *Diskurs Kindheits- und Jugendforschung, 4,* 379–397.
Sonnenberg, I. (2006). *Effekte einer intensivierten kommunikativ ausgerichteten Sprachförderung im Vergleich zu einer allgemeinen Sprachförderung bei Kindern.* Unveröffentlichte Diplomarbeit, Universität Koblenz-Landau.
Spath, D., Bues, M., Braun, M. & Stefani, O. (2011). *LightFusion. Neue Ansätze für Licht und Display am Arbeitsplatz.* Zugriff am 19.04.2019. Verfügbar unter: www.iao.fraunhofer.de/lang-x
Spatz, H.-C. (1996). Hebb's concept of synaptic plasticity and neuronal cell assemblies. *Behavioural Brain Research, 78,* 3–7.
Spearman, C. (1923). *The nature of intelligence and the principles of cognition.* London: Macmillan.
Spitzer, M. (2002). *Lernen. Gehirnforschung und die Schule des Lebens.* Heidelberg: Spektrum.
Spitzer, M. (2006). *Vorsicht Bildschirm! Elektronische Medien, Gehirnentwicklung, Gesundheit und Gesellschaft.* München: dtv.
Spreng, M. (2000). *Die Wahrnehmung von Kurzzeitschallereignissen: Grundlage für die Entwicklung der Lautdiskrimination.* Vortrag auf der 3. Arbeitstagung für Auditive Wahrnehmung, Ludwigsburg. Lörrach: Audiva. Zurzeit nicht verfügbar. Grundlage ist: Spreng M. (2000). *Diskriminationsentscheidende Bedeutung von Kurzzeitschallereignissen.* Uni-Erlangen (AG Biokybernetik): Institut Physiologie und experimentelle Pathophysiologie.
Springer, S. P. & Deutsch, G. (1995). *Linkes rechtes Gehirn.* Heidelberg: Spektrum.
Stagg, C. J., Bachtiar, V. & Johansen-Berg, H. (2011). The Role of GAGA in human motor learning. *Current Biology, 21,* 1–5.
Steingrüber, H.-J. (2010). *Hand-Dominanz-Test (H-D-T)* (3., überarb. u. neu norm. Aufl.). Göttingen: Hogrefe.
Steinhausen, H.-C., Rothenberger, A. & Döpfner, M. (2009). *Handbuch ADHS: Grundlagen, Klinik, Therapie und Verlauf der Aufmerksamkeitsdefizit-Hyperaktivitätsstörung.* Stuttgart: Kohlhammer.
Sternberg, R. J. (1985). *Beyond IQ: A triarchic theory of human intelligence.* New York: Cambridge University Press.
Straßburg, H. M., Dacheneder, W. & Kress, W. (2018). *Entwicklungsstörungen bei Kindern.* München: Urban & Fischer.
Summerfield, B. C. & Mitchie, P. T. (1993). Processing of tactile stimuli and implications for the reading disabled. *Neuropsychologia, 9,* 965–976.
Szagun, G. (2019). *Sprachentwicklung beim Kind.* Weinheim: Beltz.
Szagun, G., Stumper, B. & Schramm, A. (2009). *FRAKIS – Fragebogen zur frühkindlichen Sprachentwicklung.* Frankfurt: Pearson.
Tacke, G., Wörner, R., Schultheiß, G. & Brezing, H. (1993). Die Auswirkung rhythmisch-syllabierenden Mitsprechens auf die Rechtschreibleistung. *Zeitschrift für Pädagogische Psychologie, 7,* 139–148.
Tallal, P. (1993). Neurobiological basis of speech: A case for the preeminence of temporal processing. In P. Tallal, S. Miller & R. H. Fitch (Hrsg.), *Temporal information processing in the nervous system* (S. 27–47). New York: New York Academy of Sciences.
Teicher, M. H., Anderson, S. L., Navalta, C. P., Polcari, A. & Kim, D. (2002). Neuropsychiatric disorders of childhood. In S. C. Yudofsky & R. E. Hales (Hrsg.), *The American psychiatric publishing textbook of neuropsychiatry and clinical neurosciences* (S. 535–606). Washington D. C.: American Psychiatric Press.
Tellegen, P. J., Laros, J. A. & Petermann, F. (2007). *Snijders-Oomen non-verbaler Intelligenztest (SON-R 21/2–7).* Göttingen: Hogrefe.
Tomasello, M. (2010). *Warum wir kooperieren.* Berlin: Suhrkamp.

Tonks, J., Slater, A., Frampton, I., Wall, S., Yates, P. & Williams, H. W. (2008). The development of emotion and empathy skills after childhood brain injury. *Developmental Medicine & Child Neurology, 51,* 8–16.
Touwen, L. (1982). *Die Untersuchung von Kindern mit geringen neurologischen Funktionsstörungen.* Stuttgart: Thieme.
Tracy, R. (2007). *Wie Kinder sprechen lernen. Und wie wir sie dabei unterstützen können.* Tübingen: Francke.
Uppal, H. (2008). *Spielerische Schulvorbereitung 2. Spiele zur Förderung mathematischer Vorläuferfähigkeiten.* Donauwörth: Auer.
Vargha-Khadem, F., Gadian, D. G., Copp, A. & Mishkin, M. (2005). FOXP2 and the neuroanatomy of speech and language. *Nature Reviews Neuroscience, 6,* 131–138.
Vaupel, P. & Schaible, H.-G. (2015). Anatomie, *Physiologie, Pathophysiologie des Menschen.* Stuttgart: Wissenschaftliche Verlagsgesellschaft.
Vellutino, F. R., Scanlon, D. M. & Bentley, W. L. (1983). Interhemispheric learning and speed of hemispheric transmission in dyslexic and normal readers: A replication of previous results and additional findings. *Applied Psycholinguistics, 4,* 209–228.
Vloet, T. D., Neufang, S., Herpertz-Dahlmann, B. & Konrad, K. (2006). Bildgebungsbefunde bei Kindern und Jugendlichen mit ADHS, Tic-Störungen und Zwangserkrankungen. *Zeitschrift für Kinderund Jugendpsychiatrie und Psychotherapie, 34,* 343–355.
Vojta, V. (2008). *Die zerebralen Bewegungsstörungen im Säuglingsalter.* Stuttgart: Thieme.
Vojta, V. & Peters, A. (2007). *Das Vojta-Prinzip.* Heidelberg: Springer.
von Aster, M. G., Bzufka, M. W. & Horn, R. R. (2009). *Neuropsychologische Testbatterie für Zahlenverarbeitung und Rechnen bei Kindern – Kindergartenversion – ZAREKI-K.* Frankfurt: Pearson.
von Aster, M. & Shalev, R. S. (2007). Number development and developmental dyscalculia. *Developmental Medicine & Child Neurology, 49,* 868–873.
von Suchodoletz, W. (2005). Frühe Identifikation motorischer Entwicklungsstörungen. In W. v. Suchodoletz (Hrsg.), *Früherkennung von Entwicklungsstörungen. Frühdiagnostik bei motorischen, kognitiven, sensorischen, emotionalen und sozialen Entwicklungsauffälligkeiten* (S. 45-90). Göttingen: Hogrefe.
von Suchodoletz, W., Kademann, S. & Tippelt, S. (2011). *Sprachbeurteilung durch Eltern. Kurztest für die U7a (SBE-3-KT).* Zugriff am 22.01.2020. Verfügbar unter www.kjp.med.uni-muenchen.de › download › SBE-3-KT_Handbuch
Vygotsky, L. S. (2002). *Denken und Sprechen.* Weinheim: Beltz Taschenbuch. (russische Originalausgabe 1934).
Ward, S. (1999). An investigation into the effectiveness of an early intervention method for delayed language development in young children. *International Journal of Language and Communication Disorders, 34,* 234–264.
Weber, P., John, R., Konrad, K., v. Livonius, B., Lorenz, B., Ruple., B., Schroeder, A., Stock-Mühlnickel, S. & Karch, D. (2017). *Sk2-Leitlinie Visuelle Wahrnehmungsstörungen. Leitlinien der Gesellschaft für Neuropädiatrie anderer Fachgesellschaften.* Zugriff am 26.03.2019. Verfügbar unter www.awmf.org/leitlinien/detail/ll/022-020.html
Weber, S. (2014). *Linkshändige Kinder richtig fördern.* München: Reinhardt.
Weinert, S. (2002). Therapie bei Sprachentwicklungsstörungen: Forschung und Praxis. In W. von Suchodoletz (Hrsg.), *Therapie von Sprachentwicklungsstörungen* (S. 46–69). Stuttgart: Kohlhammer.
Weinert, S. & Grimm, H. (2018). Sprachentwicklung. In W. Schneider & U. Lindenberger (Hrsg.), *Entwicklungspsychologie* (S. 445-469). Weinheim: Beltz.
Weiß, R. H. & Osterland, J. (2012). *Grundintelligenztest: CFT1-R (Culture Fair Intelligence Test).* Göttingen: Hogrefe.
Weiß, R. (2019). *Grundintelligenztest Skala 2. CFT20-R mit WS/CF-R.* Göttingen: Hogrefe.
Welte, V. (1981). Der Mottier-Test, ein Prüfmaterial für die Lautdifferenzierungsfähigkeit und die auditive Merkfähigkeit. *Sprache – Stimme – Gehör, 5,* 121–125.
Whittington, J. E. & Richards, P.N. (1987). The stability of children's laterality prevalences and their relationship to measures of performance. *British Journal of educational Psychology, 57,* 45–55.

Willows, D. M., Kruk, R. S. & Corcos, E. (1993). *Visual processes in reading and reading disabilities.* Hillsdale: Erlbaum.

Wissenschaftlicher Beirat der Bundesärztekammer. (1999). Gehörschäden durch Lärmbelastungen in der Freizeit. *Deutsches Ärzteblatt, 96,* A1081–A1084.

Witelson, S. P. & Nowakowsky, R. S. (1991). Left out axons make men right: a hypothesis for the origin of handedness and functional asymmetry. *Neuropsychologia, 29(4),* 327–333.

Woerner, W., Becker, A., Friedrich, C., Klasen, H., Goodman, R., & Rothenberger, A. (2002). Normierung und Evaluation der deutschen Elternversion des Strengths and Difficulties Questionnaire (SDQ): Ergebnisse einer repräsentativen Felderhebung. *Zeitschrift für Kinder- und Jugendpsychiatrie und Psychotherapie, 30(2),* 105–112. doi:10.1024//1422-4917.30.2.105.

Wolke, D., Rizzo, P. & Woods, S. (2002). Persistant infant crying and hyperactivity problems in middle childhood. *Pediatrics, 109,* 1054–1060.

Wood, F., Flowers, L., Buchsbaum, M. & Tallal, P. (1991). Investigation of abnormal left temporal functioning in dyslexia through rCBF, auditory evoked potentials, and positron emisson tomography. *Reading and Writing, 3,* 379–393.

Wynn, K. (1992). Addition and subtraction by human infants. *Nature, 358,* 749–750.

Ziler, H. (1950). *Der Mann-Zeichen-Test* (11., neu bearb. Aufl.). Münster: Aschendorff.

Zimmer, C. (2006). Die Neurobiologie des Selbst. *Spektrum der Wissenschaft,* H. 5, 34–41.

Zimmer, R. (2014). *Handbuch Bewegungserziehung: Grundlagen für Ausbildung und pädagogische Praxis.* Freiburg: Herder.

Zimmer, R. (2015). *Motoriktest für vier- bis sechsjährige Kinder (MOT 4–6)* (3., überarb. u. neu norm. Aufl.). Göttingen: Hogrefe.

Zimmer, R. (2019). *Handbuch Psychomotorik: Theorie und Praxis der psychomotorischen Förderung von Kindern.* Freiburg: Herder.

Zimmermann, P. & Fimm, B. (2005). *Testbatterie zur Aufmerksamkeitsprüfung (TAP) und Kinderversion (KiTAP). Herzogenrath: Psytest Psychologische Testsysteme.* Zugriff am 29.03.2019. Verfügbar unter https://psytest.net/

Zollinger, B. (1997). *Die Entdeckung der Sprache.* Bern: Haupt.

Zollinger, B. (2008). Spracherwerbsstörungen: Grundlagen zur Früherfassung und Frühtherapie. Bern: Haupt.